정서적
연봉

정서적 연봉

: '일할 맛'을 만드는 업무 환경, 인간관계, 성장 기회

신재용 지음

BEYOND THE PAYCHECK

얉은 직장인에게 대표가 꼭 챙겨야 할 것

21세기북스

차례

들어가며   왜 지금, 정서적 연봉을 말해야 하는가   8

CHAPTER 1
사람이 기업을 선택하는 시대가 온다

교수도 학생에게 선택받는 시대   17
'대잔류 시대'는 끝났다   20
귀해지는 청년 R&D 인재, 달라져야 할 기업의 태도   29
마음까지 채워야 붙잡는다   32

CHAPTER 2
정서적 연봉은 무엇인가

10억 원이면 가족과의 연도 끊는다고?   37
직장인의 진짜 동기부여   40
노력한 만큼 공정한 보상이 필요하다   43
당근과 채찍 중 뭐가 더 힘이 셀까?   52
사람은 돈으로만 사는가?   54
돈으로 살 수 없는 것을 돈으로 환산할 수 있을까?   59
정서적 연봉이란?   64

자율성과 유연한 근무 환경이 만났을 때	67
일에서 존재의 가치를 찾는다	71

      일의 의미: 회사 일이 내 삶에 중요하게 다가올 때
      성장과 발전: 몸값의 상승이 곧 성장이다
      인정과 존중: 내가 하는 일을 조직이 바라보는 방식

최고의 동료는 최고의 복지다	98

CHAPTER 3
직원의 진짜 마음을 보여주는 데이터, 블라인드

직원의 생각이 들린다면 어떨까?	105
직장인의 대나무숲	111
직원이 만족해야 주가도 올라간다	116
블라인드는 어떻게 만들어졌나?	124
직장인이 자신의 조직을 바라보는 '진짜' 시선	130
블라인드 지수란?	134
블라인드 지수가 높으면 어떤 효과가 있을까?	147
직장인 익명 플랫폼의 기업 리뷰, 정말 믿을 수 있을까?	150

CHAPTER 4
직장인은 왜 이직을 결심할까?

꿈의 직장도 떠나는 이유	157
이직이 회사에 미치는 영향	163
탈출은 지능 순이라고?	168

| 우리나라 기업의 이직률은 얼마나 될까? | 175 |
| 직장인의 헤어질 결심 | 186 |

    직원은 늘 회사의 경제적 상황을 평가한다
    이직을 부르는 요인들

보상의 구조를 바꾸면 이직을 덜 할까?	195
정서적 요인은 이직률에 어떤 영향을 줄까?	205
회사와 일이 좋으면 탈출하지 않는다	216
직원의 불안을 견디게 하는 '정서적 다이얼'	219

CHAPTER 5 정서적 연봉, 숫자로 말하다

왜 정서적 연봉을 계산해야 할까?	227
정서적 연봉, 이렇게 수치화한다	231
정서적 연봉 계산 기준	238
보이지 않는 연봉이 높은 기업들, 상장기업 편	241
규모보다 더 중요한 정서적 가치, 외감기업 편	251
복지 너머의 심리적 보상, 공기업·공공기관 편	254
'머무르고 싶은 마음'을 만드는 수치적 증거	258

CHAPTER 6 머물고 싶은 회사의 비밀

| 출근이 기다려지는 회사, LG에너지솔루션 | 270 |

    직원의 행복을 위한 공간 혁신, 엔트럴파크
    엔톡, 직원이 가장 중요한 고객이다
    스스로 일하고 성장하는 힘

글로벌 인재가 모이는 이유
변화하는 환경에 발맞춘 노력
'출근이 기다려지는' 구성원 중심의 즐거운 직장

나를 성장시키는 회사, 포스코인터내셔널   283

자율성과 책임이 만드는 몰입
포스코식 기업가 정신
다양한 관점이 협업을 만든다
구성원이 스스로 움직이는 회사

수평적으로 소통하는 회사, 한국남동발전   291

우리는 '남동 가족'입니다
일과 삶의 균형을 회사가 먼저 생각할 때
내 업무는 내가 가장 잘 안다
입지와 복지, 일의 질을 높이다
일하는 방식의 진화

머물고 싶은 회사가 뜬다   297

나가며   정서적 연봉이 진짜 연봉이 되는 시대를 위하여   **300**

부록   대한민국에서 가장 일하기 좋은 회사는 어디일까?   **311**

2023년 상장기업 정서적 연봉 Top 30
2023년 상장기업 총연봉 Top 30
2021~2023년 평균 상장기업 총연봉 Top 30
2023년 비상장 외감기업 정서적 연봉 Top 30

주석   **320**

들어가며

왜 지금,
정서적 연봉을 말해야 하는가

'사람은 월급 때문에 입사하지만, 결국 감정 때문에 퇴사합니다.
당신의 회사는 출근하고 싶은 곳인가요?'

임직원들에 대한 경제적 인센티브의 중요성을 다뤘던 전작 『공정한 보상』을 출간한 지 벌써 3년이 훌쩍 넘는 시간이 흘렀습니다. 그동안 세상에는 많은 변화가 있었습니다. 비상계엄과 탄핵 정국을 지나 이재명 정부가 출범하였습니다. 우리나라를 둘러싼 거시경제 변수들은 날로 악화되고 있고, 기업 실적은 고꾸라지고 있으며 채용 시장에는 북극 한파가 몰아치고 있습니다. '그냥 쉼' 청년 인구가 50만 명을 넘었을 정도로 외환 위기 이후 최악의 청년 실업이라고 합니다.

이제 대퇴사 시대는 가고 대잔류 시대가 도래했습니다.

2022년에 정점을 찍었던 이직률은 점점 낮아지고 있으며 사람들은 더는 회사를 옮기지 않습니다. 옮기지 않는 것이 아니라 옮기지 못하는 것입니다. 직장인들은 젖은 낙엽처럼 다니는 직장에 착 달라붙어 이 어려운 시기를 버텨내고 있습니다. 'Job(일자리)'과 'Apocalypse(묵시록, 종말)'를 합친 신조어, 'Jobpocalypse(잡포칼립스, 일자리 대재앙)'란 말이 돌아다닙니다. 이는 AI, 로봇, 자동화, 자율 주행의 확산에 따른 기술 발전이나 경제 변화로 대규모 일자리 상실이 벌어지는 상황을 묘사하는 단어입니다. 그런데 저출산과 고령화가 우리나라보다 20년 먼저 진행된 이웃 나라 일본의 상황은 우리와 판이합니다. 청년이 사라진 일본에서는 노동력 부족이 심화하면서 기업은 우수 인재 확보에 사력을 다하고 있습니다. 구직자 우위의 '판매자 시장'이 형성되었으며 2025년 3월 기준 일본의 구인배수(구직자 대비 일자리 수)는 1.26으로 같은 기간 우리나라의 3배를 넘습니다. 2024년 기준 일본의 대졸자 취업률은 98.1%를 기록하며 역대 최고치를 경신했습니다. 최근 일본의 젊은 신입 사원들 사이에서는 1년도 채우지 않고 직장을 옮기는 초단기 이직 현상이 확산하고 있습니다. 입사 직후부터 소위 '퇴직 대행 서비스'를 이용해 이직하는 사례도 늘고 있다고 합니다.

우리나라 노동시장에는 과연 어떤 미래가 펼쳐질까요? 지금은 65만 명 이상이 태어났던 1990년대 후반 출생자가 노동시장에 진입하고 있습니다. 베이비부머 세대의 자녀들인 1990년대생들이 직면한 노동시장은 가혹했습니다. 1991년에서 1995년까지는 연 70만 명이 훌쩍 넘게 태어났으니까요. 불경기와 공채의 종말까지 겹쳐 힘든 시절을 겪었고, 지금도 겪고 있습니다. 그러나 2030년이면 연 40만 명대 출생자들인 2000년대생들이 본격적으로 노동시장에 진입합니다. 물론 시장이 눈 깜짝할 사이에 구직자 우위로 재편되지는 않을 것입니다. 하지만 중소기업의 인력난은 지금보다 훨씬 더 심해지며 그때는 중견 기업도 예외는 아닐 겁니다. 인문사회계 전공 졸업생이 아닌 이공계 전공 졸업생이라면 그럭저럭 괜찮은 회사에 취직해 먹고 사는 일이 지금보다는 훨씬 용이할 것입니다. 그때도 대기업 사무직에 들어가기 위한 취업 경쟁은 여전히 치열하겠지만 연구직에 지원하는 자연과학·공학 계열의 석박사 인력이라면 아마도 여러 유명 회사의 오퍼를 손에 들고 행복한 고민을 할 것이며 입사 후에도 이직을 권유하는 헤드헌터들의 수많은 콜을 받을 것입니다. 이미 LG사이언스파크나 현대자동차그룹 남양연구소 같은 1만 명 이상의 R&D 인력을 고용하는 4대 그룹의 연구개발 허브 조직에서는 앞으로 내국인 인재로 젊은 R&D 인력을 모두 채우는 것은 불가능하며 필연적으로 'Go global' 해야 한다고 보고 있습니다. AI로 일자리가 사라진다고요? AI가 일자리에 미치는 영향은 업종과 직무에 따라 다를 수밖에 없습니다. 최근 인공지능 알파고 개발로 잘 알려진 데미스 허사비스Demis Hassabis 구글 딥마인드Google DeepMind CEO는 말합니다. "AI는 일자리를 없애기보다는 새롭고 고부가가치인 직무를 만들어낼 것이다." 하지만 문제는 기술이 아니라 사람이 사라지고 있다는 사실입니다.

사람이 귀해지는 시대, 인재가 귀해지는 시대가 이미 대학에는 도래했습니다. 지금은 석박사 학생이 교수를 선택하는 시대입니다. 5년 후면 기업에도 벌어질 일입니다. 인재가 기업을 선택하는 시대가 옵니다. 신입 직원을 당분간 채용하지 않아도 기존 직원으로 버틸 수 있다고 할 수 있습니다. 인구 절벽 시대를 맞아 정년 연장, 정년 후 재고용 등 계속고용제도가 확산되면 제조 기업은 신규 직원을 뽑지 않아도 전보다 더 오래 버틸 수 있을지 모릅니다. 하지만 과연 채용 없이 언제까지 버틸 수 있을까요? 심지어 젊은 R&D 인력이 지속적으로 수혈되어야 살아남을 수 있는 회사라면요?

많은 젊은 세대에게 회사는 더 이상 '정년까지 다니는 곳'이 아닙니다. 그저 한동안 '구독하는 곳'일 뿐입니다. 기업은 이제 더 이상 '얼마를 주는가'만으로 사람을 데려올 수 없습니다. 그 회사가 '일할 만한 곳인가'가 중요해졌습니다. "그 회사, 돈은 잘 줘?"를 묻던 사람들은 다시 묻기 시작할 것입니다. "그 회사, 일할 만해?" 회사는 연봉을 계속 높일 수는 없지만 '일할 맛'

은 높일 수 있습니다. 이 책에서 저는 우리나라 최대의 직장인 익명 플랫폼 블라인드의 빅데이터를 사용하여 조직문화와 일터의 경험을 '정서적 연봉Emotional Salary'이라는 이름의 화폐 가치로 환산합니다. 그동안 막연히 '좋다, 나쁘다'라고만 느꼈던 직장인들의 감정 세계에 숫자를 부여하고, 비교하며 개선해 볼 수 있도록 한 것입니다. 시간이 지나면 보통 올라가기 마련인 화폐 연봉과 달리 정서적 연봉은 계속 변합니다. 한번 높았다고 영원히 높다는 보장이 없습니다. CHAPTER 6에서 2023년 정서적 연봉이 높은 우수 회사로 방문하여 임직원들을 인터뷰했던 LG에너지솔루션은 이 책을 마무리할 시점에 발표된 2024년 블라인드 지수에서 전년 대비 큰 폭의 하락을 보였습니다. 전기차 캐즘(일시적 수요둔화) 등 업황의 악화로 인한 기업 실적의 급격한 하락, 회사와 직원 간 성과급을 둘러싼 갈등, 최고 경영진의 교체 등이 복합적으로 작용한 결과입니다. 일희일비하지 않고 정서적 연봉의 지속적인 상승을 위하여 끊임없이 노력하는 것이 중요합니다.

항상 그렇듯이 책을 쓰면서 많은 분의 도움을 받았습니다. 먼저 블라인드 데이터를 이 책의 연구에 활용하도록 허락해 주신 팀블라인드의 문성욱 대표님과 배재경 디렉터님께 깊이 감사드립니다. 문성욱 대표님은 이 책의 집필을 응원해 주시고 흔쾌히 추천사를 써주셨습니다. 배재경 디렉터님은 바쁘신 와

중에도 블라인드 데이터에 대한 저희 연구팀의 많은 질문과 요청에 항상 신속하고 친절하게 답해주시고 대응해 주셨습니다. 또한 책의 초고를 읽고 상세한 코멘트와 조언을 아끼지 않으셨습니다. 두 분의 도움이 없었다면 이 책은 결코 세상에 나올 수 없었을 것입니다. 부족한 초고를 읽고 추천사를 써주신 송길영 작가님과 서울대학교 경영대학의 강성춘 교수님께 감사드립니다. 고려대학교 경영대학의 김영규 교수님, 가톨릭대학교 경영대학의 김범준 교수님, 중앙대학교 경영대학의 현정훈 교수님, 이화여자대학교 경영대학의 권세원 교수님, 국립싱가포르대학교 경영대학의 백인균 교수님, HD현대 마린솔루션의 김정혁 전무님, 기아 신훈 팀장님은 초고를 읽고 귀중한 코멘트를 주셨습니다. ㈜LG글로벌전략개발원 진주화 책임님은 많은 토론을 통해 인사이트를 주시고 초고에 대해 여러 가지 좋은 의견을 주셨습니다. LG인화원의 강순창 책임님은 보상전문가 과정을 통하여 제가 다양한 LG그룹 계열사의 인사담당 직원들을 만날 기회를 주셨습니다. 또한 이 책의 우수 기업 사례 조사에 포함된 방문 인터뷰에 흔쾌히 응해주시고 많은 인사이트를 주신 LG에너지솔루션의 남주현 상무님, 조영광 팀장님, 박민지 팀장님, 포스코인터내셔널의 이연종 상무님, 한국남동발전의 마용호 차장님께도 깊이 감사드립니다.

전작인 『공정한 보상』과 마찬가지로 이 책 역시 탁월한 제자들의 도움을 많이 받았습니다. 국민대학교 경영대학의 박소희 교수님은 제 지도로 서울대학교 회계학 박사 과정에서 공부하는 동안 직원 이직에 관한 연구를 저와 함께 진행하면서 데이터 수집, 분석, 해석에 많은 도움을 주셨습니다. 이 책의 많은 이론적 틀과 실증 분석들은 박소희 교수님과의 논문 작업에 기반한 것입니다. 서울대학교 회계학 박사 과정의 염지민 씨는 블라인드 데이터 정리, 분석, 결과 해석과 정리에 큰 도움을 주셨습니다. 석사 과정의 최재원, 박지은 씨는 책에 사용된 각종 자료의 수집과 정리, 데이터 분석, 원고 작성에 많은 도움을 주셨습니다. 또한 졸고를 멋진 책으로 만들기 위해 물심양면 많은 도움을 주신 21세기북스의 양으녕 팀장님, 서진교 PM님에게도 깊은 감사의 말씀을 드립니다. 끝으로 사랑하는 가족의 격려와 지원에 감사드립니다. 한결같은 사랑으로 믿고 격려해 주시는 부모님과 처가 부모님께 깊이 감사드립니다. 네 분 모두 항상 건강하시길 기원합니다. 이 책을 구상하고 집필하는 동안 지칠 때면 같이 동네를 걸으며 책의 방향에 대한 유익한 조언과 격려를 아끼지 않은 사랑하는 아내와 항상 웃음과 텐션을 주는 사춘기 아들들에게 무엇보다 감사합니다.

2025년 여름
관악산 연구실에서

CHAPTER 1

사람이 기업을 선택하는 시대가 온다

'뽑아주던' 시대에서 '모셔 오는' 시대, 사람이 기업을 선택하는 시대가 다가오고 있습니다. 이제 교수도 학생에게, 기업도 인재에게 선택받아야 합니다. 젊은 R&D 인재는 머지않아 귀한 존재가 되고, 그들의 발길을 붙잡기 위해서는 연봉뿐만 아니라 마음까지 고려해야 합니다. 이제 기업은 '돈을 잘 주는 곳'에서 '일할 만한 곳'으로 진화해야 합니다. 직원에게 머물고 싶은 마음을 주는 것이 곧 기업의 생존 전략입니다.

교수도 학생에게
선택받는 시대

저는 대학에서 가르치는 일을 업으로 삼고 있습니다. 교수의 특권은 직업상 젊은이에게 둘러싸여 있다는 것입니다. 오랫동안 대학에 몸담고 있다 보니 시대의 변화와 더불어 세대의 변화도 자연스레 느끼게 됩니다. 학교에서 느끼는 가장 큰 변화는 사람이 귀해지고 있다는 것입니다. 제가 최근 가르치는 학생들은 2000년대생입니다. 얼마 전에 입학한 신입생들은 2006년생입니다. 저출산 고령화로 상징되는 인구 구조의 변화를 학교에서 체감하고 있습니다. 인구 절벽 때문에 벚꽃 피는 순서대로 대학이 망할 거라는데 저는 다행히 서울대학교에서 근무하고 있어 3,000여 명의 학부 정원을 채우는 건 걱정하지 않아도 됩니다. 극심한 취업난 때문에 그나마 취업에 도움이 되는 강좌를 제공하는 경영대학은 강좌마다 수강생도 많습니다. 아직 저출산의 영향을 학교 현장에서 피부로 느끼지는 못합니다. 하지만 서울대학교는 소위 연구중심대학을 표방하고 있습니다. 교수에게 학부생은 지나가는 과객입니다. 대부분은 평생 다시 볼 일이 없습니다. 인파로 바글거리던 기차역도 승객들이 각자 목적지를 향해 떠나면 언제 그랬냐는 듯이 조용해집니다. 학부생을 모두 제자라고 하기에는 한 학기 수업이라는 체류 기간이 너무 짧지요. 제게 진짜 제자는 석박사 과정의 학생들입니다. 석사는 2년, 박사는 4~5년을 동고동락하며 연구와 프로젝트를 같이 하다 보면 이 친구들이 제게는 찐 제자입니다. 그런데 요새 연구중심대학에서 대학원생이 사라지고 있습니다. 학교 내부 통계를 보면 서울대학교의 140개 전공 중 석사 과정 정원을 모두 채우는 전공 비율은 40%에 불과합니다. 박사 과정도 50% 수준입니다. 제가 있는 경영대학도 석박사 과정 정원을 채우지 못한지 오래되었습니다. 소년이 죄를 지으면 소년원에 가고 대학생이 죄를 지으면 대학원에 간다는 농담이 생각납니다. 최근 늘어나는 마약 사범 때문에 구치소와 교도소는 자리가 없다는데 학교의 연구 공간은 비어가고 있습니다. 여러 가지 이유가 있을 겁니다. 학벌보다 돈이 좋다는 젊은이들의 의식 변화도 영향을 미쳤습니다. 결과가 불확실한 긴 가방끈보다는 역시 믿을 건 돈이라는 생각으로 취업이 최우선되었습니다. 가뜩이나 취업이 어려운 시대에 긴 가방끈은 취업에 큰 도움이 안 된다는 계산도 있습니다.

한국직업능력연구원이 2023년도 8월과 2024년도 2월에 졸업한 전국 대학 박사 학위 취득자를 대상으로 한 '국내 신규 박사 학위 취득자 조사' 결과 응답자 1만 442명 중 현재 재직 중이거나 취업이 확정된 비율은 70.4%로 집계되었습니다. 10명 중 3명은 백수입니다. 석박사 학생들을 대학에서는 보통 학문후속세대라고 부릅니다. 대부분의 대학원생은 학위 취득 후 교수가 되길 원합니다. 그런데 인구 감소로 한국에 대학이 몇 개나 남을지 알 수 없습니다. 게다가 16년 동안 동결된 대학 등록금 때문에 교수의 임금 경쟁력은 지속적으로 하락하고 있습니다. 그러나 더 큰 이유는 저출산일 겁니다. 1957년부터 1971년까지 한 해에 100만 명 이상이던 출생자는 1984년에는 60만 명대로 떨어지고, 1991~1995년 잠깐 70만 명대로 반등한 후 다시 60만 명대로 돌아오더니 2002년에는 급기야 40만 명대로 수직낙하했습니다. 지금 대학원에 신입생으로 입학할 친구들이 바로 2000년대 초반 40만 명대의 출생자들입니다. 그러니 가뜩이나 어려운 대학원생 채용 시장은 인구 절벽으로 직격탄을 맞았습니다. 이제 대학원생 제로 위기를 맞아 서울대학교는 젊은 이들이 상대적으로 많은 베트남에 분교 설치를 고민하는 상황이 되었습니다. 인구 절벽이 대학원생 절벽으로 이어지면서 저도 학생들을 대하는 태도가 변함을 느낍니다. 경영대 교수는 구멍가게 수준이지만 소위 연구실 혹은 랩을 운영합니다. 옛날에는 당연히 주어지던 우수한 대학원생들이 이제는 소위 피나는 노력으로 영입해야 하는 대상입니다. 뛰어난 스펙을 가진 대학원 신입생들의 비율도 전에 비해 낮아졌습니다. 그나마 입학하는 몇 안 되는 학생 중 제자를 유치하려면 교수도 좋은 연구 성과는 물론이고 인간적으로 학생들에게 어필하는 무언가가 있어야 한다는 위기감과 계산을 자연스레 합니다. 과거에는 교수가 학생을 선택하던 시대를 살아왔다면 이제는 학생이 교수를 선택하는 시대, 학생의 선택을 받지 못하면 남은 교수 생활을 제대로 할 수 없겠다는 절박함을 가지고 살아갑니다. 학생들의 선택을 받기 위해서는 다른 교수님들이 줄 수 없는 저만의 차별적인 가치를 제공해야 하고 이를 위해서 젊은 세대를 더 알고 그들의 가치, 욕망, 세계관을 이해하지 않으면 안 되는 시대가 온 것입니다.

'대잔류 시대'는 끝났다

타임라인상 보통 대학에서 일어나는 일들은 4~5년 후 기업에서도 일어납니다. 그렇다면 2030년 이후에는 사람이 기업을 선택하는 시대가 올 것이라는 예상이 가능합니다. 지금까지 우리나라 노동시장은 기업이 사람을 선택하던 시대로 요약됩니다. 노동시장에서 구매자에 해당하는 기업이 노동력을 판매하는 구직자의 업무 능력과 역량을 평가하여 이에 걸맞은 임금과 복리 후생을 제시하고, 제시된 조건을 구직자가 수락하면 계약이 이루어집니다. 당연히 기업이 갑이고 구직자는 을입니다.

하지만 영원히 변하지 않을 것 같던 이러한 구조가 코로나 시대를 맞아 획기적으로 변했습니다. 소위 대퇴사 시대The Great Resignation가 도래한 것이지요. 팬데믹으로 인한 노동 공급의 큰 감소와 코로나 시대의 IT 및 테크 섹터의 대호황으로 유발된 테크 인력에 대한 폭발적인 노동 수요 증가는 엄청난 이직률의 상승과 더불어 노동시장에서 고용주에 대한 직원들의 협상력을 대폭 강화시켰습니다. 직원과 구직자가 갑이 된 것이지요. 우리나라도 예외는 아니었죠. 실제 한국 기업에서도 기업 이직률은 2022년까지 지속적으로 상승했습니다. 평생직장 따위는 없고 현 직장에서 정년을 맞을 생각이 전혀 없는 MZ세대의 부상도 큰 몫을 했습니다. 이직을 못 하면 무능력한 사람 취급을 받았고, 잡호핑Job-Hopping족이란 신조어가 생겼으며 '사장님은 절 잠시 구독하고 계신 거'라는 직장인의 인터뷰가 화제가 되었습니다. IT 기업을 중심으로 인재전쟁이 벌어지고 개발자 연봉은 천정부지로 올라갔습니다. 인재의 영입과 유지가 전과는 비할 수 없을 만큼 중요해졌습니다.

그런데 2021년 대퇴사 시대의 절정에서 3~4년이 흐른 지금의 상황은 판이합니다. 바야흐로 대퇴사 시대는 가고 대잔류 Big Stay 시대라고 합니다. 직장인 10명 중 8명은 퇴직 준비생이라는 기사와 함께 주변 동료의 이직과 연봉 상승이 화두인 시절은 가고, 경기 침체와 기업 실적의 하락으로 모두 젖은 낙엽처럼 다니던 회사에 꼭 붙어있어야 하는 세상이 되었습니다. 2025년 1월 매일경제신문의 설문 조사 결과를 보면 절반 이상의 직장인 응답자가 안정적인 고용 보장과 경제 불확실성에 대한 우려로 현재 회사에 잔류하겠다고 응답했습니다. 언론에서는 최악의 청년 실업에 관한 기사가 넘치고, 청년들이 느끼는 체감 취업난은 IMF 시절보다 더하다고 합니다. 고용노동부 고용24 자료에 따르면 2025년 2월 구인배수는 0.4로 1월의 0.28보다는 높아졌지만, 여전히 역대 최저 수준입니다. 한국의 구인배수는 과거 10년간 코로나19 충격기인 2020년의 0.45를 제외하면 항상 0.5를 넘었고 2022년에는 최고 0.71을 기록한 바 있습니다.

최근의 저성장, 고금리, 고환율, 고물가 등 거시경제 변수의 급격한 악화, 불확실한 경영 환경과 글로벌 경쟁 심화로 인한 기업 실적의 급락과 해고가 자유롭지 않은, 경직적인 노동시장 때문에 기업들은 신규 채용을 극도로 꺼리고 있습니다. 그 결과 우리나라 기업들은 급속도로 늙어가고 있습니다. 임직원들은 점점 고령화되고 많은 우리나라 대기업의 50대 직원 수가 20대 직원 수의 2배에서 3배에 이르고 있습니다. 대기업은 그나마 나은 편입니다. 2025년 3월 중소벤처기업연구원은 '중소기업 고용 동향 분석과 시사점' 보도자료에서 2024년 국내 중소기업(300명 미만) 근로자의 48.6%가 50세 이상의 고령 인력으로 나타났다고 밝혔습니다. 대기업(300인 이상)의 50대 근로자 비율(26.4%)과 비교하면 중소기업 고령 인력이 대기업의 두 배에 이르는 셈입니다.

신규 채용의 축소와 더불어 공채 제도의 축소·폐지와 이를 대체하는 수시 채용의 확대는 새로 노동시장에 진입하는 구직자들이 체감하는 구직 난도를 더욱 높이고 있습니다. '뽑아주던' 시대에서 '모셔 오는' 시대로 바뀌고 있는 것입니다. 송길영 작가는 『시대예보: 핵개인의 시대』에서 이제는 채용이 아니라 영입이라 말합니다.[1] 최근 한국노동연구원의 연구에 따르면 직원 수 500인 이상, 매출 1조 원 이상의 대기업 100개의 채용 제도를 조사한 결과 2023년 공개 채용은 35.8%, 수시 채용은 48.3%, 상시 채용은 15.9%로 나타났습니다.[2] 또한 시간이 지날수록 공개 채용은 감소하는 경향을 보이지만, 수시 채용과 상시 채용은 증가하는 경향을 보입니다. 이제 5대 그룹 중 정기 공채를 유지하는 그룹은 삼성그룹밖에 없는 상황입니다.

고도성장기 한국 대기업과 중견 기업의 주요한 인력 충원 방식이었던 정기 공채 제도는 표준적인 선발 시험을 통해서 대규모로 인력을 충원, 계열사에 배치하고 직무 순환을 통해서 회사 고유의 범용 인재generalist를 양성하는 방식이었습니다. 매년 대규모의 좋은 일자리를 창출하던 정기 공채 제도는 이제 전문 인재specialist를 선발해 직무 전문가로 활용하는 수시 채용에 점차 자리를 내주고 있습니다. 내부 노동시장을 통해서 회사의 사람으로 키워내기보다는 직군과 직무를 중심으로 한 필요 업무 역량을 확보하는 것입니다. 수시 채용 제도에서는 직군과 직무별로 해당 전문 지식과 역량을 가진 인재가 여러 기업으로 이직하면서 커리어를 쌓게 됩니다. 필요한 시기에 필요한 역량을 가진 인재를 현업에 바로 투입할 수 있는 수시 채용 제도는 경력직 직원에 대한 선호도가 높을 수밖에 없으며 대학생이 여러 개의 인턴을 통해 직무 경험을 미리 쌓지 않으면 수시 채용 제도에서 신입 직원으로 선발되기는 어렵습니다. 중고 신입이라는 말이 나오는 이유입니다.

수시 채용 제도의 확대는 인력 운영의 효율성과 인건비 절감이 주요 원인입니다. 기업 입장에서는 공채로 선발, 육성해서 실전에 투입하려고 하면 이직하는 신입 직원의 채용보다는 바로 실전에 투입할 수 있어 이직해도 타격감이 적은 경력직을 채용하는 것이 이득입니다. 게다가 신규 채용의 축소, 수시 채용의 확대라는 고용 악재에 더해서 기술 발전으로 인해 로봇, 자동화, 인공지능AI이 인간의 노동을 빠르게 대체해, 단순 반복적이고 업무 프로세스를 쉽게 문서화할 수 있는 직무에 종사하는 사람들의 일자리는 대부분 사라질 거라는 어두운 전망이 나오고 있습니다. 종합하면 결국 노동 수요가 가파르게 감소하고 있는 거죠.

유례없는 구직난으로 난리가 난 취업 시장, 그렇다면 사람이 귀해진 대학의 현재가 그대로 기업의 미래가 되지는 않을까요? 사람이 귀해지는 건 단지 학교만의 일일까요? 대잔류 시대의 도래로 기업은 인재의 이직을 더 이상 고민할 필요가 없을까요? 한번 가버린 대퇴사 시대는 영원히 다시 오지 않을까요? 저는 그렇게 생각하지 않습니다. 작금의 유례없는 취업난과 대잔류 시대 현상은 일종의 착시 현상이며 오랜 기간 지속되지는 않을 것이라고 봅니다.

급격한 글로벌 지정학적 변화 및 거시경제 변수의 악화, 경쟁 심화 및 기업 경쟁력 저하가 종합적으로 영향을 미쳐 최근 기업 실적의 악화로 이어졌습니다. 악화일로의 경영 환경에서 긴축 경영이 필수적인 상황은 유연한 인력 조정을 어렵게 하는 경직적인 노동시장과 맞물려 기업들로 하여금 기존 직원을 유지하는 대신 일시적으로 신규 채용을 줄이게 하고 있습니다. 향후 경영 환경이 개선되면 이러한 현상은 완화될 것으로 보입니다. 노동시장의 공급 측면에서도 현재 노동시장에 진입하는 연령대는 1990년대 후반의 65만 명대 출생자들입니다. 한 해 출생자가 40만 명대로 급감하는 2002년생들은 아직 본격적인 노동시장에 진입하기 전입니다. 노동시장에 진출하려면 아직 멀었지만, 작년 2024년 출생자는 고작 24만 명입니다. 결론적으로 일시적인 노동 수요의 감소와 공급 증가로 인한 현상입니다.

통계를 살펴보면 인구 감소로 인한 우리나라 노동시장의 공급 감소는 확정적인 미래입니다. 서울대학교 인구정책연구센터의 분석에 따르면 우리나라 생산연령인구에 해당하는 25~59세 사이의 인구수는 현재 약 2,600만 명인데 2032년까지 3백만 명 이상이 감소하고, 2040년까지 다시 2백만 명이 감소합니다. 노동시장의 중추인 생산연령인구는 이렇게 급격하게 감소하지만, 인구경제학자인 서울대학교 경제학과 이철희 교수의 저서 『일할 사람이 사라진다』에서 여성이 경제활동참가율을 높이고 장년층이 더 오래 노동시장에 남으면 노동시장 공급의 핵심 동인인 경제활동인구는 생산연령인구처럼 급격하게 감소하지는 않을 것으로 예측합니다. 기술 진보로 인한 생산성 향상을 감안하면 앞으로 15~20년 정도는 총량적으로 노동시장의 급격한 공급 감소는 없을 거라고 합니다.

하지만 보다 큰 문제는 일할 청년이 사라지는 것입니다. 역시 서울대학교 인구정책연구센터의 분석을 보면 기업의 신입

| 그래프 1 | **미래 내국인 청년(25~34세) 인구의 변화**

출처: 서울대학교 인구정책연구센터

직원에 해당하는 25세에서 34세의 청년 인구는 현재 약 680만 명인데, 2030년이 되면 약 550만 명, 2035년에는 5백만 명 미만으로 감소하게 됩니다. 2050년에는 현재 청년 인구수의 절반인 340만 명이 됩니다. 저 같은 중장년층이 노동시장에 더 오래 남아있으면 되지 않겠냐고 하지만 청년과 중장년층은 인적자본의 특성에서 큰 차이가 납니다. 50대 직원이 20대 직원을 대체할 수 없다는 이야기입니다. 청년은 신체 및 인지 기능이 뛰어나고 학교 교육을 바로 마쳐 변화한 시대가 요구하는 최신의 지식과 기술을 익혔습니다. 살아갈 날이 많기에 최신 기술과 지식에 투자할 인센티브가 있습니다. 젊기에 직군 간, 지역 간

이동도 마다하지 않습니다. 기업 R&D 인력의 평균 연령이 다른 직군보다 낮고 디지털, 첨단 부품 및 소재, 바이오, 배터리, 미래 모빌리티 등 첨단 산업의 직원 평균 연령이 낮은 데는 이러한 이유가 있습니다. 예컨대 대기업 직원들의 전반적인 고령화 추세에도 불구하고 현재 우리나라 시가 총액 4위 기업인 삼성바이오로직스는 전체 임직원의 평균 연령이 30세가 안 되며 전체 4천 5백여 명 중 20대 직원이 2천 3백여 명으로 53%를 차지하고 있습니다. 50대 직원의 비율은 1%밖에 안 됩니다.

현대차와 기아를 보면 같은 현대자동차그룹 소속의 자동차 회사지만 연령별 인력 구성비는 큰 차이가 납니다. 2023년 기준 현대차는 20대 직원 비율이 약 22%지만 기아는 7%에 불과합니다. 반면 50대 직원 비율은 현대차 27%, 기아 55%로 기아가 현대차보다 훨씬 늙은 회사처럼 보입니다. 하지만 이러한 차이는 기아에 별도의 R&D 조직이 없고, 현대차·기아의 신차 및 모빌리티 솔루션을 개발하는 1만 4천 명의 연구 인력은 현대자동차그룹 남양연구소 등의 R&D 인력으로 모두 현대차 소속이라는 사실에 기인합니다. 청년 인력이 없으면 R&D가 어려운 것입니다. 송길영 작가는 『시대예보: 핵개인의 시대』에서 AI와 로봇이 인간의 단순노동을 대체하여 노동은 사라지고 창의만 남을 것으로 예측합니다. 반복적이고 단순한 업무는 점점 대체되겠지만 창의와 혁신에 기반한 연구개발은 인간의 영역으로 남을 것입니다.

귀해지는 청년 R&D 인재, 달라져야 할 기업의 태도

작년 SK하이닉스에서 채용한 신입 직원 627명 중 문과가 4명이라는 말이 떠돕니다. 학군지 고교에서는 문과의 씨가 말랐다고 합니다. 바야흐로 이과의 시대라지만 고교 최상위권 학생들은 의치대 등 소위 메디컬 계열로 몰리고 있습니다. 최근 방영되어 세간의 화제가 된 KBS 다큐멘터리의 제목은 '인재전쟁: 공대에 미친 중국, 의대에 미친 한국'이었습니다. 정시 입결에서 인문·사회과학·상경 계열이 나락으로 갔다면 공대의 몰락도 만만치 않습니다. 제가 대학에 들어갈 즈음에는 학력고사 전국 수석이 보통 서울대 전자공학과나 물리학과에 진학했습니다. 지금은 진학 배치표에서 전국 의치대를 다 돈 후에야 서울공대가 옵니다. 명문 고교 입학 설명회에 가면 홍보 자료에 메디컬 계열 합격자 수가 서울대 합격자 수보다 먼저 나옵니다. 2025학년도 서울대 정시 입결을 보면 공대는 바이오 관련 학과가 대부분인 농대와 큰 차이가 나지 않습니다. 의대 증원 문제가 최종적으로 어떻게 결론이 날지 불확실하지만, 기업 R&D 인력의 대부분을 차지하는 이공계 석박사 인력은 공대 대학원의 몰락과 함께 더욱 귀해질 겁니다.

결론적으로 2030년 이후 기업의 R&D 신규 인재 채용은 절대 녹록지 않을 것입니다. 가만히 있어도 삼성, 현대차, SK, LG, 롯데 같은 회사 브랜드만으로 원하는 인재를 손쉽게 확보하는 시대는 이제 사라질 공산이 큽니다. 게다가 100만 명에서 추려낸 인재와 40만 명, 30만 명, 20만 명에서 추려낸 인재는 질적으로 다를 수 있습니다. 인력의 질도 기성세대가 입사했을 때에 비해서 저하될 가능성이 큽니다.

우리의 미래가 궁금할 때 일본을 보라고 하죠. 2025년 현재 일본의 50세 이상 인구는 무려 50.3%에 달합니다. 인구의 절반 이상이 50대 이상입니다. 한국보다 17년이 빠른 2007년에 이미 65세 이상 인구 비율이 20%를 넘는 초고령사회로 진입한 일본은 현재 65세 이상 인구 비율도 전체 인구의 30% 가까이에 해당하는 약 3,625만 명입니다. 청년이 사라진 일본의 노동시장은 지금 어떤 상황일까요? 저출산과 고령화로 노동력 부족이 심화되면서 일본 기업은 우수 인재 확보에 어려움을 겪고 있습니다. 구직자 우위의 '판매자 시장'이 형성되었으며 2025년 3월 기준 일본의 구인배수는 1.26으로 같은 기간 우리나라의 3배를 넘습니다.

2024년 기준 일본의 대졸자 취업률은 98.1%를 기록하며 역대 최고치를 경신했습니다. 많은 일본 대학생이 3학년이 될 때까지 여러 개의 잡오퍼를 받는 것이 보통이며 사람을 뽑지 못할까 봐 노심초사하는 기업들은 내정자의 입사 확률을 높이기 위해 부모에게 연락하여 동의를 구하는 전략까지 쓰고 있습니다. 신입 사원 채용 시 구직자의 부모에게 직접 연락하여 자녀의 입사에 대한 동의를 구하는 현상을 '오야카쿠親確'라고 하는데 '부모親'와 '확인確認'을 합친 신조어입니다. 2024년 1월, 일본의 취업 정보 사이트 마이나비가 실시한 조사에 따르면 신입 내정자 부모 중 52.4%가 기업에서 자녀의 채용에 대한 동의를 구하는 연락을 받았다고 응답했습니다. 지금 역대급 취업난에 직면한 우리로서는 그저 부러운 상황이지만 조만간 우리에게도 곧 닥쳐올 미래입니다.

한곳에 오래 머무르지 않는 보헤미안 기질이 있다는 젊은 세대의 특징도 고려할 필요가 있습니다. 젊은 세대에게 '성장=조직 내 승진'의 등식은 깨진 지 오래입니다. 이들에게 성장이란 노동시장에서 시장가치 즉 몸값market value과 고용가능성employability의 상승입니다. 젊은 세대의 핵심 정서는 불안과 공포라고 합니다. 파이가 계속 커지던 오르막 시대를 살아온 기성세대에 비해 젊은 세대는 가파른 내리막 세상에 대한 불안이 큽니다. '하면 된다'로 살아온 기성세대와 '되면 한다'로 상징되는 젊은 세대의 세대 간 간극은 상당히 큽니다. 변화의 크기, 속도, 방향이 불확실한 시대에 본인의 고용가능성을 유지하면서 몸값을 계속 올려야 한다는 젊은 세대의 강박적인 자기방어기제가 이직이라는 형태로 나타난 것을 감안하면 젊은 직장인들의 이직 추세는 앞으로 더욱 두드러질 것입니다.

마음까지 채워야 붙잡는다

요약하면 2030년 이후에는 '사람이 기업을 선택하는 시대'가 올 것입니다. 고도성장기에는 젊은 인구가 넘쳐났습니다. 기업은 이들 중 범용 인재를 공채 형태로 대규모 채용하여 내부 노동시장과 직무 순환을 통해 회사 고유의 스킬을 가진 '회사형 인간'으로 육성했으며, 대가로는 평생직장을 제공했습니다. 이처럼 '기업이 사람을 선택하던 시대'는 저성장기로 접어들며 변하고 있습니다. 인구 감소로 젊은이들이 귀해졌고, 다양한 경력을 통해 직무 전문성을 쌓은 인재들이 주목받고 있습니다. 기업은 이제 이들을 헤드 헌팅 등을 통해 외부 노동시장에서 경력직 수시 채용으로 선발하고 있습니다. 회사도, 직원도 필요에 의해 고용하고 근무하며 일방에서 그 필요가 사라지면 고용 관계는 종료됩니다.

사람이 귀해지는 시대가 오고 있는데 젖은 낙엽 착시 현상으로 아직 중소기업의 구인난은 마치 남의 나라 이야기로 들립니다. 하지만 이제 5년 정도밖에 남지 않았습니다. 사람이 귀해지는, 이공계 인재는 더더욱 귀해지는 세상에서 인재는 여러 가지를 꼼꼼히 보고 매력적인 회사를 선택할 것입니다. 여러분의 회사는 어떻게 인재를 영입하고 유지하실 건가요? 돈이 무엇보다 중요한 젊은 친구들이니 돈만 많이 주면 된다고요?

요즘 젊은이들에게 직장은 일정 시간 근로를 제공하고 그 대가로 임금과 복리 후생을 받는 장소, 그 이상도 이하도 아니라지만 직장은 돈을 받고 일하는 그 이상의 장소입니다. 일을 통해 꿈과 자아를 실현하는 기성세대 직장관과는 차이가 있지만 인생에서 가정 다음으로 많은 시간을 보내는 장소인 직장에 대해 세대에 상관없이 누구나 바라는 기본적인 욕구가 있습니다. 상사와 동료에게 인정받고, 조직 구성원으로서 인격적으로 존중받으며 가치 있는 일을 통해서 사회에 기여, 전문성을 길러 몸값을 높여 성장하고 싶은 욕구입니다. 이런 것들이 이 책의 주요 관심사인 비금전적 보상입니다. 『정서적 연봉』은 이런 비금전적 보상을 화폐 가치로 환산한 것입니다.

연봉으로 상징되는 피어 그룹peer group 대비 보상의 경쟁력은 물론 더할 나위 없이 중요하지만 이게 전부는 아닙니다. 책상에 현금으로 쌓아놓을 수 없고 눈에 보이지는 않지만, 이런 비금전적인 보상에도 많은 신경을 쏠 필요가 있습니다. 높은 워라밸이나 좋은 복리 후생, 직원 개개인의 성장을 돕는 경력 개발, 업무의 자율성과 의미감을 제고하는 일하는 방식의 혁신, 역량 향상을 위한 도전적 기회를 주는 단위 조직의 리더와 탁월한 동료, 실패할 기회를 주는 조직 차원의 심리적 안전감 향상 등은 다가올 '일할 청년이 사라지는, 사람이 미래인 시대'에 우리나라 기업의 가장 중요한 생존 전략일 것입니다. 다만 이런 요인들은 그동안 화폐 가치로 환산할 수 없다는 이유로 중요하지 않게 다루어졌습니다.

해마다 4월이면 소위 높은 급여를 주는 연봉킹 기업의 리스트가 신문지상을 장식합니다. 직장에서 돈으로 살 수 없는 것들을 만약 돈으로 환산할 수 있다면 연봉킹 기업 리스트는 아마 상당히 바뀔 겁니다. 저는 회계학 교수입니다. 뭔가를 화폐 가치로 측정하는 사람입니다. 전공을 살려 돈으로 살 수 없는 것에 화폐 가치를 부여하고자 합니다. 이 책의 제목인 『정서적 연봉』이라는 이름을 붙여서 말입니다. '정서적 연봉'은 단순한 금전적 보상을 넘어 사람이 일터에서 느끼는 가치를 정량적 화폐 가치로 측정하는 개념입니다. 이 책에서 한국 노동시장의 '마음의 보상 구조'를 정량화하고 기업 문화 개선까지 제안해 보려고 합니다.

CHAPTER 2

정서적 연봉은 무엇인가

> 돈은 강력한 동기부여지만 직원을 오래 머물게 하는 유일한 힘은 아닙니다. 정서적 연봉은 업무 환경, 인간관계, 성장 기회 등 무형의 가치를 화폐처럼 환산한 개념입니다. 사람은 노력에 대한 공정한 보상 위에 상사, 동료와의 긍정적 관계, 자신이 주체가 되어 자율적으로 수행하는 일을 통해 의미와 성장, 인정과 존중 등을 발견하며 존재의 가치를 느끼게 하는 환경이 더해질 때 비로소 '이곳에서 일하고 싶다'라고 말합니다.

10억 원이면
가족과의 연도 끊는다고?

이 책을 읽고 있는 독자가 직장인이라면 보상이 주는 효과를 설명할 필요가 없을 겁니다. 보상이라면 금전적인 보상도 있고 비금전적인 보상도 있지만 보통 금전적인 보상, 즉 돈이 먼저 생각나실 겁니다. 기본급, 상여금, 성과급, 제 수당(임금을 구성하는 요소 가운데 기본급을 제외한 모든 수당) 등 이름만 들어도 기분이 좋아지지 않으시나요? 현금 보상이 대부분이지만 요새는 양도제한조건부주식RSU나 스톡옵션, 스톡그랜트 등 주식 보상을 하는 회사도 늘어나고 있습니다. 직장인에게는 보상이지만 회사 입장에서는 근로의 대가를 지급하는, 즉 인건비가 됩니다.

급여 통장에 찍힌 월 급여를 보는 순간 잠깐이나마 지난 1달, 회사에 갈아 넣었던 시간과 노력, 수고가 미화되고 쌓였던 피로가 눈 녹듯이 사라지는 기분, 다들 경험 있으실 겁니다. 엄청 피곤한 가운데 고카페인 에너지 드링크를 마시고 잠깐 정신이 번쩍 든 느낌이랄까요? 하지만 월 급여로는 그런 느낌이 나지 않는다고 하시는 분들이 많으실 텐데요. 2025년 1월 SK하이닉스 직원들처럼 월 기본 연봉의 1,500%, 수천만 원의 돈이 성과급으로 한 번에 통장에 꽂히면 평범한 직장인은 없던 힘도 나실 것 같습니다. 그런 게 돈의 힘입니다. 하지만 그 기쁨이 오래가지 못하다는 게 문제입니다. 일단 기본급이든 성과급이든 평범한 급여는 줄줄이 대기하고 있는 카드값, 관리비, 통신료 등 때문에 통장을 잠깐 스치고 사라집니다. 과연 받은 적이 있는지도 의심스럽습니다. 약발이 있긴 한데 생각보다 금방 떨어집니다.

그래도 돈의 힘은 강력합니다. 특히 한국은 경제적인 가치가 매우 중요한 나라입니다. 2021년 미국 퓨 리서치 센터Pew Research Center는 전 세계 17개 선진국에 대한 조사에서 '삶에서 가장 가치 있는 것이 무엇인지'를 조사했습니다. 그중 한국은 유일하게 가족, 직업, 친구 등의 가치를 제치고 물질적 행복 material well-being을 1위로 꼽았습니다. 채용 플랫폼 진학사 캐치가 2024년 12월 Z세대 구직자 총 1,578명을 대상으로 진행한 설문 조사에서는 입사하고 싶은 기업으로 '연봉 높은 기업'을 지목한 응답이 43%로 1위를 차지했습니다. 2위는 18%가 선택한 '워라밸 최고인 기업'이었습니다.

한국에서 돈의 힘이 얼마나 센지를 단적으로 보여주는 설문이 있습니다. 지난 2009년 1월 SBS 프로그램 〈그것이 알고 싶다〉가 700회 특집으로 방송했던 2부작 '돈 나라 사람 나라'의 설문 조사 결과에서는 10억 원 이상만 주면 가족과의 관계를 끊을 수 있다고 답한 사람이 53%에 달했습니다. 16년 전 설문이기는 하지만 돈 10억 원이면 스스로 홍길동이 되어 아버지를 아버지라 부르지 않고, 어머니를 어머니라 부르지 않을 준비가 된 한국인이 절반 이상이라는 이야기입니다.

한국인이 주저하지 않고 행복의 제1조건으로 꼽는 돈의 위력은 결국 직원에게 동기부여를 하고 인재를 영입, 유지하는 데 있어 금전적 보상의 중요성을 보여줍니다. "한국인의 삶은 빠른 속도의 트레드밀에서 내려오지 못하고 계속 뛰는 것과 비슷한데, 트레드밀에 오르는 나이가 갈수록 어려지는 것 같다." 2025년 3월 예일대학교 정신과 나종호 교수의 동아일보 인터뷰입니다. 나 교수는 낙오자에 가혹한 한국을 넷플릭스 드라마 〈오징어 게임〉에 비유합니다. 오징어 게임 참가자의 최종 목표도 결국 돈 456억 원이었듯 한국 직장인도 물질적 행복을 꿈꾸며 오늘도 치열하게 하루를 시작합니다.

직장인의
진짜 동기부여

실제로 물어봤습니다. 직장인에게 보상은 무엇일까요? 2022년 SK그룹은 「SK 행복을 말하다」라는 연구보고서에서 SK계열사의 많은 구성원에게 실시한 설문 조사를 기반으로 직장인의 행복에 대한 다양한 조사 결과를 내놓았습니다.[1] 설문 중 하나는 약 2,000명의 구성원을 대상으로 '나에게 보상이란 _____이다'라는 질문입니다. 그 답변 데이터를 입수해서 유사한 답변을 모아 정리한 후, 1어절, 2어절, 3어절 답변 중 빈도가 가장 높게 나타난 순으로 분석했습니다. '은', '는' 등의 조사처럼 빈도는 높으나 질문과 관련이 없는 건 제외한 채 빈도가 높은 순으로 정리하였습니다.

1어절 답변은 '행복', '원동력', '동기부여', 2어절 이상의 답변은 '노력의 대가', '회사를 다니는 이유' 등이 높은 빈도로 나타났습니다. 2어절, 3어절 분석의 경우 '회사를 다니는 이유(원동력)', '노력에 대한 대가'와 같은 답변이 더욱 지배적으로 나타납니다. 구체적인 답변의 예를 보면 '나를 움직이게 하는 힘', '회사가 나의 가치를 얼마나 인정해 주는지 나타내는 지표', '금전적 보상이 곧 행복' 등입니다. 그중 가장 재치 있는 답변은 '삶이라는 음식에 간을 맞춘다. 삶에 꼭 필요한 영양소인데 자꾸

| 그래프 2-1 | SK그룹 구성원 대상 '나에게 보상이란 _____이다'에 대한 3어절 답변 빈도

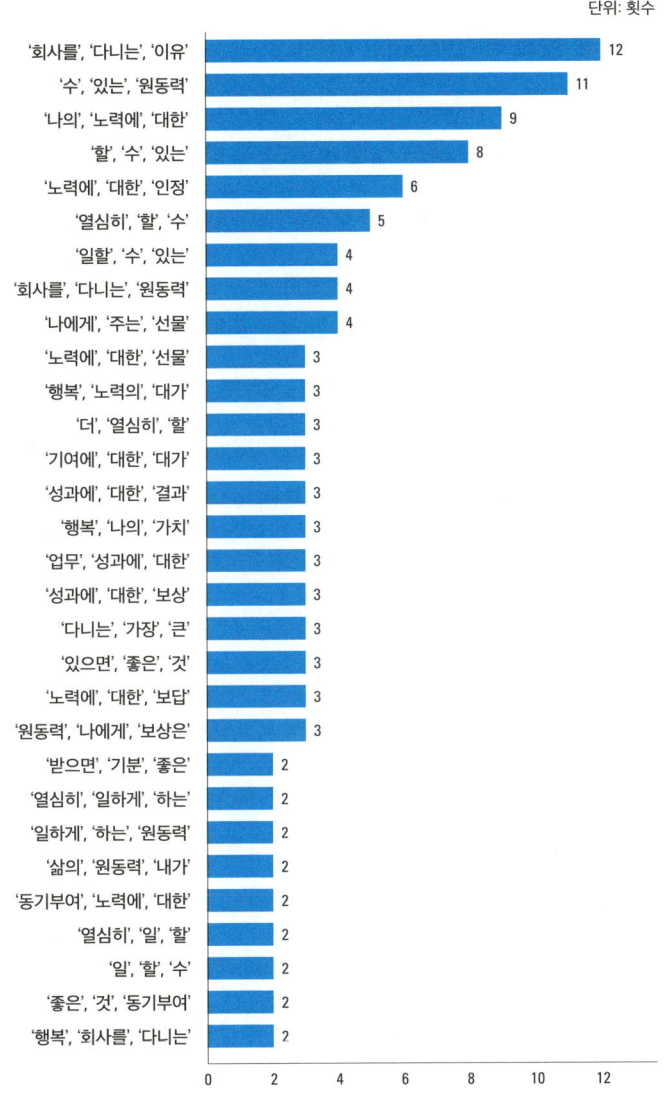

출처: 저자 가공

CHAPTER 2 정서적 연봉은 무엇인가

적게 먹으라고 한다'라는 응답이었습니다. 결국 직장인에게 보상이란 행복의 원천이자 회사를 다니는 이유이고, 나를 움직이게 하는 원동력이라는 것이지요.

이 조사 결과를 보면 금전적 보상이 직장 생활의 원동력이자 동기부여의 원천임이 틀림없어 보입니다. 학자들의 연구 결과도 그렇습니다. 금전적 보상의 동기부여 효과, 즉 직원의 노력과 성과에 미치는 영향에 대해서는 많은 학술 연구가 존재합니다. 특히 제 전공인 회계학에서는 서던캘리포니아대학교의 사라 보너Sarah Bonner와 인디애나대학교의 제프 스프링클Geoff Sprinkle 교수의 금전적 인센티브가 개인의 노력과 과업 수행task performance에 미치는 영향을 분석한 기존의 수많은 연구를 체계적으로 검토하고 정리하였습니다.[2]

금전적 보상, 그중에서도 특히 성과 인센티브가 직장 생활의 원동력이 되는 이유를 설명하는 많은 이론이 있습니다. 논리는 이렇습니다. 열심히 노력하면 성과가 좋아집니다. 그러니 회사는 직원이 열심히 노력하길 바랍니다. 그런데 직원의 노력이 회사 눈에 보이지 않으니 차선책으로 노력과 높은 상관관계가 있는 성과를 보상하는 게 성과 인센티브입니다.

성과가 좋은 직원은 남들보다 기본급이 더 많이 오르고, 개인 인센티브를 받기도 하며 회사의 실적이 좋을 때 조직성과급도 두둑한 게 좋은 예입니다. 사람은 노력이 성과를 내고, 그

성과가 보상으로 이어질 거라는 기대감이 있을 때 동기부여되며 보상이 클수록 동기부여가 강해지고, 노력 증가로 이어진다는 기대 이론Expectancy Theory, 조직과 개인의 목표가 다를 수 있기 때문에 조직은 성과와 연계된 보상을 제공하여 개인의 행동을 유도한다는 대리 이론Agency Theory 등이 금전적 보상의 동기부여 효과를 지지하는 대표적인 이론들입니다. 실제 이러한 이론들의 예측대로 금전적 인센티브가 성과에 긍정적인 효과를 준다는 걸 발견한 수많은 연구 결과를 보너와 스프링클 교수는 그들의 논문에서 체계적으로 정리, 제시하고 있습니다.

노력한 만큼
공정한 보상이 필요하다

그러나 보너와 스프링클 교수는 금전적 인센티브가 언제나 성과 향상을 보장하지는 못한다는 점을 강조합니다. 실제 금전적 인센티브는 그들이 조사한 연구 중 대략 절반 정도의 연구에서만 긍정적인 성과 효과를 보였습니다. 금전적 보상이 직원을 동기부여해 더 많은 노력을 이끌어내고, 더 나아가 높은 성과로 연결되는 데에는 여러 가지 다른 변수들이 있기 때문입니다. 예를 들어 과업의 복잡성이 중요합니다. 단순한 과업에서는 금전적 인센티브가 노력과 성과를 높이는 데 효과적이지만, 복잡한 과업에서는 오히려 인센티브가 스트레스와 부담을 증가시켜 성과를 저하시킬 수 있으며 학습과 장기적인 성과 향상에 도움이 되지 않는다는 결론을 내렸습니다.

또 노력이 성과로 직접 연결되는 정도에 따라 노력만으로 성과를 개선할 수 있는 과제에서는 인센티브 효과가 크지만, 창의적이거나 고도의 전문성이 필요한 작업에서는 인센티브 효과가 제한적입니다. 금전적 인센티브가 지나치게 강조될 경우, 창의성 감소 및 단기적인 목표만을 추구하는 경향이 나타날 수 있는 것도 문제입니다. 따라서 단순한 업무에는 성과 기반 금전 인센티브가 효과적이지만, 복잡한 업무에서는 인정, 발전 기회 등 비금전적 보상이 더 효과적일 수 있으며 장기적인 관점에서의 인센티브 설계가 필요함을 강조합니다.

또한 금전적 보상은 공정성이 특히 중요합니다. 평가·보상의 불공정은 동기부여를 크게 저하시키기 때문입니다. 배고픔은 참아도 배 아픔은 참지 못하는 게 사람입니다. 특히 20~30대 젊은 세대 직원 비중이 높은 기업은 이 문제를 민감하게 다뤄야 합니다. 요즘 세대의 공정관은 결과의 평등이 중요했던 기성세대와 달리 기회와 과정의 평등에 가깝습니다. 서울대학교 자유전공학부의 김범수 교수는 『한국 사회에서 공정이란 무엇인가』에서 우리나라 젊은 세대의 공정관을 개인주의적 능력

주의로 규정합니다.[3] 평가자의 주관이 배제된 공개적이고 객관적인 경쟁을 통해서 검증된 능력과 실력을 바탕으로 기회와 재화, 자원이 차등 분배되는 걸 가장 공정하다고 생각한다는 거죠. 성장이 멈추고 양극화는 심해지는 내리막 사회에서 남녀 간, 세대 간, 계층 간에 진학, 선발, 채용, 소득과 재원 분배 등 희소한 기회와 자원의 배분을 둘러싼 갈등과 경쟁은 나날이 심화하고 있습니다.

다양한 세대를 대상으로 강연하면 그림 2-1을 보여주고 여러분이 생각하는 진짜 공정이 무엇이냐는 질문을 합니다. 40~50대 기업의 관리자나 임원들은 주저 없이 오른쪽 그림이

| 그림 2-1 | 무엇이 진짜 공정일까요?

출처: INTERACTION INSTITUTE FOR SOCIAL CHANGE, ARTIST ANGUS MAGUIRE

진짜 공정이라고 답합니다. 그들에게 진짜 공정이란 결과의 평등에 가깝습니다. 그들이 자라온 성장 배경과 시대정신을 감안하면 금방 이해됩니다. 정치적 올바름political correctness은 기성세대에게 매우 중요한 가치입니다. 사회적 약자에 대한 우대정책은 출발선상의 기회와 자원이 다름에서 오는 불평등을 다소라도 완화하기 위한 중요한 보정 장치입니다. 박스 없이는 야구 경기를 볼 수 없는 꼬마에게 주어진 박스 2개는 출발선상의 불운을 보정하는 중요한 역할을 합니다. 결과가 정의로우면 어느 정도 과정의 불공정은 용인할 수 있다는 겁니다.

그런데 2000년 초반생인 학부생들에게 같은 그림을 보여주면 반응이 판이합니다. 많은 학부생에게는 왼쪽 그림이 진짜 공정입니다. 이들에게는 결과의 평등보다는 기회와 과정의 평등이 훨씬 중요합니다. 과정이 공정해야 진짜 공정입니다. 이들에게는 꼬마에게 주어진 박스 2개가 불운 보정 장치가 아니라 이들이 가장 혐오하는, 1인분도 하지 못하는 사람을 무임승차하게 하는 도구입니다. 깨어있는(?) 기성세대와는 달리 설사 정의로운 결과를 의도한 것이라도 과정의 불공정은 이들에게는 절대로 용납할 수 없는 것입니다. 내리막 시대에 대한 불안과 공포, 이에 따른 극도의 자기방어가 쌀 한 톨만큼의 불공정도 용납할 수 없게 하는 가장 큰 원인입니다.

물질과 공정에 민감한 요즘 세대 젊은이들이기에 금전적 보상은 무엇보다도 공정하게 배분되어야 합니다. 소위 MZ세대가 직장에서 원하는 공정한 보상에 대해 전작인 『공정한 보상』이란 책에서 자세히 다룬 바 있습니다. 이들에게 과정의 공정성을 납득시키기 위해서는 첫째, 보상의 원칙과 기준에 대한 투명한 공개와 합의가 선행되어야 합니다. SK그룹 mySUNI의 리더십 연구자 임창현 박사는 『정답 없는 세상에서 리더로 살아가기』에서 이를 피평가자의 평가 결과에 대한 납득성을 높이기 위한 필수 조건이라고 말합니다.[4] 직장인 중 내가 1인분도 못 했다고 생각하는 사람은 드뭅니다. 그러니 리더의 낮은 평가 결과에 동의할 사람은 없지만, 그럼더라도 '사전에 공개된 원칙과 기준대로 하면 내가 낮은 평가를 받을 수밖에 없었겠구나', 혹은 '우리 리더가 아닌 어떤 리더가 평가했어도 정해진 원칙대로 평가하면 나는 나쁜 평가를 받았겠구나'라고 생각하는 게 평가의 납득성을 높이는 것입니다. 대학에서 매 학기 학생들의 학업 성과를 평가하여 학점을 매기면서 평가의 예측 가능성과 납득성이 요즘 세대 직장인들에게 무엇보다 중요하다는 것에 격하게 공감합니다.

    회사 실적에 연계된 성과 인센티브도 투명한 원칙과 시스템에 근거하여 주어져야 효과가 있습니다. 『2000년생이 온다』의 임홍택 작가는 기성세대가 살아온 '좋은 게 좋았던' 융통성의 시대는 가고 요즘 젊은이들은 정해진 바를 그대로 지키는 '원칙과 규칙의 시대'를 선호한다고 합니다.[5] 달라진 시대에 맞춰 집단성과급도 명확한 원칙과 시스템에 근거하여 주어져야 보다 효과적입니다. 명확한 게임의 룰을 공개하고 '줘야 할 때는 확실히 주고, 주지 않아야 할 때는 주지 않는 것'이 글로벌 기업의 성과급 제도입니다. 예컨대 애플은 구글과는 달리 고성과 인재 중심의 보상입니다. 전 직원에게 주식 보상을 하는 구글과 달리 애플에서는 양도제한조건부주식 등의 주식 보상을 상위 25%, 현금 보너스는 상위 40%의 인재에게만 부여합니다. 이런 게 찐 성과급이지요.

2025년 2월 현대제철의 성과급 논란에서 보듯 우리나라는 대기업도 아직 이러한 게임의 룰이 정착되지 않은 회사가 많습니다. 현대제철은 성과급 지급 규모를 놓고 노사갈등이 격화하더니 파업이 반복되다가 급기야 회사 측의 직장 폐쇄 조치로 일부 공장이 가동 중단 사태에 이르렀습니다. 최근 3년간 연결 기준으로 현대제철의 영업 이익은 매년 50%씩 감소하고 있는 최악의 상황이지만 노조는 2023년 기준 각각 현대제철의 19배와 15배의 영업 이익을 낸 현대차와 기아 수준인 인당 4,500만 원, 월 기본급 500%+1,800만 원의 성과급을 요구했습니다.

사실 현대자동차그룹의 성과급 제도를 보면 아쉬운 점이 많습니다. 삼성·SK·LG그룹 계열사들은 사전에 객관적인 산식으로 결정된 단기성과급제도를 2000년대 초반 이래 설계·운영하고 있습니다. 삼성전자는 경제적 부가가치EVA의 20%를, SK하이닉스는 영업 이익의 10%를, LG전자는 매출·영업 이익 등의 목표 달성도에 따라 차등성과급을 각각 지급합니다. 보상의 객관적인 원칙이 명확하게 존재하고 일관되게 적용하기에 반발이 작지요. 예컨대 2024년 초 삼성전자 반도체 부문의 8만 명 가까운 임직원에게 호황 때는 수조 원을 지급하던 단기성과급이 한 푼도 지급되지 않았지만, 큰 문제가 없었습니다.

반면 현대차·기아·현대제철·현대위아 등 현대자동차그룹의 계열사들은 공식화된 직원성과급제도가 아예 존재하지 않습니다. 그때그때 실적에 따라 지급 규모가 임단협을 통해 정치적으로 결정됩니다. 좋게 말하면 유연하고 나쁘게 말하면 지극히 재량적인 제도입니다. 노조는 기업 실적이 좋을 때는 잘 나가는 다른 계열사보다 더 받아야 하고, 회사 실적이 나쁠 때도 잘 나가는 다른 계열사만큼은 받아야 하는 것이 성과급으로 둔갑하니 성과급이란 말이 무색합니다. 이래서는 금전적 보상이 노력을 유도할 수 없습니다.

둘째, 보상의 배분 시 교환 비율의 비교입니다. 직장인들은 회사에서 시간, 노력, 기회비용 등의 개인적 자원을 투입하고 그 대가로 선발, 채용, 승진, 보상, 지위 등의 산출물을 얻습니다. 직장인이 회사에서 받는 보상이 얼마나 공정한지를 평가할 때는 항상 비교의 과정이 수반합니다. 비교란 단어를 빼고서는 요즘 세대를 이해할 수 없습니다. 학교에서는 에브리타임, 회사에서는 블라인드, 개인으로의 '나'는 인스타그램을 통해 세상 모두와 나를 비교하는 시대입니다.

직장에서는 먼저 같은 단위 조직의 동료들과 비교합니다. 그래프 2-2는 2022년 SK그룹의 구성원 2,000명이 인식하는 보상 프로세스의 문제점을 보여줍니다. 말씀드린 원칙과 기준의 불분명함이 가장 큰 불만입니다. 보상의 기준이 되는 평가 프로세스에 대한 불만도 많습니다. 그리고 나머지 불만들은 모두 나보다 노력과 기여가 작은 사람이 적게 일하고 더 많이 받는 조직 내 교환 비율의 불공정성에 대한 불만입니다.

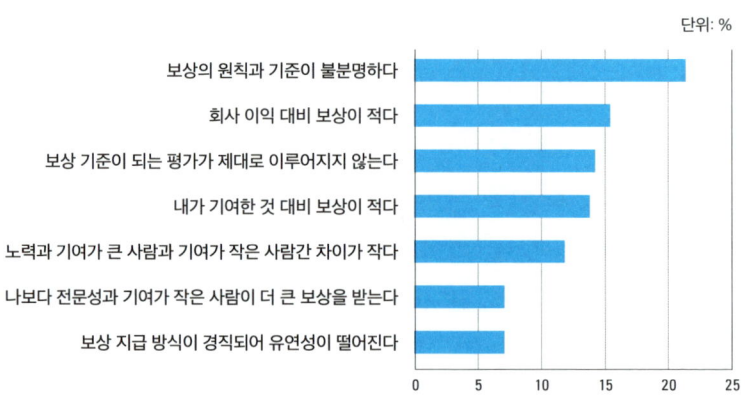

| 그래프 2-2 | SK그룹 구성원들이 인식한 보상 프로세스의 문제점

출처: SK그룹 「SK행복을 말하다」 연구보고서, 2022

이들에게 월급 루팡은 또래 동료만 있는 것이 아닙니다. 요즘 세대 눈에 월급 루팡은 스윗 영포티 부장님과 스윗 영피프티 임원 사이에 특히 많아 보입니다. '하는 일도 없어 보이는 내 상사가 노력에 비해 너무 많이 받아간다'라고 생각합니다. 실제로 뒷부분에서 분석할 블라인드의 직장인 행복도 데이터를 직급별로 보면 회사에서 가장 불행감을 느끼는 직급은 대리입니다. 회사의 대리 또는 과장에 해당하는 숙련 실무자가 투입 업무 시간 측면에서는 아마 가장 많은 일을 할 텐데 그에 상응하는 보상이 없다고 느끼기 때문일 겁니다.

직장인 익명 앱이 보편화되면서 이제 비교는 조직 내에 그치지 않습니다. 삼성전자 반도체 부문의 엔지니어들이 '나는 회사에서 이 정도 일하고 이 정도 받는데 나랑 비슷한 SK하이닉스 엔지니어들은 적게 일하고 더 받던데?'라고 느끼면 보상은 불공정한 것입니다. 회사 간 가성비 비교가 용이해졌다는 점도 큰 변화입니다. 블라인드의 한국 직장인 가입자가 8백만 명이라고 합니다. 블라인드를 모르는 직장인들이 없다는 얘기입니다. 사람들은 블라인드, 잡플래닛 등 직장인 익명 플랫폼을 통해 여러 회사의 업무량과 보상 수준을 손쉽고 정확하게 비교할 수 있습니다. 내 교환 비율이 비교 대상의 교환 비율보다 낮으면 불공정한 것입니다. 불공정을 없애기 위해 내 비율을 높이려면 연봉 협상으로 분자를 높이던가 그게 어려우면 워라밸에 목매 분모를 낮추던가 해야 합니다.

당근과 채찍 중
뭐가 더 힘이 셀까?

금전적 보상이 사람을 움직이는 근원적인 동기 중 하나임은 틀림없어 보입니다. 그러니까 기업들이 성과급에 많은 돈을 쓰는 것이겠죠. SK하이닉스는 2024년 인공지능 반도체의 핵심 부품인 고대역폭 메모리HBM 사업의 대성공으로 역대급 실적을 냈습니다. 매출 66조 원에 영업 이익은 23조 원을 넘었습니다. 전년도에는 반도체 다운턴으로 8조 원의 영업 적자를 냈었습니다. 호실적에는 '통 큰 보상'이 따르는 법, 회사는 월 기본급 1,450% 수준의 성과급을 제시했지만, SK하이닉스 노조는 크게 반발했습니다. 2021년 SK하이닉스는 영업 이익의 10%를 성과급으로 주도록 노사와 합의했는데 영업 이익의 10%에 훨씬 못 미친다는 겁니다.

　이런 기사에 항상 달리는 댓글이 있습니다. '주주의 몫을 왜 직원들이 가져가느냐', '너희는 회사가 적자 나면 돈을 토해낼 거냐' 같은 부정적인 댓글이죠. 실제 SK하이닉스는 20대 직원이 전체 직원 수의 25%를 넘는 젊은 회사입니다. 물론 2023년 회사가 8조 원의 적자가 났을 때도 연봉 일부를 토해내는 일은 없었습니다. 다만 성과급을 못 받았을 뿐이죠(이 상황에서도 회사는 위기 극복 격려금을 지급하면서 직원들을 달랬습니다).

재미있는 질문이 생깁니다. 흔히 하듯 기본급에다 흑자가 나면 성과급을 줄 수도 있지만 아예 기본급에 성과급까지 포함한 금액을 기본급으로 하고 적자가 나면 일부를 회사에 반환하는 페널티 방식도 가능하지 않을까요? 즉, 금전적 보상을 당근 형태로 제시할 수도 있지만 채찍 형태로 제시할 수도 있지 않나요? 당근과 채찍 중 어떤 프레임이 동기부여에 더 효과적일까요? 예를 한번 들어보겠습니다. '기본급은 100불인데 목표를 달성하지 못하면 20불의 페널티가 있어'란 형태의 계약과 '기본급은 80불인데 목표를 달성하면 20불의 보너스가 있어'란 형태의 계약 중 어떤 계약이 직원들을 더 열심히 일하게 할까요? 경제적으로는 차이가 없는데 심리적으로는 달라 보입니다. 여러분은 어떠신가요?

2002년 노벨경제학상 수상자인 심리학자 대니얼 카너먼Daniel Kahneman 교수와 에이머스 트버스키Amos Tversky 교수의 연구에 따르면 손실이 주는 심리적 영향은 같은 크기의 이득보다 약 2~2.5배 더 크다고 합니다.[6] 이들이 제안한 전망 이론Prospect Theory에서는 손실 회피 성향loss aversion의 중요성을 강조합니다. 이는 사람이 같은 크기의 이득보다 손실을 더 크게 느끼는 경향을 의미합니다. 즉 동일한 금액이라도 얻는 기쁨보다 잃는 고통이 훨씬 더 크다는 것이죠. 그렇다면 성과가 안 좋으면 줬다가 뺏는 페널티 계약이 성과가 좋으면 나중에 더 주는 동일 금액의 보너스 계약보다 손실을 회피하려는 사람으로 하여금 더 열심히 일하게 할 수 있습니다. 그런데 현실 세계의 기업에서는 페널티 보상계약은 없습니다. 당연히 직원들이 선호하지 않기도 하고, 현실적으로 줬다가 뺏기가 어렵기 때문입니다. 그래서 페널티 계약은 '호의가 계속되니 권리인 줄 아는' 돈독이 오른 MZ세대를 비판하는 기성세대의 댓글 속에서만 존재합니다.

사람은 돈으로만 사는가?

사람을 움직이는 근원적인 원동력을 동기라고 한다면 한국의 직장인은 금전적 보상을 중요한 동기부여의 원천으로 생각하는 것 같습니다. 구직자들도 예전에는 직장 선택의 기준으로 워라밸 등을 가장 중요한 요소로 꼽더니 최근에는 연봉을 가장 중요시한다는 조사 결과들이 많습니다. 연봉과 성과급 같은 금전적 보상을 외재적 동기extrinsic motivation 요인이라고 합니다.

먹고 사는 문제는 인간의 생존이 걸린 문제입니다. 먹고 살기 위해서는 돈을 벌어야 합니다. 생존을 위해서는 직장인에게 월급, 성과급, 복리 후생 등의 금전적인 보상이 필수적입니다.

그런데 받는 돈에 비례해서 동기부여가 될 것인가는 또 다른 얘기입니다. 잘 알려진 프레데릭 허츠버그Frederick Herzberg 교수의 2요인 이론Two-Factor Theory에 따르면 연봉과 같은 금전적 보상은 위생 요인hygiene factors이기 때문에 이러한 요소가 충족되지 않으면 불만족이 증가하지만, 충족된다고 해서 반드시 만족도가 증가하는 것은 아니라고 합니다. 예를 들어 보상이 공정하면 불만족이 줄지만 그렇다고 해서 만족은 아니라는 겁니다.

먹고 살 만큼 번다면 돈은 크게 중요하지 않으며 100억 원을 번다고 10억 원을 버는 사람보다 10배 더 만족하지 않습니다. 반면에 돈으로 살 수 없는 직장에서의 성취감, 인정, 업무의 자율성, 성장과 자기 계발 등의 요인들을 동기 요인motivators이라고 하는데, 이 요소는 직장의 만족감을 높이지만 불만족을 없애지는 못합니다. 불만족과 만족의 결정 요소들이 다르다는 겁니다. 허츠버그 교수가 동기 요인이라고 부르는 성취감, 인정, 자율성, 일의 의미 등을 다른 말로 내재적 동기intrinsic motivation 요인이라고 합니다. '돈을 받으니까 일하는 게 아니라, 내가 좋아하니까 그 일을 합니다'라는 분들 많이 계시죠. 돈 같은 외재적 동기뿐만이 아니라 내재적 동기도 사람을 움직이는 좋은 원동력입니다.

미국의 미래학자 다니엘 핑크Daniel Pink의 『드라이브』는 인간 행동의 드라이브가 보상과 처벌이 아닌 인간의 내재적 동기라는 것을 많은 학술 연구에 기반하여 설득력 있게 제시합니다.[7] 저자는 책에서 '톰 소여 효과'라는 재미있는 단어를 사용합니다. 마크 트웨인의 걸작 『톰 소여의 모험』을 다들 아실 겁니다. 톰은 폴리 이모에게 250미터의 나무 담장을 모두 페인트 칠하라는 명령을 받습니다. 울며 겨자 먹기로 페인트칠을 하고 있던 톰은 지나가던 친구에게 울타리를 칠하는 게 얼마나 재미있으며 이 특권을 가진 자신은 얼마나 행운아인지를 설명합니다. 톰의 말에 홀딱 넘어간 친구들은 애걸하며 담장을 칠하는 특권을 줄 것을 톰에게 간청하나 톰은 거절합니다. 하지만 톰은 결국 몸이 단 친구들의 간청을 마지못해 수락하는 척하고, 친구들은 울타리를 몇 번이나 '자발적'으로 칠하게 됩니다. 일이 신나는 놀이가 되는 순간입니다.

여러분이 직장에 왜 다니는지를 생각해 보면 이해가 빠를 것입니다. 월급 때문이기는 한데 월급 말고 다른 요인들도 많이 있습니다. 직장에서 아무리 많은 돈을 받더라도 인간으로서 존중받지 못하고 상사에게 인정받지 못하며 사회에 전혀 기여하지 못하는 단순반복적인 일들을 무기력하게 매일 하고 있다면 여러분은 얼마나 더 버틸 수 있을까요? 외재적 동기가 높은 직장이라고 내재적 동기도 항상 높은 건 아닙니다. 높은 연봉을 받는 의사라고 그 일이 항상 좋은 건 아닙니다. 허츠버그 교수 말에 따르면 이거 따로 저거 따로입니다.

그런데 보상 같은 외재적 동기와 성취감, 인정 같은 내재적 동기가 단순히 따로 결정되는 게 아니라 보상이 내재적 동기를 오히려 파괴한다면 어떨까요? 실제로 2022년 SK그룹 「SK행복을 말하다」 연구보고서(이하 SK행복연구)는 미래에 대한 불안을 느낄수록 물질에 더 민감하며 행복도가 낮아짐을 보고합니다. 다니엘 핑크 역시 경제적 인센티브가 내재적 동기를 잠식하고 파괴한다는 많은 학술 발견에 기반한 증거를 제시합니다. 다니엘 핑크는 당근과 채찍으로 상징되는 외재적 동기는 내재적 동기를 없애고 성과를 감소시키며 창의성을 말살하고 선행을 몰아내며 비윤리적인 행동을 유도하고 중독성을 유발, 근시안적인 사고를 촉진한다고 말합니다. 좋아서 하는 일에 보상을 제공하면 하지 않아도 되는 놀이가 반드시 해야만 하는 일이 된다는 것입니다.

우리가 어떤 일을 하는 이유는 그 일이 좋아서이기도 하지만 그 일을 함으로써 무언가 보상을 얻기 때문이기도 합니다. 일하는 기쁨과 그 대가로 받는 보상이 둘 다 생기면 그 일을 더 잘해야 할 텐데 돈이 기쁨을 죽일 수 있다는 겁니다. 많이 인용되는 유명한 경제학 실험이 있습니다. 이스라엘의 경제학자 유리 그니지Uri Gneezy 교수와 네덜란드의 경제학자 알도 루스티치니Aldo Rustichini 교수는 이스라엘의 어린이집에서 흥미로운 실험을 진행했습니다.[8] 세계 어디서나 어린이집은 아이를 늦게 데리러 오는 부모들 때문에 골치입니다. 아무리 당부해서 항상 그런 부모들이 있습니다. 간단한 해결책은 지각하는 부모에게 벌금을 물리는 것입니다. 채찍을 동원해서 바람직하지 못한 행위를 억제하는 건데요.

실험은 20주 동안 같은 지역의 비슷한 어린이집 10개가 참여했습니다. 연구자들은 10개 중 6개의 어린이집에만 벌금 제도를 도입했습니다. 결과는 놀랍게도 연구자들의 예상과 달리 벌금 제도를 도입한 어린이집에서 그렇지 않은 어린이집에 비해 오히려 지각하는 부모의 수가 늘어났다는 것입니다. 소중한 아이들을 돌봐주는 어린이집에 시간을 지키지 못해 폐를 끼치고 싶지 않다는 내재적 동기가 경제적 페널티로 환산되자 되려 파괴된 것입니다. 부모들은 그 정도 돈이라면 차라리 내고 죄책감을 덜 느끼는 편이 더 이득이 된다고 생각한 거죠. 이렇듯 선행에 값을 매기면 선행이 오히려 감소하는 역설은 여러 관련 연구에서 나타납니다.

보상이 내재적 동기를 감소시킨다는 주장은 매우 흥미롭지만, 학계에서는 여전히 논쟁의 대상입니다. 최근의 연구들은 당근과 채찍이 반드시 일의 기쁨을 없애는 것이 아니라 내재적 동기 역시 증진시킬 수 있다고 합니다. 직장이라는 무대에서는 더더욱 그럴 것입니다. 사람들이 자발적이고 이타적인 마음에서 하는 선행에 값을 매기면 선행이 '계약'이 되어 선행하려는 마음을 꺾을 수 있습니다. 봉사나 복지에 특화된 비영리 조직이나 사회적 기업의 영역이 아닌 다음에야 선행을 한다는 마음으로 직장에 다니는 사람은 없을 겁니다. 급여도 좋고, 일도 의미 있고, 워라밸과 근무 환경도 좋으며 커리어 개발도 할 수 있는 직장이면 금상첨화죠. 다다익선입니다. 요즘 구직자들이 입사 지원하기 전에 블라인드나 잡플래닛, 사람인, 잡코리아 등에서 전·현직자들이 작성한 해당 회사에 관한 리뷰를 미리 살펴보고 지원 여부를 판단하는 이유입니다.

돈으로 살 수 없는 것을 돈으로 환산할 수 있을까?

보상에 관한 책을 쓰고, 강연을 다니다 보면 항상 듣는 질문이 있습니다. "회계학 교수가 이런 것도 하세요?"란 질문입니다. 제 연구 분야가 성과 평가와 보상이니 저에게는 당연한 일인데 사람들은 인사 관리 교수가 아닌 제가 '인사'에 대한 이야기를 하니 생소한 모양입니다. 조직문화나 리더십 전문가가 아닌 건 맞지만 제 전공은 '측정'입니다. 피터 드러커의 말대로 측정할 수 없다면 관리할 수 없고, 관리할 수 없다면 개선할 수 없습니다. 회계학자들이 즐겨 다루는 이익, 현금, 주가 등과 달리 직장의 '일할 맛'은 측정이 어렵습니다. 구직자의 직장 선택 시 고려 대상 중 숫자로 나오는 건 연봉 정보입니다. 대략적인 직급별 연봉 정보는 블라인드 등 기업 리뷰 사이트에서도 접근 가능하고, 직원 1인당 연봉 정보는 각 회사의 사업 보고서에서도 확인할 수 있습니다. 우리나라는 등기 임원의 경우를 제외하고는 기본급, 상여금, 성과급 등의 상세한 연봉 정보를 알기는 어렵습니다. 직원 1인당, 임원 1인당 평균 연봉 정도만을 알 수 있습니다.

그러나 CEO 등 최고 경영진의 보상이 천문학적인 미국 등에서는 최고 경영진의 평가 및 보상 문제가 주주, 채권자, 노동조합, 규제 기관, 고객 등 기업의 여러 이해관계자에게 큰 관심사가 되고 있습니다. 미국의 경우 모든 상장회사의 이사회는 1992년부터 미국 증권거래위원회SEC의 강제 공시 규정에 따라 최고 경영진의 보상 결정에 대하여 자세하게 공시해야 합니다. 이사회의 보상 위원회는 CEO 등 보수가 가장 많은 최고 경영진 5명의 상세한 세목별 보상 규모 및 이의 산정에 사용된 평가 지표, 임원에게 부여된 목표 설정 방법 및 수준 등 구체적인 보수 규모 산정 방안에 대하여 상세하게 공시해야 하며, 2006년부터는 임원의 높은 보상 수준에 대한 사회적 반감 및 최고 경영자의 과도한 보상 규모를 둘러싼 많은 논쟁으로 인하여 공시의 수준이 대폭 강화되었습니다.

앞에서는 보상의 동기부여 효과를 주로 다뤘지만, 돈이 중요해진 시대에 보상은 인재의 영입과 유지를 위해서도 매우 중요합니다. 너무 당연하지만, 구직자는 입사할 회사를 고르기 위해 연봉을 꼼꼼히 비교하니까요. 회사를 떠나는 헤어질 결심을 할 때도 연봉은 중요한 고려 요소입니다. 따라서 인재전쟁 속에서 회사는 능력이 뛰어나고 원하는 인재를 영입, 유지할 목적으로 적정 수준의 경쟁력 있는 연봉을 제시합니다. 그냥 이만하면 많이 주는 거지 하는 뇌피셜로 정신 승리하면 안 됩니다. 총연봉의 수준과 기본급, 보너스, 주식 보상 등 연봉의 각 구성 요소 비중이 노동시장에서 충분히 경쟁력이 있는지를 파악하려면 동종 업계 혹은 이종 업계에서 비슷한 규모의 10~20개 회사를 보상 벤치마킹 피어 그룹으로 설정하고, 이들 회사의 임직원 연봉 수준을 지속적으로 파악해야 합니다.

경쟁력 있는 보상을 위해서 CEO의 연봉을 정한다면 피어 그룹 CEO 보상의 중윗값(상위 50%), 보다 경쟁력 있는 보상을 위해서는 상위 25%를 목표로 하여 매년 보상 수준을 정합니다. 표 2-1에서는 미국의 세계적인 종합화학회사인 다우 DOW Inc.의 이사회가 선정한 CEO 보상 벤치마킹 피어 그룹 20개 회사의

| 표 2-1 | **2021년도 다우 주식회사의 보상 벤치마킹 피어 그룹**

2021 보상 피어 그룹
3M Company
Archer Daniels Midland Company
The Boeing Company
Caterpillar Inc.
The Coca-Cola Company
ConocoPhillinps
Deere & Company
Eli Lily and Company
Honeywell International Inc.
Johnson & Johnson
Johnson Controls International Plc
Kimberly-Clark Corporation
Linde PLC
Lockheed Martin Corporation
LyondellBasell Industries N.Y.
Mondelez International, Inc.
PepsiCo, Inc.
Pfizer Inc.
THe Procter & Gamble Company
Raytheon Technologies Corporation

직전 12개월간 매출 (단위: 10억 달러)

- 25백분위: 약 33
- 중위: 약 45
- 75백분위: 약 69
- 다우: 약 55

출처: 다우 Proxy Statement 및 S&P Capital IQ(2021년 12월 31일 기준 최근 12개월 수치 반영)

이름과 매출 규모의 비교를 보여주고 있습니다. 이 과정에서 각 회사의 이사회는 많은 경우 프레데릭 쿡FW Cook이나 윌리스 타워스왓슨WTW 같은 임원 보상 전문 컨설팅 회사를 고용하여 CEO의 적정 보상 수준에 대한 컨설팅을 받습니다. 구글은 아마존, 인텔, 넷플릭스, 애플, IBM, 오라클, 시스코, 메타, 세일즈

| 그림 2-2 | **미국 기업들의 타겟 임금정책선**

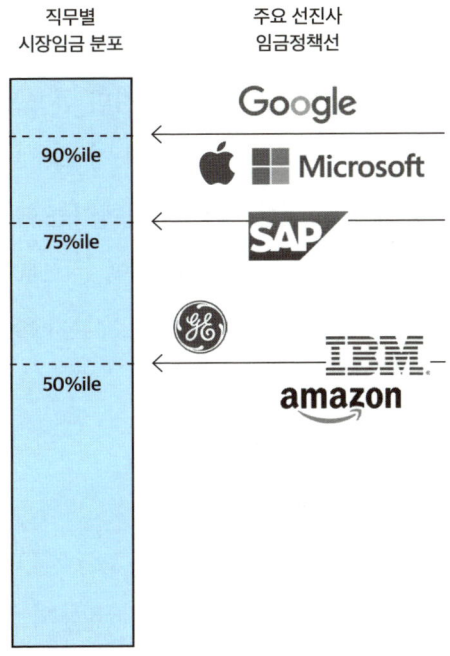

출처: 저자 가공

포스, 컴캐스트, 마이크로소프트, 디즈니 등 12개 회사를 피어 그룹으로 정하고 보상 경쟁력을 가늠합니다. 피어 그룹을 정한 뒤에는 비교를 통해 목표 임금 수준을 정하는데 글로벌 탑티어 회사들인 구글, 애플, 마이크로소프트 등은 피어 그룹 대비 90%의 임금 수준을 경쟁력 있는 보상의 잣대로 삼습니다.

돈으로 표시되는 연봉의 비교가 쉽듯 새로 입사하거나 이직할 회사의 '일할 맛'도 화폐 가치로 환산할 수 있다면 비교가 쉬워질 것입니다. 어느 회사의 일하는 방식, 조직문화, 워라밸, 성장 가능성이 높다, 낮다는 얘기는 많지만 돈으로 환산하면 얼마라는 정보는 없습니다. 금액 기준의 정보가 나왔을 때야 비로소 꼼꼼한 비교가 가능합니다. 이 책에서는 블라인드의 방대한 재직자 기업 리뷰 데이터를 이용하여 돈으로 살 수 없는 '일할 맛'에 화폐 가치를 부여하는 시도를 하고자 합니다.

정서적 연봉이란?

'정서적 연봉'이란 직장에서 연봉, 성과급 등의 금전적 보상 외에 직원이 얻을 수 있는 비금전적인 보상을 의미합니다.[9] 단순히 높은 연봉을 받는 것보다 직장에서 돈으로 살 수 없는 것들, 업무 환경, 인간관계, 성장 기회 등이 만족스러울 때 직원은 더 오랫동안 회사에 머무르고 열정적으로 일할 가능성이 큽니다. 정서적 연봉이 높을 때 직원의 동기부여와 몰입도가 향상되며 단순히 돈이 아닌 더욱 의미 있는 동기부여를 통해 직원이 열정을 가지고 일할 수 있도록 유도할 수 있습니다.

정서적 연봉이 높으면 기업의 생산성과 창의성 향상도 꾀할 수 있습니다. 정서적 연봉이 높은 기업은 더 혁신적이고 효율적으로 운영되고, 긍정적인 조직문화를 통해 직원들이 서로 돕고, 협업하는 분위기를 조성할 수도 있습니다. 또한 이직률 감소 및 장기근속 유도로 이어질 수 있습니다. 직원이 일과 회사에서 가치를 느끼면 퇴사를 고민할 확률이 낮아지기 때문입니다. '사람이 기업을 선택하는 시대'에는 직장인 이직이 큰 이슈가 될 것입니다. 화폐 연봉을 비교해 입사를 결정하고, 더 높은 연봉을 위해 다른 회사로 이직하듯 정서적 연봉을 비교하는 시대가 올 것입니다. 그러므로 이 책에서는 블라인드의 기업 리뷰 데이터를 사용하여 각 회사의 정서적 연봉을 측정하고, 통계 분석을 통하여 높은 정서적 연봉이 실제로 직원의 낮은 이직 의도와 이직률로 이어지는지, 그렇다면 그 상세한 메커니즘은 무엇인지를 자세히 분석할 것입니다.

직장의 비금전적인 보상에 화폐 가치를 부여하는 작업을 하려면 먼저 측정 대상과 범위를 명확히 하는 것이 중요합니다. 이를 위해서 인간을 움직이는 내재적 동기에 대한 학자들의 이론을 살펴볼 필요가 있습니다. 관련된 이론으로 매슬로우Maslow의 욕구 계층 이론Maslow's hierarchy of needs, 허츠버그의 2요인 이론, 브룸Vroom의 기대 이론, 에드워드 데시Edward Deci와 리처드 라이언Richard Ryan의 자기결정성 이론Self-Determination Theory 등을 들 수 있지요. 이 책에서는 최근까지 가장 널리 연구되고 받아들여지는 동기이론인 자기결정성 이론을 중심으로 비금전적인 보상의 구성 요소를 살펴보고 이에 기반하여 정서적 연봉을 측정하고자 합니다.

앞서 언급한 다니엘 핑크의 『드라이브』도 1985년 로체스터대학교의 에드워드 데시 교수와 리처드 라이언 교수가 제시한 자기결정성 이론에 기초하고 있습니다. 이 이론에 따르면 인간은 자율성autonomy, 유능성competence, 관계성relatedness의 3가지 기본 욕구들이 충족되어야 내재적 동기가 향상됩니다. 삶의 주인이 자신임을 깨닫고 나 자신으로 살아가기 위해서 인간에게 꼭 필요한 타고난 심리적 욕구들이 있다는 것입니다. 송길영 작가는 『시대예보: 핵개인의 시대』에서 '핵개인'은 자신의 삶에 대한 주체적 의사 결정권을 행사하며, 타인의 의견에 휘둘리지 않고 스스로 답을 찾아가는 사람들을 말한다고 합니다. 핵개인의 시대, 내가 나답게 살아가려면 첫째, 내 삶은 내가 결정할 때 행복해지며 둘째, 일은 나의 행복을 증진시키는 핵심 요인이며 셋째, 사람들과의 관계를 통해서 나는 행복해질 수 있다는 자각입니다.

자기결정성 이론에서는 자율성, 유능성, 관계성이 인간의 타고난 심리적 욕구라고 말합니다. 스툴이 서기 위해서는 3개의 다리가 필요하듯 이 3가지가 통합적으로 충족되어야 인간의 내재적 동기가 유발됩니다. 상사, 동료와의 긍정적 관계 속에서 자신이 주체가 되어 자율적으로 수행하는 일을 통해 일의 가치와 의미를 발견할 수 있을 때 사람은 일을 통한 행복감을 느낄 수 있습니다. 결국 직원에게 이런 환경을 제공해 줄 수 있는 회사가 높은 정서적 연봉을 주는 회사입니다.

학자들의 이론이니 실제 기업 상황과는 다를 거라 생각할 수 있습니다. 그러나 자기결정성 이론은 뛰어난 현실 설명력을 보입니다. 예컨대 2022년 SK행복연구는 대규모 설문 조사를 통해 직장에서 개인의 행복을 좌우하는 5가지의 중요한 요인을 발견합니다. 성장, 자율, 관계, 워라밸, 보상입니다. 자기결정성 이론은 이 중 외재적 동기인 보상을 제외한 4가지 내재적 동기 요인들을 잘 설명합니다. 4가지 내재적 동기 요인 중 자율과 워라밸은 자율성으로, 성장은 유능성으로, 관계는 관계성으로 매핑mapping할 수 있습니다. 자기결정성 이론이 현실과 유리된 학자들만의 이론이 아니라는 증거입니다.

자율성과 유연한 근무 환경이 만났을 때

첫 번째로 중요한 건 신뢰의 문화 아래, 자율성을 부여하는 것입니다. 연세대학교 교육대학원의 김은주 교수는 『자기결정성,

나로서 살아가는 힘』에서 직원이 자율적으로 자신의 일을 행복하게 해 나가기 위해서 조직은 '구조화된 자율성 지지적 환경'을 마련하고 확보해 주는 것이 중요하다고 말합니다.[10] 내 삶을 내가 결정할 때 행복해지는 것처럼 선택할 자유가 주어지고, 자신이 선택한 일을 자신이 결정한 방법으로 수행할 때 사람은 내재적 동기가 높아져 과업에 더 큰 노력을 기울이고 더 많은 성과를 냅니다. 마음 가는 대로 멋대로 하게 하라는 이야기가 아닙니다. 회사와 단위 조직은 달성해야 하는 목표와 과제가 있습니다. 목표를 달성하고 성공적으로 과제를 수행하기 위해서는 직원에게 자기 주도적으로 일을 기획하고 추진할 수 있는 환경을 만들어 주라는 것입니다.

직원에게 자율과 자기 주도적으로 일하는 방식이 필요하며 중요하다는 건 회사도 머리로는 알고 있습니다. 그래서 글로벌 빅테크처럼 자발적이고 주도적으로 일하는 것이 중요하다고 강조합니다. 이 말을 그대로 믿고 직원은 치열하게 고민해서 나름의 해결책과 접근 방법을 제기하지만, 대부분의 경우에는 답정너가 되고, 일은 옛날부터 하던 기존의 방식대로 돌아갑니다. 이런 일이 반복되면 사람들은 냉소적으로 변하고, 새로운 일의 방식은 정착되지 못합니다.

특히 최근과 같이 업황이 악화될수록 회사는 근무 기강의 고삐를 죄며 근태 관리를 강조합니다. 단기적 재무 목표 관리와 달성에 올인할수록 비용 절감과 직원에 대한 회사의 통제와 감시는 강화됩니다. 마치 조급한 대치동 엄마가 눈에 불을 켜고 성적이 떨어진 자녀를 더 감시하고 다그치는 것과 비슷합니다. 그러나 이 방식은 해오던 일을 단기적으로 더 잘하는 노동의 시대에는 유효한 방법이지만, 과거에 경험해 보지 않은 새로운 과제에 도전하고 세상에 없던 제품과 서비스를 만들며 혁신을 통해 지속적으로 성장해야 하는 창의의 시대에는 더 이상 맞지 않습니다.

더욱이 코로나 팬데믹으로 재택근무가 보편화되면서 직장인은 이미 새롭게 일하는 방식을 잠시나마 경험했습니다. 기업 입장에서는 팬데믹이란 외부적 충격에 의한 반강제적인 도입이었지만 재택근무를 경험한 직원은 본의 아니게 새로운 경험을 했습니다. 근무 시간의 길이가 아닌 결과로 평가받고, 일의 우선순위, 방법, 시간을 주도적으로 결정할 수 있는 상황이 갑자기 주어졌습니다. 시간과 일에 대한 주도권이 생기고 출퇴근 시간을 낭비하지 않으며 내 스케줄에 맞춰 내가 원하는 방식으로 선택권을 가지고 일하니 생산성이 높아지는 걸 경험했습니다. 항상 부족한 시간과 리소스 아래에서, 집중할 때 집중하고 대면으로 만나 업무 소통을 해야 할 때만 소통하면 낭비가 없고 더 효율적이라는 걸 깨달았습니다.

능력이 가장 중요한 경쟁력의 원천인 회사일수록 스스로 동기부여할 수 있는 최고의 인재를 업무에 몰입할 수 있게 하는 것이 필요합니다. 이를 위해 가장 중요한 건 자율성입니다. 대만 TSMC와 엔비디아의 성공 신화에 빠지지 않고 등장하는 24시간 불이 꺼지지 않은 연구소를 위해 필요한 건 연구개발R&D 인력에게 주 52시간 적용을 제외하는 반도체특별법의 통과가 아니라 원하는 것을 스스로 끝까지 밀어붙여 본 직원 경험과 이를 장려하는 문화입니다.

    이러한 맥락에서 저는 워라밸에 대한 평가도 자율성의 맥락에서 이루어져야 한다고 봅니다. SK행복연구 결과를 보면 절대적인 일의 양보다는 자신이 중요하다고 생각하는 일을 위해 스스로 시간을 조정할 수 있다고 느낄 때 응답자들의 워라밸 만족도가 높다는 것이 주목할 만합니다. 절대적인 시간의 양보다 배분 가능성이 중요하다는 것이죠. 일과 여가의 믹스를 자기 주도적으로 결정하는 것이 능력 있는 직원에게 워라밸의 핵심 요소였습니다. 또한 성장 및 경력 개발과 충분한 경제적 보상이 주어진다면 나의 개인 시간·생활을 양보할 수 있다는 답변이 대다수로 나타났습니다. 그러니 개인의 가치에 따라 스스로 워라밸을 디자인할 수 있도록 하는 것이 중요합니다. 결론적으로 최적의 업무 성과를 낼 수 있는 시간과 장소, 업무 수행 방식과 근무 형태를 구성원이 자기 주도적으로 결정하는 자율성을 부여하는 것은 정서적 연봉을 구성하는 중요한 요소입니다. 자신이 가장 몰입할 수 있는 업무 환경을 스스로 디자인할 수 있는 선택의 자유를 주어야 합니다.

일에서 존재의 가치를 찾는다

두 번째로 유능감을 주어야 합니다. 김은주 교수는 『자기결정성, 나로서 살아가는 힘』에서 일과 행복 중 무엇이 우선이냐는 질문 자체가 잘못되었다고 말합니다. 워라밸이라는 말이 암시하듯 그간 일과 가정은 상충 관계에 있다고 생각했습니다. 개인 생활과 여가는 즐거운 것이며 일은 불행하고 개인의 효용과 행복을 파괴하는 것이라는 생각이 무의식중에 우리 머릿속에 자리 잡고 있습니다. 자기결정성 이론은 일이 결코 행복감을 낮추지 않으며 진정한 행복은 일을 잘 해낼 수 있다는 유능감을 느낄 때 온다고 제안합니다. 기업이 직원에게 유능감을 주는 환경을 제공하는, 구체적인 3가지 요소를 강조하고 싶습니다. 업무 의미감 Meaningfulness of Work 으로 상징되는 일의 의미, 성장과 발전, 인정과 존중입니다.

일의 의미:
회사 일이 내 삶에 중요하게 다가올 때

업무 의미감은 개인이 수행하는 일이 가치 있고, 중요하며 목적이 있다고 느끼는 정도를 의미합니다. 쉽게 말하면 회사 일이 나에게 의미 있고 중요하다고 느끼는 정도입니다. 회사에서는 무기력한 좀비처럼 근무하다가 퇴근 후에야 진정한 나 자신으로 돌아오는 주인공을 다룬 영화나 드라마가 많습니다. 2023년 넷플릭스 드라마 〈마스크걸〉은 외모 콤플렉스를 가진 평범한 직장인 여성이 밤마다 마스크로 얼굴을 가린 채 인터넷 방송 BJ로 활동하면서 의도치 않은 사건에 휘말리며 벌어지는 이야기를 다루고 있습니다. 주인공은 일의 의미 따위는 존재하지 않는 따분하고 지루한 업무를 하며 하루하루 생계를 유지하기 위하여 살아갑니다. 대중매체가 그리는 직장인의 모습은 대부분 이렇습니다.

자기결정성 이론에서 사람은 자신이 주요 과업을 잘 해낼 수 있다고 자각해야 행복하다고 말합니다. 일의 의미와 상관없이 업무를 잘 해내기만 한다고 느낄 때 유능감이 올라간다는 의미가 아닙니다. 리더십 연구자인 박태현 대표는 『부하직원이 말하지 않는 31가지 진실』에서 인간은 누구나 원하는 일을 하고자 하는 욕구가 있다고 말합니다.[11] 자신의 관점에서 멋지고 중요한 일을 하면서 성취와 보람을 얻고자 하는 욕구 말입니다. 바야흐로 스토리텔링의 시대입니다. 일과 직업에도 나름의 서사가 필요합니다.

교수인 제가 단지 좋은 논문을 여러 편 쓰고 학생들에게 좋은 강의 평가를 받으며 학교의 행정 일과 사외이사, 기업 자문 등의 외부 활동을 잘 해낸다고 해서 일에서의 유능감을 저절로 느끼는 건 아닙니다. 제 스스로 서사를 부여할 수 있어야 합니다. 논문을 쓰는 게 아니라 학자로서 새로운 지식을 창조하며, 강의 평가를 잘 받는 게 아니라 학생들의 역량을 제고하고 성장시키며 사외이사 또는 자문 교수로 기업이 더 좋은 의사 결정을 하는 데 기여했다고 느낄 때 저는 교수로서 진정한 유능감을 느낍니다. 일종의 긍정적인 가스라이팅인데요. 교수는 자기 이름을 걸고 논문과 책을 쓰고 강연하는 프리랜서이기에 스스로 서사를 부여하지만, 기업은 구성원의 업무에 서사를 부여하고 전파하면서 직원의 유능감을 높일 수 있습니다.

업무 의미감을 중요하게 생각하는 글로벌 기업은 직원에게 단순한 업무 수행이 아니라 더 큰 목적과 가치를 경험할 수 있도록 돕습니다. 글로벌 아웃도어 브랜드 파타고니아는 '우리는 지구를 구하기 위해 존재한다'라는 명확한 미션을 가지고 있습니다. 직원에게 자신의 업무가 환경 보호와 연결되어 있음을 느끼게 합니다. 매출의 1%를 환경 단체에 기부하고, 직원에게 주도적인 참여 기회를 주기 위해 유급으로 환경 봉사 기회를 제공하여 지속가능성의 가치를 직접 체험할 수 있도록 합니다. 환경 보호라는 사회적 가치를 기업가치, 직원 개개인의 가치와 연결시켜서 개개인의 업무에 서사를 부여하는 것입니다.

스타벅스의 파트너 문화도 빼놓을 수 없습니다. 스타벅스는 직원을 단순한 직원이 아니라 파트너Partner라고 부릅니다. 스타벅스의 목표는 커피를 파는 것이 아닌 커뮤니티와 사람들에게 따뜻한 경험을 제공하는 것이며 회사는 커피 농가 지원 등 지속적인 사회적 책임 활동을 펼칩니다. 또한 직원을 파트너로서 존중하고 학비 지원과 스톡옵션의 제공을 통해 성장을 지원합니다.

창업자 리드 헤이스팅스의 『규칙 없음』이라는 책으로 잘 알려진 넷플릭스는 직원에게 최고 수준의 자유와 책임Freedom & Responsibility을 부여함은 물론 콘텐츠를 통한 즐거움 제공이라는 미션을 강조하며 단순한 업무 수행이 아닌, '사람들에게 즐거움과 가치를 주는 콘텐츠를 제공한다'라는 사명 아래 자율적이고 의미 있는 업무를 강조합니다. 성과 중심의 평가보다는 '스마트한 결정'과 '영향력'을 중요시하는 것입니다.

성장과 발전: 몸값의 상승이 곧 성장이다

경영대학에 근무하다 보니 여러 기업의 채용 공고나 포스터를 지나가다 보게 됩니다. 많은 채용 포스터 중 가장 제 눈에 들어온 건 현대자동차의 신입 직원 채용 포스터였습니다. 캐치프레이즈를 참 잘 만들었다고 생각했습니다. Come Grow with Us, '우리와 함께 성장하세요'라는 얘기죠? SK행복연구에서 직장인이 꼽은 직장에서의 행복에 영향을 미치는 중요한 요소 5가

| 그림 2-3 | 현대자동차 신입 채용 포스터

출처: 현대자동차 연구개발 인재채용팀

지 중 가장 중요한 요소는 단연 '성장'으로 나타났습니다. 이제 성장감을 주지 못하는 회사는 인재를 끌어오기도, 붙잡아 두기도 어려운 시대가 된 것입니다. 현대자동차의 포스터는 이런 시대의 변화를 예리하게 캐치하고 있습니다.

자기결정성 이론에서 강조하는 유능감을 증가시키는 또 다른 핵심 요인은 성장입니다. 그렇다면 직장인이 말하는 성장은 과연 무엇일까요? 저 같은 기성세대에게 성장이란 조직 내 승진이었습니다. 20년 이상의 치열한 승진 토너먼트를 통해 과장, 차장, 부장을 거쳐 1%의 확률로 회사의 꽃, 임원이 되는 그 지난한 길 말입니다. 그런데 이제 '성장=승진'이 아닙니다. SK행복연구의 조사 결과에 따르면 직장인에게 성장은 고용가능성을 의미하며, 따라서 가장 중요한 건 전문성과 역량의 향상, 시장가치의 상승을 말합니다.

| 그림 2-4 | 직장인이 말하는 성장의 의미

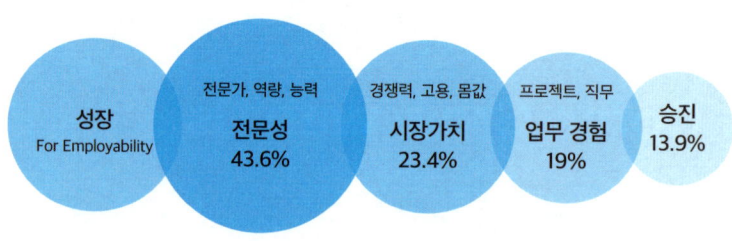

출처: SK그룹 「SK행복을 말하다」 연구보고서, 2022

세상은 무서운 속도로 변하고 있습니다. 회사도 직장인도 모두 변하지 않으면 죽는다고 합니다. 뭔가 급속도로 변하는데 변화의 크기와 속도와 방향을 알 수가 없고, 나는 그 속도만큼 변하고 있는지 불안합니다. SK행복연구의 데이터를 분석한 임창현 박사는 그의 책에서 이것이 바로 모든 직장인이 최근 극심한 불안을 느끼는 이유라고 말합니다. 변하지 못하면 도태되니 새로운 변화에 맞는, 대체 불가능한 역량을 쌓아야 먹고 살 수 있다고 생각합니다. 그러니 밥벌이를 계속하려면 회사에서 지속적으로 전문성을 강화하고 역량을 키워나가야 합니다. 평생직장은 없고 이직이 보편화된 시대에는 직장인들이 몸값을 생각하지 않을 수 없습니다. 전문성 및 역량 강화는 결국 노동시장에서 내 시장가치를 상승시켜 더 많은 급여를 받고 더 오래 일하기 위함입니다. 하지만 몸값을 올려야 하는데 일상의 대부분은 회사에 매여있습니다. 그러니 회사 일을 통해서 내 몸값을 올려야 합니다. 이런 강박관념은 당연히 기성세대보다 살날이 더 많은 젊은 직원들에게 더 강하게 나타납니다.

직장인이 회사와 좀 더 '함께할 결심'을 하려면 몸값이 부쩍 성장한 회사에서의 미래 모습을 그려볼 수 있어야 합니다. 몸값의 상승을 위해서는 도전적인 업무 경험을 통한 직무 역량과 전문성의 강화가 가장 필요합니다. 미래 성장이 불투명하고 본인의 역할은 모호하며 단순 반복적이고 희망하지 않는 일을 계속하고 있을 때, 회사 일이 익숙해져 너무 편해졌을 때, 연차가 올라갈수록 곳간이 채워지기보다는 곳간이 비어간다는 느낌을 받을 때가 문제입니다. 업무를 통한 경력 개발·성장을 하고 있다고 느끼지 못한 젊은 직원은 '헤어질 결심'을 하고 다른 회사로의 이직을 통해 성장해야겠다고 생각합니다.

개인의 가치를 확인하고 축적된 역량과 경험을 거래할 수 있는 외부 플랫폼이 우후죽순으로 생기고 있습니다. 경력과 경험을 기반으로 인재와 회사를 연결해 주는 리멤버 커리어와 링크드인의 가입자가 수백만 명을 넘었습니다. 자신의 관심과 재능을 활용해 회사 밖에서 시장가치를 인정받을 수 있는 N잡 플랫폼도 요즘 세대에게 인기입니다. 조직이 구성원들의 성장에 도움이 되는 일을 찾아 수행할 수 있도록 지원하는 성장 인프라를 구축하는 것이 필요해진 까닭입니다. 우리나라 조직이 사람을 바라보는 시각의 변화를 단적으로 보여주는 말이 있습니다. 배달의 민족 본사에 붙어있다는 표어 '평생직장 따윈 없다. 최고가 되어 떠나라!'입니다. 떠날 때 떠나더라도 우리에게 와서 최고가 되라고 말하는 시대, 이제 이런 세상이 되었습니다.

이러한 성장 욕구를 충족시키기 위해 기업의 인사평가도 바뀌고 있습니다. 기존의 인사평가는 직원 줄 세우기에 가까웠습니다. 제가 학교에서 매 학기 하는 학점 매기기와 유사합니다. 학기 말이면 시험, 과제, 출석, 수업 참여도 등을 평가하여 학생들을 줄 세우고 학점을 부여하듯 회사는 11월 정도면 직원들을 상대평가로 줄 세우고 보통 5개 등급 이상으로 촘촘하게 구성된 인사평가 등급을 업적평가와 역량평가를 통해서 직원 개개인에게 부여합니다. 인사평가 결과는 연봉 인상, 성과급, 승진, 승격, 교육훈련, 양성 등 직장인이 중요시하는 모든 유무형의 보상과 직결됩니다. 대학의 학점 산정 방식과 큰 차이가 없어 보이지만 중요한 차이가 존재합니다. 저는 보통 수업을 들은 학생들을 다시 볼 일이 없다는 것이고, 기업의 리더들은 박한 평가를 한 직원들과도 오랜 기간 같이 회사 생활을 해야 한다는 점이죠.

회사에서 자신이 평균 이하의 성과를 내고 있다고 스스로 생각하는 직원은 없습니다. 회사마다 등급에 부여된 의미와 명칭은 다르지만, 대기업은 보통 S, A, B, C, D의 5개 등급을 운영합니다. 2021년까지 삼성전자의 경우 S등급 10%, A등급 25% 등의 강제 배분 상대평가를 유지했습니다. 보통 A등급 미만의 인사평가 결과에는 대부분의 직장인이 동의하지 않습니다. 인사평가 결과가 나오면 매년 65%가량의 직원이 회사의 적이 되고, 리더의 적이 됩니다. 평가에 동의하지 않기 때문입니다. 직원을 줄 세우는 강제 배분 상대평가의 문제점입니다. 조직과 구성원이 함께 성장하고 발전하기 위해서 하는 인사평가인데 피드백 없이 줄을 세우고 끝납니다. 고과 몰아주기로 승진자에게 좋은 고과를 몰아준 덕에 승진 직전에 높았던 고과는 승진하자마자 뚝 떨어집니다. '왜' 이렇게 하는지에 대한 고민 없이 이런 식의 인사평가가 오랫동안 이어져 왔습니다. 성과를 내자고 하는 인사평가인데 절반 이상의 직원의 일할 동기를 오히려 파괴합니다.

하던 일을 더 높은 효율로 잘 해내는, 단기성과를 내는 데에는 소위 엄격한 상대평가로, '빡세게' 줄 세우는 평가가 효과적일지 모릅니다. 그러나 전에 한 번도 해보지 않은 새롭고 도전적인 과제를 성공적으로 해낸 기업만이 살아남는 요즘 같은 시대에 이러한 평가 방식은 새로운 시도를 제한하고 실패를 통한 학습을 전혀 장려하지 못합니다. 엄격한 평가 제도는 직원으로 하여금 실패를 두려워하고, 실패할 확률이 조금이라도 있는 도전적인 일을 회피하게 하기 때문입니다. 새로운 시도를 하려다 실패하면 바보가 되고 이 실수는 회사 커리어 내내 발목을 잡습니다.

이러한 문제 때문에 우리나라 대기업은 최근 들어 평가 등급의 수를 줄이고 등급별 강제 배분율을 없앰으로써 인사평가 방식을 기존의 상대평가에서 (부분적) 절대평가 방식으로 바꾸고 있습니다. 예컨대 최고 등급 S에 대한 10% 배분율을 제외하고는 나머지 등급의 배분율을 리더의 자율에 맡깁니다. 90%에게 A를 줄 수도 있습니다. 삼성전자, LG전자, 현대자동차, 기아,

SK하이닉스 등 국내 유수의 대기업들이 몇 해 전부터 절대평가에 기반한 인사평가를 하고 있습니다.

인사평가의 목적이 줄 세우기가 아니라 직원의 성장과 발전이라면 리더가 직원에게 적시성 있는 피드백을 원온원 미팅을 통하여 제공하는 수시 성과 관리가 중요합니다. 많은 리더가 인사평가는 연말에 한 번 하는 거라고 생각합니다. 일 년 내내 리더에게 어떤 피드백도 듣지 못하다가 기대 이하의 평가 등급을 받고 나면 어떤 직원도 결과에 납득할 수 없습니다. 직장인의 절반 이상이 인사평가를 신뢰하지 않는다는 조사 결과가 있습니다. S등급을 받은 사람도 C 등급을 받은 사람도 평가 결과를 받고 나면 '이럴 줄 알았어, 역시 예상대로네'라고 생각할 수 있는 평가가 좋은 평가입니다.

이런 예측 가능한 평가를 하려면 적시성 있게 결과가 아닌 과정에 대한 피드백을 주어야 합니다. 원온원 미팅을 통한 수시 성과 관리는 평가 결과의 예측 가능성과 납득성을 높이는 강력한 도구입니다. 지금도 이해가 잘되지 않지만, 학기가 끝나고 가끔 A+학점을 받은 학생이 제게 '교수님, 제가 왜 A+를 받았는지 자세히 설명해 주세요'란 메일을 보냅니다. 피드백을 중시하는 요즘 세대의 모습입니다. 다시 볼 일이 없는 교수에게도 학점에 대한 설명을 요구하니 일정 기간 직장에서 계속 볼 리더의 피드백은 말할 것도 없이 직원 자신의 성장과 발전을 위하여 중요합니다. 효과적이고 올바른 피드백은 우리의 유능감을 크게 강화합니다.

인정과 존중:
내가 하는 일을 조직이 바라보는 방식

자기결정성 이론에서 강조하는 유능감을 증가시키는 마지막 요인은 인정과 존중입니다. 인정은 사람의 기본적인 욕구입니다. 사람은 누구나 남에게 능력 있는 사람으로 인정받길 원합니다. 사람은 자신의 노력과 기여가 인정받을 때 더 큰 성취감을 느끼고 지속적으로 좋은 성과를 내기 위해 노력하기 마련입니다.

● **나폴레옹이 훈장을 만든 이유**

프랑스의 황제 나폴레옹은 강력한 에너지원으로서 인정의 힘을 잘 알고 있었습니다. 1802년 당시 프랑스 제1집정이었던 나폴레옹은 '레종 도뇌르 훈장La Légion d'Honneur'을 제정하면서 이렇게 말했다고 합니다. "나는 이걸 딸랑거리는 어린애 장난감이라 부른다. 사내들이란 이런 장난감에 이끌리는 법이다." 히틀러의 나치 독일에서 독일 국방군과 친위대의 무공을 치하하기 위해 수여된 철십자 훈장도 마찬가지입니다. 철십자 훈장 중 최고 등급의 훈장인 '황금 금강석 백엽검 기사십자 철십자장'은 6백만 명의 독일군 중 융커스 Ju-87 수투카 급강하 폭격기로 소련의 전차 519대를 격파한 루프트바페(독일 공군)의 전쟁 영웅 한스 울리히 루델Hans-Ulrich Rudel 대령 단 1명에게만 수여되었습니다.

비단 무공을 세운 군인뿐만이 아닙니다. 기업에서도 조직과 리더에게 인정받는 직원은 자발적으로 더 높은 목표를 설정하고, 회사에 기여하고 있다는 자부심을 느끼며 직무에 더 몰입합니다. 회사가 개인의 노력과 기여를 충분히 인정하면 직원은 조직에 대한 애착을 갖습니다. 반대로 인정의 부족은 직원을 이직하게 만드는 중요한 요소입니다. 인정받지 못하는 직원은 쉽게 지치고 퇴사할 가능성이 높아집니다.

앞서 언급한 평가와 피드백, 보상 프로세스는 노력과 기여에 대한 인정 욕구와 서로 밀접하게 연결되어 있습니다. 직장인은 평가와 보상 프로세스를 통해서 내 일의 가치를 공식적으로 인정받기 때문입니다. 구글은 직원의 성과를 인정하는 공식적인 제도를 운영합니다. 직원들이 감사 메시지를 공유하는 'gThanks' 플랫폼인데, 동료가 보내는 감사 메시지는 팀 전체에 공유되며 우수한 기여를 한 직원은 공식적으로 인정받습니다. 기본급과 인센티브와는 별도로 매달 프로젝트 결과 발표

후 현장 투표를 통해 지급하는 스팟 보너스Spot Bonus와 동료가 인정해 주는 보너스 프로그램으로 뛰어난 성과를 낸 직원을 추천한 동료 1인당 현금 175달러(약 24만 원)를 지급하는 피어 보너스Peer Bonus가 인정의 동기부여 효과를 노리는 즉시 보상 제도입니다. 혁신적인 성과를 거둔 직원에게 수여하는 애플의 'Apple Hero Award'와 회사 성장에 기여한 직원에게 CEO가 직접 감사 인사를 전하고 보상하는 사우스웨스트항공Southwest Airlines의 'President's Award'도 좋은 예입니다.

• 별거 아냐, 신경 꺼!

존중 역시 유능감 인식에 중요한 역할을 합니다. 존중이란 상사와 동료에게 수평적 관계에서 인간으로서 존중받으며 차별이나 괴롭힘 없이 직장 생활을 하는 것을 말합니다. 성별, 인종, 성적인 성향, 장애 여부와 관계없이 모든 직원이 평등하게 대우받도록 지원하는 포용과 배려의 기업 문화가 중요합니다. 다양한 배경을 가진 직원들이 편견 없이 협업할 수 있도록 DEI(Diversity, Equity and Inclusion 다양성, 형평성, 포용성) 프로그램을 적극 운영하는 구글과 여성, LGBT(레즈비언, 게이, 양성애자, 트랜스젠더), 장애인, 소수 민족 등 다양한 배경을 가진 직원들이 모여 네트워크를 형성하고, 서로의 문화를 존중할 수 있도록 'Employee Resource Groups(ERGs)'의 운영을 적극적으로 지원하는 마이크로소프트가 그 좋은 예입니다. 직원을 존중하는 회사는 직원의 창의적이고 건설적인 의견과 아이디어를 존중하고 피드백을 반영합니다. 그러므로 실수를 두려워하지 않고 도전할 수 있습니다. 이 회사들은 공평한 기회 제공을 통해서 누구에게나 성장할 기회를 주고 차별하지 않으며 수직적이고 경직된 상하관계에서 벗어나 자유롭게 의견을 교환할 수 있는 환경을 조성합니다.

2016년 구글의 인사팀은 2년 동안 200명 이상의 직원을 인터뷰하고 180개 이상의 팀, 250개 이상의 속성에 관한 데이터를 분석하여 구글에서 성공적인 팀을 만드는 핵심 요인을 탐구한 '아리스토텔레스 프로젝트Project Aristotle' 결과를 발표했습니다. 연구에 따르면 구글 내에서 성공적인 팀이 다른 팀과 차별화되는 5가지 핵심 요인은 다음과 같았습니다.

1. **심리적 안전감**Psychological safety

   이 팀에서 위험을 감수하더라도 불안하거나 창피함을 느끼지 않을 수 있는가?

2. **신뢰성**Dependability

   우리는 서로를 신뢰하며 정해진 기한 내에 높은 품질의 작업을 수행할 수 있는가?

3. **구조와 명확성**Structure & Clarity

우리 팀의 목표, 역할, 실행 계획이 명확한가?

4. 업무의 의미 Meaning of work

우리가 수행하는 업무가 각 구성원에게 개인적으로 중요한가?

5. 업무의 영향 Impact of work

우리가 수행하는 업무가 근본적으로 중요한 의미가 있다고 믿는가?

아리스토텔레스 프로젝트의 연구책임자 줄리아 로조브스키 Julia Rozovsky는 성공적인 팀에게 5가지의 핵심 요소 중 심리적 안전감이 가장 중요한 요소라고 말합니다.

학교 수업 시간 중, 조별 과제 수행 중, 회사에서 상사와 동료와의 회의 중, 잘 모르지만 모르는 걸 질문하는 게 자신만 모르는 것처럼 보일까 봐, 무능하게 보일까 봐 망설인 적이 있지 않으신가요? 부끄럽지만 고백건대 저는 그런 경우가 많았습니다. 특히 미국에서 박사 공부를 할 때 그리고 학위를 받고 미국 대학에서 교수를 할 때 언어의 장벽 때문에 강의, 세미나, 회의의 세부 내용을 따라가지 못해서 이해를 못했음에도 빙긋 웃는 표정으로 고개를 끄덕거리며 알아듣고 이해한 척 표정 연기를 한 기억이 많습니다. 왜 그랬을까요? 저는 담당 교수가, 다른 동료 학생들이 저를 무능하거나 둔감하게 평가하는 것이 두려

왔습니다. 극도의 자기 보호 본능이 발현된 것입니다.

이는 자연스러운 반응이지만 효과적인 팀워크와 성과에는 해가 될 수 있습니다. 가만히 있으면 중간은 간다는 말이 있죠? 능력 있는 사람으로 보이기 위해서는 몰라도 물어보면 안 됩니다. 자칫 질문이 바보 같아 보일 수 있기 때문이죠. 모난 돌이 정 맞는다는 말도 있습니다. 과거의 업무 관행, 프로세스, 일하는 방식을 솔직하고 거리낌 없이 말했다가는 자칫 상사나 동료에게 튀는 직원이나 관종 취급을 받고 인사평가나 동료 간의 관계에서 큰 불이익을 당할 수 있습니다. 결국은 'speak up(입 열기)'보다는 'shut up(입 닫기)'을 택하는 것이 최선의 전략입니다.

1941년 12월 7일 일요일 오전 7시 2분이었습니다. 하와이 오아후섬의 북쪽 끝인 이동용 레이더 기지에 배치되어 있던 조지 엘리어트George Elliot Jr. 이병은 레이더 스크린에 나타난 큰 영상을 보고 깜짝 놀랐습니다. 스크린에는 지금까지 본 적 없는 큰 광점이 보였습니다. 그는 선임 병사 조셉 로카드Joseph Lockard 이병과 상의했고, 로카드 이병은 즉시 군 정보센터의 교환수에게 연락하여 이 상황을 알렸습니다. 교환수는 당직사관인 커밋 아서 타일러Kermit Arthur Tyler 대위에게 이 사실을 보고했습니다. 대위의 연락을 기다리던 로카드는 다시 전화를 걸어 직접 타일러 중위와 통화했습니다. "지금까지 이렇게 많은 비행기가 레이더 스크린에 비친 적은 없습니다. 불과 150킬로미터 떨어져 있는데 시속 300킬로미터로 진입 중입니다." 그러나 비슷한 시간에 미 본토에서 날아올 예정이었던 육군항공대의 B-17 폭격기 편대로 생각한 타일러 대위는 그 말을 듣고 제2차 세계 대전의 가장 유명한 말 중 하나가 된 말을 로카드에게 던집니다. "별거 아냐, 신경 꺼!Well, Don't worry about it" 로카드는 불만스러웠지만 상관의 말에 반박하지 못하고 그냥 입을 닫았습니다. 몇 시간 후 레이더 화면을 가득 채웠던 일본제국 해군항공대는 미국의 태평양 함대를 말 그대로 전멸시킵니다.

심리적인 안전감은 직원이 업무와 관련해 그 어떤 의견을 제기해도 벌을 받거나 보복당하지 않을 것이라고 믿는 조직 환경으로 정의할 수 있습니다. 쉽게 말하면 어떤 상황에서도 혹시 있을 불이익에 대한 두려움 없이 자신의 의견을 솔직하게 개진할 수 있는 정도를 말합니다. 예컨대 가정은 직장보다 심리적으로 안전합니다. 그러니 직장에서는 침묵하던 직원도 가정에서는 가족에게 편하게 질문하고 솔직하게 의견을 얘기하는 경우가 많죠. 『두려움 없는 조직』이란 책에서 하버드 경영대학원의 에이미 에드먼슨Amy C. Edmondson 교수는 심리적 안전감이 어떻게 조직의 학습, 혁신, 성장으로 이어지는지를 설득력 있게 설명합니다.[12] 또 그녀는 심리적 안전감이 없는 조직에서는 왜 침묵이 만연하고, 그 침묵이 어떤 비극적인 결과를 초래할 수 있는지 여러 극적인 사례를 보여줍니다.

에드먼슨 교수는 침묵이 초래한 대표적인 비극의 사례로 1977년 3월 스페인 테네리페 공항에서 발생하여 583명의 탑승객이 사망한 KLM과 팬암 여객기의 충돌 사고를 언급합니다. 관제탑의 이륙 허가가 떨어지기 전 KLM 여객기가 무리하게 이륙을 시도하다가 아직 활주로에 있던 팬암 여객기와 충돌한 이 사건은 이륙을 지시한 기장과 그의 권위에 대항하지 못하고 침묵을 선택한 부기장, 항공 기관사 간의 조종실 의사소통 부재로 발생한 최악의 항공 사고였습니다. 이 사건의 주요 원인이 된 조종실의 잘못된 의사소통 방식과 조직문화는 항공기 파일럿들 특유의 수직적이고 강압적인 조직문화에 대한 많은 조사와 연구를 불러일으켰고, 그 결과 전 세계 많은 항공사에서 조종석의 의사 결정 과정에 많은 변화가 일어났습니다.

에드먼슨 교수가 책에서 언급하지는 않았지만, 테네리페 공항 참사 후 20년이 지난 1997년 여름, 이번에는 우리나라 항공사의 조종실 소통 부재로 인한 대형 참사가 또다시 발생했습니다. 228명의 사망자를 낸 대한항공 801편 괌 추락 사고입니다. 사고는 선뜻 이해하기 어려웠습니다. 악천후 속에서 기장 등 조종사 3명은 공항에서 5킬로미터나 떨어진 곳에서 착륙을 시도하면서도 집단적인 착각으로 자신들이 공항에 착륙 직전이라고 믿었습니다. 매뉴얼 대로라면 사고 이전에 해야 할 복행go around도 하지 않았습니다. 최저고도minimum 경보 후에도 무려 6~7초가량을 더 하강해서 지상과 충돌, 폭발했던 상식적으로 이해하기 어려운 사고였습니다.

베스트셀러 작가 말콤 글래드웰은 『아웃라이어』에서 대한항공의 괌 참사를 다룹니다.[13] 그는 이 비극의 중요한 원인 중 하나를 조종실 내 권위주의 문화에서 찾습니다. 미국 국가교통안전위원회NTSB의 조사 결과, 사고 원인으로 조종사의 판단 실수와 피로 누적, 최저 강하 고도 미확인 등 착륙접근절차 미준수, 기상 악화와 시야 제한, 관제 시스템과 계기 문제 등이 지적되었습니다. 여기에 더해 조사 보고서는 조종실 내 위계질서 때문에 기장의 판단을 적극적으로 수정하지 못한 점도 사고의 원인이라고 언급합니다.

사고 직전 801편은 최저 강하 고도 경고음에도 불구하고 계속 더 하강합니다. 부기장이 2번이나 구두로 '착륙 포기'를 건의했지만, 절체절명의 순간에도 기장은 머뭇거리며 응하지 않았습니다. 전문가들은 만약 부기장이 비상 상황에서 기장으로부터 조종권을 강제로 인수했다면 참사는 피할 수 있었을 것이라고 합니다. 하지만 공군 출신들로 채워진 수직적 위계질서의 조종실 분위기에서 이는 불가능한 일이었습니다. 테네리페 공항 참사 후 20년이 지났지만, 이번에도 기장의 권위에 눌린 부기장은 급박한 상황에서 '직설적이고 강력한' 어조로 기장에게 상황을 전달하거나 강제로 조종간을 인수하지 못했습니다. 결국 최후의 순간에도 의사 결정은 지연되었습니다. 군대의 사고도 부대의 경직된 조직문화가 그 원인인 경우가 많습니다. 위계질서가 강한 군부대이다 보니 원활한 의사소통이 힘듭니다. 그러나 안전에 관한 일이라면 아무리 낮은 계급의 부대원이라도 상관에게 그의 우려를 솔직하게 얘기할 수 있는 조직문화는 꼭 필요합니다.

기업도 크게 다르지 않습니다. 여전히 상명하복의 수직적인 조직문화가 위세를 부리는 기업이 많습니다. 강요된 침묵이 지배하는 상명하복의 조직문화에서는 변화나 혁신의 드라이브가 발붙이기 어렵고, 과거 경험에 의존하여 항상 하던 대로 현상을 유지하는 데 급급합니다. 직원은 임원에게 실패를 보고하지 않고, 임원은 최고 경영진에게 실패를 보고하지 않습니다. 잘한 성과만 콕 집어서 보여주도록 디자인된 정량적인 KPI 평가 지표는 모두 목표 달성으로 예쁘게 조정되어 윗선에 보고됩니다. 겉으로는 모든 KPI 목표가 달성되고 성과는 미화됩니다. 어떤 나쁜 징후도 없이, 모든 것이 더할 나위 없이 좋아 보이다가 배는 갑자기 침몰합니다.

직원 개개인이 걱정 없이 자유롭게 의견을 표현하고, 실수를 인정하며 질문을 할 수 있어야 합니다. '이런 말 해도 되나?'라는 두려움이 사라지면 조직 내 정보 흐름이 원활해집니다.

직원은 문제를 숨기지 않고 솔직하게 보고하고 해결하려 합니다. 실패를 숨기기보다 공유하고 학습합니다. 팀원들이 실수를 두려워하지 않고 공유할 수 있기 때문에 더 빠르게 배우고 성장합니다. KLM과 대한항공 참사에서 보듯 자칫 큰 문제와 파국으로 이어질 수 있는 잘못된 결정을 적시에 발견하고 수정할 수 있습니다. 책임을 피하려고 숨기기보다 문제를 해결하기 위해 공유하는 것이 조직에 훨씬 더 이득입니다.

또한 심리적 안전감이 높은 팀은 창의적이고 혁신적인 아이디어를 더 많이 내놓습니다. 아무 걱정 없이 새로운 시도를 해볼 용기가 생기고 창의적인 도전이 더 용이하기 때문입니다. 단순한 검색 엔진 회사에서 시작해 인공지능, 클라우드 컴퓨팅, 하드웨어, 자율주행, 헬스케어 등 다양한 산업에서 혁신을 주도하는 구글에서 심리적 안전감이 높은 팀들이 가장 뛰어난 성과를 냈다는 발견은 결코 우연이 아닙니다. 송길영 작가는 우리나라 회사의 크리에이티브 워크숍에 갔다가 경험한 일을 『시대예보: 핵개인의 시대』에서 나눕니다. 직원들이 발표를 주저하니 상무님이 소리를 지릅니다. "창의적이 되란 말이야!" 분위기는 순식간에 얼어붙습니다. 침묵하는 조직에서 창의성을 강요하면 생기는 웃픈 상황입니다.

● 실패할 기회를 허하라

높은 심리적 안전감은 실패할 기회를 부여하는 조직문화와 자연스럽게 연결됩니다. 2024년 가을, 잘 나가는 SK하이닉스와는 달리 고대역폭메모리 사업에서 실기한 삼성전자의 위기론이 세간의 화제였습니다. 왜 삼성전자가 위기인가에 대한 수많은 전문가의 분석이 나왔습니다. 그중 하나로 빠지지 않고 언급되는 것이 삼성전자의 경직된 조직문화입니다. 2024년 10월 23일 자 동아일보는 〈20년 반도체맨이 말하는 삼성전자 위기론〉이라는 제목으로 삼성전자 반도체 부문에서 20년 일한 엔지니어의 익명 인터뷰를 실었습니다.

> "… 잘 안된다. 효율성, 즉 변화를 주지 않고 더 쉽게 할 수 있는 것만 하려고 한다. 예전엔 실무자가 의견을 내면 그래도 검토해 보고 위로 올라가는 게 있었는데, 지금은 답이 정해져 있다. **실패를 절대 할 수 없기 때문이다.**
> 그래서 기술적으로 어려운 새로운 건 아예 안 하거나, 아니면 반대로 실패하지 않기 위해서 선택과 집중 없이 세상이 얘기하는 기술 트렌드는 일단 다 하기도 한다. 괜히 어느 걸 빼놨는데, 경쟁사가 그걸로 뜨면 안 되기 때문이다.
> (중략) 후임 김기남 전 부문장(2017~2022년)은 마이크로 매니지먼트 스타일이었다. 이재용 회장이 참석하는 '토요 주간

회의'가 생기더니 **일주일 내내 보고용 회의를 하는 문화가 생겼다.** 요즘 얘기되는 고대역폭메모리 철수 결정도 그때 이뤄졌다. 고대역폭메모리는 D램을 차곡차곡 쌓는 거다. 당시엔 D램 쪽 입김이 셌으니까 '우리는 D램 기술로 충분히 커버할 수 있다'라고 본 거다. '집중을 잘해서 D램을 잘 만들면 되지, 뭐 하러 쌓고 있냐. 쌓는 게 쉬운 일도 아닌데'라는 식이었다. **실패를 하더라도 미래를 준비했어야 했다.**"

심리적 안전감이 낮으면 직원은 실패하는 순간 깊은 좌절에 빠집니다. 자신은 실패자, 낙오자라고 생각합니다. 또 실패를 그대로 윗선에 알릴 수도 없습니다. 조직에서 한번 실패하면 망쳐버린 인사평가와 평판의 회복이 좀처럼 쉽지 않기 때문입니다. 그러니 계속된 도전과 시도를 통해서 끈질기게 문제를 해결하려고 하기보다는 다음에는 절대 실패하지 말아야겠다고 생각합니다. 앞으로 또 실패하면 내 커리어는 끝이니 조금이라도 실패할 수 있는 상황은 무조건 피해야 합니다. 어려운 문제는 피하고 쉬운 문제만 쏙쏙 골라 푼 후 문제를 다 잘 풀었다고, 걱정하지 마시라고 상사에게 보고합니다. 위의 인터뷰에서 익명의 현직자가 언급한 삼성전자의 상황이랑 유사하지 않나요?

2022년 11월 현대차 정몽구 재단 미래 지식 포럼에서 연사로 강연을 한 적이 있습니다. 다른 연사 중 고려대학교 심리학과의 허지원 교수의 강연을 인상 깊게 들었습니다. 허 교수는 이렇게 말합니다.

"최근 어떤 세대가 유독 우울함이나 불안, 자살 사고를 겪는지에 대한 연구가 많이 진행됐습니다. 1930년대 후반부터 1990년대 후반 출생자에 이르는 대규모 표본을 분석한 결과, 오늘날 MZ세대는 제2차 세계 대전 시기에 태어난 세대만큼 정신 건강 문제가 심각한 것으로 나타났습니다."

허지원 교수는 현대인이 겪는 우울과 불안의 원인을 끊임없이 외부의 기준으로 자신을 평가하는 사회가 부과한 '완벽주의'로 꼽았습니다. 공감합니다. 제가 학교에서 겪는 요즘 젊은이들의 불안과 공포 원인은 파이가 더 이상 커지지 않는 내리막 세상에 대한 두려움뿐만이 아닙니다. 성장 배경에서 부모, 학교, 사회가 끊임없이 부과하는 완벽주의도 그 원인입니다. '하면 된다'가 아니라 '되면 하는' 요즘 세대 젊은이들은 실패를 무엇보다 두려워합니다. 한번 실패하면 끝이라는 말을 무수히 듣고 자랍니다. 실패를 해보지 않았기에 서울대에 왔고 앞으로도 어떻게 하면 실패하지 않고 살아갈 수 있을까를 고민합니다.

상방보다는 하방이 중요하다고 말합니다. 현실에 연봉 50억 원의 샐러리맨은 있어도 연봉 50억 원의 의사는 없는데 젊은이들은 실패하더라도, 나락으로 가더라도 최소 3억 원 이상의 연봉을 확보할 수 있는 '하방'이 탄탄한 의사를 회사원보다 훨씬 선호합니다. 완벽주의와 불안, 공포의 콜라보는 이들에게 정량적인 스펙에 올인하게 만들고 내 외모와 학벌, 재산이 상위 몇 %인지를 끊임없이 확인하게 합니다. '깨어있는' 대학생을 추구하던 기성세대의 대학 시절에 명문대 마크가 붙은 문구류나 파일 폴더를 가지고 다니는 건 무개념하고 몰상식한 짓이었습니다. 어디서나 자랑스레 학교 마크와 이름이 붙은 과잠을 입고 다니는 요즘 학생들은 '난 너희보다 안전해'란 신호를 보내고 있는 것 아닐까요?

외부 환경에서 받는 스트레스를 조절하는 것만으로도 완벽주의에서 벗어날 수 있다고 말하면서 허 교수는 1972년 글래스와 싱거의 유명한 심리학 실험 결과를 언급합니다.[14] 이 연구는 도시 환경에서 발생하는 스트레스 요인이 인간의 행동, 감정, 인지 능력에 미치는 영향을 실험으로 분석했는데 특히 자극에 대한 통제 가능성이 사람의 스트레스 반응을 완화할 수 있는지가 관심사였습니다.

연구자들은 실험 참가자들에게 소음하에서 퍼즐을 맞추는 과제 수행을 요구했습니다. 먼저 참가자들을 두 그룹으로 나눴습니다. 무소음 그룹과 소음 그룹입니다. 소음 그룹 참가자들은 극심한 소음하에서 퍼즐을 맞춰야 하는데 이들을 다시 둘로 나누고 한 그룹에는 버튼 하나를 쥐여주며 '정 견디지 못하겠으면 이 버튼을 눌러라. 그러면 소음이 사라진다'라고 했고, 나머지 한 그룹에는 버튼을 주지 않았습니다. 연구 결과, 버튼을 손에 쥔 그룹의 성과가 버튼이 없는 그룹보다 훨씬 좋았습니다. 버튼 그룹은 다른 그룹에 비해 무려 5배 많은 퍼즐 문제를 해결했습니다. 그런데 흥미로운 건 버튼을 받은 참가자 중 실제 버튼을 누른 사람이 아무도 없었다는 거죠. 허 교수는 말합니다. "나는 탈출 버튼이 있고, 이 상황을 통제할 수 있다는 믿음만으로도 참가자들은 극심한 소음을 견디며 더 나은 성과를 낼 수 있었습니다." 인식된 통제감control의 중요성을 실험으로 입증한 것입니다.

이 실험은 조직에서 실패할 기회를 주는 것이 얼마나 조직원들의 스트레스를 줄일 수 있는지를 상징적으로 보여줍니다. 실패하면 끝이다 생각하고 '배수의 진'을 치면 수험생의 밤샘 벼락치기 공부처럼 단기적인 효율성operational excellence은 올릴 수 있겠지만 사업 포트폴리오의 급격한 변화를 겪고 있는 우리나라 많은 기업의 고민인 '가보지 않은 길'을 더 잘 가는 데 효과적이지는 않습니다. 실패하면 집에 가야 하는 위험을 감수하고 어떤 직원이 정답이 없는 새로운 실험이나 혁신을 하겠습니까? 실패할 기회를 줘야 위험을 감수하면서 새로운 시도를 하고 혁신을 시도할 수 있습니다. 세컨 챈스second chance를 부여받을 때 사람의 심리적 안전감은 높아지며 높아진 심리적 안전감은 장기적으로 더 높은 성과로 이어질 수 있습니다.

최고의 동료는
최고의 복지다

● **팀바팀, 부바부, 본바본, 실바실**

구글, 애플, 마이크로소프트, 엔비디아 같은 IT 혁신기업들은 '최고의 인재를 선발해 그들을 방해하지 말고, 일하게 하라. 그러면 최고의 성과가 나온다'의 철학을 가지고 있는 것으로 알려져 있습니다. 엔지니어들이 방해받지 않고 일하게 하려면 많은 자율성을 부여하고 수평적인 조직문화를 일구면 그걸로 족합니다. 거기서 매니저는 필요 없는 존재입니다. 천재들을 통제나 간섭 없이 그냥 자유롭게 일하게 하면 됩니다. 구글은 실제로 이 가설이 맞는지 테스트해 보기로 했습니다. 2009년 발표된 구글의 산소 프로젝트Project Oxygen는 구글이 디테일한 HR 데이터를 이용해 훌륭한 관리자가 조직의 성과에 얼마나 중요한지를 과학적으로 분석하고 증명한 연구 프로젝트입니다.

구글의 전 최고인사책임자 라즐로 복Laszlo Bock은 『구글의 아침은 자유가 시작된다』에서 산소 프로젝트의 연구 결과를 자세히 기술하고 있습니다.[15] 먼저 관리자들을 최고의 관리자와 최악의 관리자로 구분했습니다. 이때 팀원들이 관리자의 자질을 평가하는 '상향 평가' 결과와 과거 3년간 평균 성과 등급도 종합적으로 고려했습니다. 이후 더블 블라인드double-blind 방식 하에 직원들의 소속 팀을 바꾸었습니다. 65명의 직원이 최고의 관리자 소속팀에서 최악의 관리자 소속팀으로, 69명은 그 반대로 자리를 옮겼습니다.

최악의 관리자가 리더로 있는 팀으로 옮긴 65명은 42개의 성과 항목 중 34개 성과 항목에서 점수가 낮아졌는데, 다음 해 이들이 원래 소속팀으로 복귀한 후에는 6개 항목에서 다시 명확한 성과의 개선이 이루어졌습니다. 이 결과에 근거해 구글은 '우수한 관리자는 직원의 높은 성과와 몰입도, 행복도, 낮은 이직률로 이어지는 중요한 요인임'을 파악하였고, 이후 관리자의 역량 및 자질을 직원들이 평가하는 상향식 평가 설문을 정기적으로 실시해 관리자들의 역량을 크게 향상시킬 수 있었습니다. 산소 프로젝트의 결론은 명확했습니다. 좋은 리더는 팀의 성과와 만족도에 결정적인 영향을 미친다는 것이었습니다.

국내 직장인들의 리더에 대한 인식도 이와 크게 다르지 않습니다. '너 그러다가 팀장 된다'는 농담이 돌 정도로 리더 회피 현상이 심하다고 합니다. 하지만 직장인들은 내가 리더가 되기 싫은 것이지 리더의 역할이 중요하지 않다고 생각하는 건 아니었습니다. SK그룹 mySUNI의 임창현 박사는 『정답 없는 세상에서 리더로 살아가기』에서 2023년 SK행복연구 결과를 보여줍니다. 응답자의 83%가 리더의 역할이 매우 중요하다고 답했습니다. 그들은 리더가 없을 경우 리더십의 부재와 구심점의 방향성 부재로 목표 달성이 어려움은 물론 수습 불가한 현장의 아비규환이 초래될 수 있다고 말하고 있습니다.

많은 구직자는 입사를 고려하는 회사의 조직문화나 분위기에 대해 블라인드에 '형, 누나, 그 회사 어때요?'라고 질문을 던집니다. 가장 많은 재직자의 대답은 아마도 팀바팀, 부바부, 본바본, 실바실일 겁니다. 팀 by 팀, 부 by 부, 본 by 본, 실 by 실이란 거죠. 팀에 따라 다르고, 부서에 따라 다르고 본부에 따라 다르고, 실에 따라 다르다는 겁니다. 결국은 누가 리더냐가 중요하다는 얘기입니다. 회사 내 문화나 분위기는 모두 동일한 것이 아니라 단위 조직의 리더나 팀원 구성에 따라 천차만별이라는 거죠. 같은 회사인데도 어떤 팀은 천국, 어떤 팀은 지옥일 수 있는 겁니다. 회사 정책이나 제도도 리더가 주어진 재량권으로 어떻게 운용하느냐가 중요하다는 얘기도 되겠죠. '대기 온도보다 체감 온도가 중요하다'라는 말처럼요.

단위 조직의 리더는 유능감을 높이는 중요한 요인인 성장과 발전에 큰 영향을 줍니다. 몸값의 상승이 성장이라면 도전적인 업무 경험을 통한 직무 역량과 전문성의 강화가 가장 필요한

데, 이 기회는 결국 리더가 부여하는 것입니다. 부하직원들을 거대한 시스템의 부속품이 아닌 미니 CEO로서 오너십과 의사 결정 권한을 가지고 세상을 바꾸는 임팩트있는 업무, 도전적인 업무를 수행할 수 있는 자율적인 의사 결정의 주체로 대우하는 리더는 직원들의 성장감에 날개를 달아줍니다. 넷플릭스의 전 CEO 리드 헤이스팅스는 넷플릭스에서는 어떤 의사 결정도 승인받을 필요가 없으며 회사의 모든 직원이 각자의 판단에 따라 의사 결정을 할 때 가장 신속하고 혁신적인 아이디어가 나온다고 주장합니다. 공정하고 납득성이 높으며 예측가능한 인사평가 역시 리더가 하는 것입니다. 저는 대학교수라 조직 구조상 제 리더라고 할 만한 분들이 딱히 없지만 리더가 직장인들의 행복에 얼마나 큰 영향을 주는지는 회사에 계신 여러분이 저보다 훨씬 더 잘 아실 겁니다.

좋은 리더와 더불어 힘들 때 의지할 수 있는 유능한 동료들과 맺는 관계의 질도 중요합니다. '최고의 동료는 최고의 복지다'라는 말을 들어보셨을 겁니다. 스타트업 업계나 IT 기업, 조직문화 관련 커뮤니티에서 자주 회자되는 말 중 하나입니다. 좋은 팀워크와 동료의 중요성을 강조하는 말이죠. 함께 가면 더 멀리 갈 수 있습니다. 같은 방향을 바라보며 함께 협업하는 동료가 있다면 일이 힘들어도 버틸 수 있습니다. 뛰어난 동료는 내가 배우고 성장할 수 있게 하는 좋은 자극이 됩니다. 뛰어난 동료는 나에게 롤모델이 되어주거나 건강한 경쟁의식을 불러일으켜 주기 때문이죠. 나를 인격적으로 존중해주는 동료, 힘들고 어려울 때 터놓고 얘기할 수 있는 직장 동료는 유대감을 통해 직장의 소속감을 높이며 스트레스를 줄여줍니다. 결국 회사 생활은 복불복, 사람 따라 갈린다고 정리할 수 있습니다. 일 때문이 아니라 사람 때문에 회사를 떠난다고 하죠? 관계성이 내재적 동기라는 스툴의 세 번째 다리 역할을 하는 이유입니다.

CHAPTER 3

직원의 진짜 마음을 보여주는 데이터, 블라인드

직원들의 속마음을 그대로 들여다볼 수 있다면 기업은 미래를 예측할 수 있습니다. 직장인 익명 플랫폼 블라인드는 직장인의 대나무숲입니다. 이곳에는 기업의 연봉 정보보다 더 솔직한 감정과 평가가 담깁니다. 직장인의 진짜 시선인 '블라인드 지수'는 직원 만족도를 수치로 드러내고, 이는 곧 기업의 경쟁력과 주가로 이어집니다. 회사에 대한 만족도가 높은 직원들이 만든 긍정의 파동은 기업과 조직의 가치를 성장시킵니다.

직원의 생각이 들린다면 어떨까?

멜 깁슨, 헬렌 헌트 주연의 〈왓 위민 원트〉란 영화가 있습니다. 시카고에서 잘 나가는 광고 회사 임원인 닉은 여성을 이해하지 못하고, 단지 유혹의 대상으로만 생각하는 마초적인 남자입니다. 그러던 어느 날 그는 욕실에서 헤어드라이어를 든 상태로 욕조에 빠져버리고 감전되어 의식을 잃습니다. 다음날 깨어난 그는 자신에게 특별한 능력이 생긴 것을 알게 됩니다. 여성의 생각을 읽을 수 있게 된 것이죠! 능력자가 된 그는 실시간으로 들려오는 주변 여자들의 생각에 거의 미쳐버리게 되고, 정신과 의사를 찾아갑니다. 새로운 능력에 괴로워하는 닉에게 의사는 이런 말을 던집니다. "여자가 원하는 것을 알면 세상은 당신 것입니다.If you know what women want, you can rule" 그 후의 내용은 자칫 스포일러가 될 수 있으니, 영화를 보시기 바랍니다. 소통과 이해, 공감의 힘을 잘 보여주는 로맨틱 코미디입니다.

이 의사의 말에 공감하는 남성분들 많이 계실 겁니다. 비단 남녀 관계뿐만 아니라 상대방이 원하는 것을 안다는 건 엄청난 능력입니다. 교수인 제가 학생이 원하는 것을 안다면, 기업이 고객이 원하는 것을 안다면, 직장인이 상사가 원하는 것을 안다면, 정치인이 유권자가 원하는 것을 안다면 세상은 정말 자기 것이 될 겁니다. 그러나 사람의 마음을 읽는 것처럼 어려운 일이 있을까요? 가장 가깝다는 가족의 마음을 읽고, 그들이 원하는 걸 아는 것도 정말 어려운 일인데요. 열길 물속은 알아도 한길 마음속은 알기 어렵고, 주변을 아무리 둘러봐도 내 마음 같은 사람이 없어 보입니다. 특히 우리나라 사람들은 감정을 얼굴에 잘 드러내지 않는 편입니다. 거리를 걷다 보면 무표정한 얼굴로 총총걸음을 하는 사람들로 가득합니다. 특히 직장인으로 보이는 분들이 더 무표정합니다. 마음을 읽고는 싶은데 방법이 별로 없습니다.

저는 교수라서 다양한 청중을 상대로 강의나 강연을 할 일이 많습니다. 미국에서 교수 생활을 하다가 한국에 돌아와서 겪은 가장 큰 변화는 강의실에서 제 앞에 앉아 있는 사람들이었습니다. 미국에서는 20대 초반의 학부생들만 가르쳤습니다. 그런데 한국에 오니 다양한 정규 MBA 과정과 기업 맞춤 교육 과정에서 강의를 해야 했습니다. 특히 초년 교수 시절 가장 힘들었던 수업은 대학의 최고 경영자 과정 수업이었습니다.

보통 50~60대의 높은 임원들이 대부분입니다. 사람은 나이가 들수록 표정 변화가 없어집니다. 특히 높은 지위의 우리나라 중년 남성들은 상당히 근엄하고 무표정한 얼굴을 한 데다 강의실에서 그들의 표정은 보통 더 굳어 있습니다. 굴러가는 낙엽만 봐도 까르르 웃는 여중생같이 풍부한 표정을 기대한 건 아니지만 강의실에 들어서니 저절로 주눅이 들었습니다. 강의는 강사의 유머와 농담을 청중이 웃어주면서 잘 받아줄 때 강사도 힘이 나는 건데 이분들은 웬만한 농담에도 좀처럼 웃지 않으십니다. 당시에는 젊은 교수라 가뜩이나 오랜 경력을 가진 회사 임원들을 상대로 강의한다는 것이 큰 부담이었는데 어떤 농담을 던져도 별 반응이 없으신 무표정한 청중들 앞에서 저는 더욱 주눅이 들었고, 결국 그날 강의는 망친 기억이 납니다.

그래도 20대 초반 학부생들은 표정이 풍부하고 반응도 잘 해주는 편입니다. 하지만 시간이 갈수록 제가 강의실에서 느끼는 변화는 학생들이 점점 조용해지고 무표정해진다는 것입니다. 코로나 팬데믹 시절 대학은 2년 이상 비대면 강의를 했습니다. 화면으로 보는 학생들은 더욱 무표정해 보였습니다. 화면 너머 보이는 무표정한 학생들 앞에서 컴퓨터에 대고 강의 시간 내내 떠들고 나면 몇 배나 더 힘들었습니다. 마치 모놀로그 공연을 하는 연극배우의 느낌이었습니다. 대면 강의가 재개하고 학생들 얼굴을 직접 보면서 강의하니 많이 나아지긴 했지만, 여전히 강의실은 말없이 태블릿으로 제 말을 속기하는 학생들의 키보드 소리만 가득합니다. 무슨 생각을 하고 있는지, 내가 강의를 잘하고 있는 건지, 학생들은 잘 이해하고 따라오고 있는 건지 알 수가 없습니다. 앞에서는 당최 말을 안 하니까요. 학생들이 적어도 교수 앞에서는 점점 더 말을 안 한다는 건 확실합니다.

그런 제게 학생들의 속마음을 엿볼 수 있는 창이 생겼습니다. 바로 서울대학교 에브리타임입니다. 에브리타임은 우리나라 대학생은 모르는 사람이 없는 소속 기반 익명 커뮤니티입니다. 학생들은 '에타'라고 합니다. 국내 397개 대학의 학생들이 이용하며 누적 가입자 700만 명에 달하는 이 앱은 대표적인 국내 대학 커뮤니티 플랫폼입니다. 대학별로 익명 커뮤니티가 개설된 것이 특징이며 이제는 대학생들에게 필수적인 대학 생활 보조 앱이자 소통 창구로 자리매김했습니다.

오픈 채팅방, 포털 카페, 웹사이트 커뮤니티 등 관심사 기반의 인터넷 커뮤니티처럼 익명성을 기반으로 활동한다는 점에서는 같지만, 소속 집단의 구성원임을 확인하는 인증 절차를 요구한다는 것이 구별되는 특징입니다. 에브리타임 같은 학생 대상 소속 기반 커뮤니티에선 학교 이메일 인증을, 블라인드 같은 직장인 대상 소속 기반 커뮤니티에서는 회사 이메일 등 소속에 대한 인증을 거쳐야 원활하게 서비스를 이용할 수 있거나 소속 집단에 대한 글을 작성할 수 있습니다. 이처럼 커뮤니티 내에서 익명성과 소속 인증을 통한 신뢰성이 동시에 보장되기 때문에 이용자들은 자유롭게 속한 학교나 회사에 대한 신뢰할 만한 내부 정보를 남기고 나아가 이를 전파할 수 있습니다.

대학생들은 에브리타임에서 수업의 수강 후기를 남기기도 하고, 학과별 혹은 관심사별 게시판에서 정보를 공유하기도 하며 취업 정보를 교환하기도 합니다. 특히 서울대학교에서 제공하는 방대한 과목들과 담당 교수에 대한 강의평을 올립니다. 에브리타임에서 접한 학생들은 제가 알던 그저 조용하기만 한 학생들이 아니었습니다. 대면 수업에서는 당최 입을 열지 않고 받아적기만 하던 학생들이 사실은 엄청나게 많은 생각과 고민을 하고 있었고, 영민했으며 교수와 수업의 장단점을 명확히 파악한다는 걸 알게 되었습니다.

수업에 대한 불만은 물론 개선점에 대한 좋은 제안도 많이 접할 수 있었습니다. 제가 학교에서 우수강의상을 여러 번 받게 된 것도 그즈음부터였습니다. 학생들이 원하는 것을 소위 '눈팅'하면서 알게 되고, 이를 수업에 반영하니 세상을 얻지는 못했지만 강의 평가가 좋아졌으니까요. 그때부터 에브리타임을 체크하는 건 제 루틴이 되었습니다. 저 말고도 강의를 개선하고 싶은 교수들은 학생들의 반응이나 리뷰를 자주 살피며 과목에 대한 피드백을 받고, 향후 수업을 개선하는 데 이를 반영하려 힘씁니다. 그런데 정작 에브리타임의 강의평을 봐야 하는 교수들은 보지 않는다는 점이 흥미롭죠.

강의를 개선할 수 있는 좋은 피드백을 적시에 얻을 수 있다는 장점 외에도 제 수업에 관한 글과 평가를 통해 학생들의 수업에 관한 걱정, 우려, 애로점 등을 실시간으로 파악할 수 있었습니다. 제 앞에서는 절대 하지 않는 학생들의 여러 질문과 애로점을 제가 수업 시간에 선제적으로 답해주고 해결해 주는 모습이 그들에게는 좋게 보였나 봅니다. 저는 별로 한 것도 없는데 에브리타임을 보고 교수가 반응한다는 자체가 학생들과 소통하려는 노력을 보여주는 것으로 학생들은 봐주었습니다.

결국 학생들이 점점 말이 없어진다는 건 대면 채널에서였을 뿐 익명성이 보장되는 비대면 채널에서 학생들은 전혀 그렇지 않다는 걸 알게 되었죠. 또한 신기한 건 에브리타임에서 많은 학생들이 강의평과 함께 올린 강의 평가 점수는 저희 학교에서 공식적으로 조사하는 제 강의 평가 점수와 거의 유사했습니다. 다만 훨씬 많은 내용을 담은 강의 소감이 올라온다는 점이 다르지만요. 저는 〈왓 위민 원트〉의 멜 깁슨처럼 감전당하지 않고도 학생들이 원하는 것을 엿볼 수 있는 유용한 잠망경을 얻은 셈입니다.

담당 교수의 강의가 마음에 들던, 들지 않던 학생들은 학기가 끝나면 떠납니다. 그리고 언제나 새로운 학생들로 자리는 채워집니다. 강의의 인기가 많아져도, 떨어져도 전 큰 상관이 없습니다. 저는 학원 강사가 아니니까요. 학생들과 함께 조직으로서 성과를 낼 필요도 없습니다. 학생들의 마음을 읽어 더 좋은 강의를 하고자 하는 건 물론 바람직하지만 그렇다고 교수가 꼭 해야 하는 일은 아닙니다. 그냥 제가 좋아서 하는 일입니다. 그럼, 회사는 어떨까요? 수많은 구성원을 조직 목표 달성이라는 한 방향으로 끊임없이 동기부여하며 경쟁적인 노동시장에서 인재를 끊임없이 영입하고 유지해야 하는 어려운 미션을 달성해야 하는 회사에서 직원들이 원하는 것을 알 수 있는 창窓에 접근할 수 있다면 그 중요성은 학교에 비할 바가 아닐 것입니다.

직장인의 대나무숲

말 없는 직원이 먼저 떠난다는 말이 있습니다. 직장에서 소통의 중요성을 강조하는 말인데요. 임금님 귀는 당나귀 귀라는 설화를 한번 떠올려 보세요. 내용은 다들 아실 테고요. 저는 삼국유사에 실린 신라 경문왕에 대한 글에서 유래된 이야기로 알고 있었는데, 원래 그리스 신화에서 유래된 이야기랍니다. 나라마다 버전은 좀 다른데 우리나라 버전은 대략 이렇습니다. 귀가 엄청 긴 왕이 있었는데 이를 가리기 위해 두건을 쓰고 다녔습니다. 왕의 두건을 만든 장인 단 한 사람만 왕의 귀가 당나귀 귀라는 걸 알고 있었고, 그는 이 비밀을 발설할 수가 없어 전전긍긍하다가 급기야 마음의 병이 듭니다. 결국 병으로 죽으나 비밀을 발설해 처형당하나 매한가지라고 생각한 장인은 한밤중에 달려가서 속 시원하게 '임금님 귀는 당나귀 귀!'라고 소리 지른 곳이 바로 뒷산의 대나무숲입니다. 이렇게 계속 소리를 지르자, 속이 후련해지고 마음이 뻥 뚫려 속 시원하게 병이 나았다죠. 대나무숲이 병을 낫게 한 겁니다.

직장인에게도 이런 대나무숲이 필요하겠죠. 직장인 대나무숲은 기성세대에게는 아마도 소주잔을 기울이며 회사와 상사에 대한 속풀이를 늘어놓던 회사 앞 포장마차였을 겁니다. 그러나 이제 직장인 대나무숲은 포장마차에서 직장인 익명 커뮤니티로 진화했습니다. 대학생에게 에브리타임이 있다면 직장인에게는 블라인드, 링크드인, 잡플래닛, 리멤버 등의 직장인&커리어 커뮤니티가 있습니다.

전 세계적으로는 직장인 커뮤니티의 시조새 격에 해당하며 가장 잘 알려진 회사가 글래스도어Glassdoor일 겁니다. 글래스도어는 2008년에 설립된 미국의 취업 정보 플랫폼인데요. 이 사이트의 가장 큰 특징은 직원들이 익명으로 기업에 대한 내부 정보를 공유할 수 있다는 점입니다. 직장인들이 회사 리뷰, 연봉, 복지, 면접 경험 등을 자유롭게 올릴 수 있어서 구직자나 이직 준비생에게 매우 유용한 플랫폼이 되었죠. 2007년부터 시작해서 2025년 현재 글래스도어는 전 세계 약 250만 개 기업에 대한 2억 1천만 건 이상의 직원 리뷰를 수집해 왔으며 매달 약 6,300만 명의 방문자가 이용하고 있다고 밝히고 있습니다.[1]

이 플랫폼은 사용자에게 여러 기능을 제공합니다. 먼저 회사 리뷰Company Reviews는 직원들이 작성하는 익명 리뷰로서 다음의 6개 항목에 대한 평가를 제공합니다.

1. 전반적인 평점Overall Rating
2. 조직문화 및 가치관Culture and Values
3. 경영진 리더십Senior Leadership
4. 보상 및 복지Compensation and Benefits
5. 경력 개발 기회Career Opportunities
6. 워라밸Work-Life Balance

이 외에도 연봉 정보Salaries는 특정 직무나 회사에 대한 직원들이 제출한 실제 연봉 데이터를 제공하는데 기본 연봉, 보너스, 주식 보상 등이 포함됩니다. 면접 후기Interviews는 실제 면접을 본 지원자들이 공유한 후기를 올리는 곳인데 면접 시 어떤 질문을 받았는지, 면접 분위기, 난이도, 준비 팁 등을 나눕니다. 채용 공고Jobs는 글래스도어 자체 플랫폼 또는 제휴 네트워크를 통해 구직 공고를 제공하는 곳입니다. 이 외에 기업별 종합 평점, CEO 평점, 다양성 및 포용성 지수 등도 확인 가능하며, 이를 바탕으로 글래스도어에서는 매년 'Best Places to Work' 리스트를 발표합니다.

글래스도어는 기본적으로 회사 이메일이나 구글, 애플 계정으로 가입할 수 있는데요. 먼저 본인의 재직 기업명, 직무명, 지역 등을 입력해야 합니다. 글래스도어는 '보는 만큼 쓰는Give-to-Get' 정책을 운영합니다. 이 정책은 사용자가 리뷰를 작성해야만 다른 사람들의 리뷰를 열람할 수 있는 방식입니다. 이 정책은 다른 재직자 기업 평가 플랫폼에서도 널리 사용되고 있는데요.

글래스도어 같은 재직자 기업 리뷰 사이트의 기업 평점 등 데이터에 대해 부정적인 사람들이 항상 하는 얘기가 있습니다. 일부 불만을 가진 직원들만 리뷰를 올리기 때문에 표본의 대표성이 없으며 그러니 믿을 수 없다는 겁니다. 특히 재직자들로부터 낮은 기업 평점을 받은 기업에서 이런 반응을 종종 보입니다. 에브리타임에서 좋지 않은 강의 평가를 받은 교수가 학점이 안 좋은 학생들만 강의에 부정적인 리뷰를 올려 수업 평점이 좋지 않다는 얘기와 같죠. 전혀 일리 없는 얘기는 아닙니다. 연구자들도 중요하게 다루는 선택 편향selection bias 문제입니다. 자발적인 리뷰는 종종 극단적인 의견을 가진 사람들이 남기기 때문에 전체적인 직원 만족도에 대한 왜곡된 인식을 줄 수 있다는 것이죠. 이는 이용자를 오도하는 정보를 제공할 수 있습니다.

보는 만큼 쓰는 정책은 선택 편향 문제를 줄이고, 평점이 극단값으로 치우치는 문제를 방지하기 위한 장치입니다. 연구에 따르면 자발적인 재직자 기업 리뷰는 종종 선택 편향을 포함하지만, 적절한 인센티브를 제공하면 그 편향을 효과적으로 줄일 수 있으며 이를 통해 구직자가 더 정확한 정보에 기반해 결정할 수 있도록 도울 수 있습니다.[2] 이 정책은 극단적 의견이 기업 평점을 좌우하는 문제점을 완화할 수 있습니다.

글래스도어 등에 자발적으로 기업 리뷰를 쓰는 재직자들은 극단적인, 즉 매우 좋거나 매우 나쁜 경험을 한 사람들일 수 있습니다. 하지만 보는 만큼 쓰는 방식은 단순히 리뷰를 보기 위해서도 리뷰를 쓰게 만들기 때문에 평범한 수준의 직원 경험을 한 사람들도 리뷰를 작성하게 되니 중간 의견이 더 많이 반영될 수 있습니다. 또한 원래 리뷰를 안 썼을 사용자들이 다른 사람들의 리뷰를 보기 위해 참여하니 데이터의 대표성이 높아집니다. 하지만 타인의 리뷰를 보기 위해서 리뷰를 쓰는 일부 사용자가 리뷰를 형식적으로 대충 쓰거나 자신이 본 리뷰에 영향을 받아 왜곡된 리뷰를 쓸 수도 있다는 단점은 여전히 있습니다. 글래스도어의 재직자 기업 평점이 효과적인 직무 만족도 측정 수단인지에 관한 판단은 잠시 미뤄놓도록 하겠습니다.

직원이 만족해야 주가도 올라간다

저는 회계학 교수입니다. 모든 기업의 경영자들은 이익을 많이 내려고 하죠. 상장기업의 경우 이익을 내려는 가장 큰 이유는 이익이 높아야 주가로 상징되는 기업가치가 올라가기 때문입니다. 주가는 미래 현금 흐름의 현재가치입니다. 현재 이익을 많이 내고 현금 흐름이 좋은 기업은 미래에도 그럴 확률이 높고, 현재 이익을 얼마나 내는지는 주가에 대단히 큰 영향을 줍니다. 그러니 이익의 주가설명력Value Relevance of Earnings은 회계학자들에게 가장 중요한 연구 주제였습니다. 그런데 이 이익의 주가설명력이 시간이 지남에 따라 감소하고 있다는 연구들이 1990년대부터 많이 나오기 시작했습니다.

그 대표적인 연구가 뉴욕대학교의 바루크 레브Lev, B.와 폴 자로윈Zarowin, P. 교수의 논문입니다.[3] 그들은 회계 이익의 주가설명력이 1970년대부터 감소해 왔다고 주장하며 기술 변화, 무형자산 증가, 가치 창출 구조의 변화 등을 원인으로 제시합니다. 옛날 굴뚝산업들이 세상을 지배하던 시절에는 과거에 많은 매출과 이익을 낸 기업이 미래에도 많은 매출과 이익을 내는 것이 당연했습니다. 그러니 과거에 얼마나 많은 매출과 이익을 냈는지를 보여주는 손익계산서 같은 재무제표가 주가를 잘 설명합니다. 그런데 이제 세상이 바뀌었습니다.

급격히 성장한 인공지능 시장의 가장 큰 수혜자인 엔비디아는 매출이 100조 원도 안 되지만 시가 총액은 4,000조 원에 육박합니다. 삼성전자 매출액의 1/3도 안 되는 매출이지만, 시가 총액은 삼성전자의 11배에 달합니다. 2024년 12월을 기준으로 '매그니피센트 7Magnificent Seven'으로 불리는 애플, 마이크로소프트, 아마존, 알파벳(구글), 메타(페이스북), 엔비디아, 테슬라 등 7개 기업은 S&P 500 지수 전체 시가 총액의 약 34%를 차지합니다. 작년에 매출, 영업 이익이 잘 나왔다고 올해도, 내년에도 잘 나온다는 보장이 없는 기술 기업들이 주식 시장의 상당 부분을 차지하게 된 것이죠. 회계학을 가르치는 사람으로는 씁쓸한 일입니다.

이제는 단지 이익과 유형자산뿐만이 아니라 무형자산이 기업가치 평가에서 점점 더 중요해지고 있는 것입니다. 기업의 연구개발 능력, 강력한 고객 팬덤, 가치 있는 브랜드, 공급망 관리 능력 등이 무형자산의 예입니다. 하지만 회계는 기본적으로 보수적이라서 이런 무형자산을 선뜻 자산으로 인정하지 못합니다. 삼성전자는 2024년 한 해 동안 연구개발 비용으로만 35조 원을 썼습니다. 이 35조 원은 비용일까요? 아니면 투자일까요? 아리송합니다. 그런데 삼성전자는 35조 원을 모두 손익계산서에서 비용으로 처리했습니다. 한국채택 국제회계기준상 엄격한 요건을 갖춘 예외적인 경우를 제외하고는 연구개발 비용은 비용으로 처리해야 합니다. 이 돈이 반드시 미래에 경제적인 효익을 가지고 온다는 보장이 없기 때문입니다. 회계는 이렇게 보수적입니다. 그러니 주가설명력은 점점 떨어지는 거죠.

연구개발비가 비록 회계적으로 자산이라고 인정받지는 못하지만 연구개발 능력이 기술기업의 주가에 핵심적이라는 것은 누구나 압니다. 기업의 제품과 서비스에 열광하는 고객들의 팬덤, 공들여 구축한 강력한 브랜드 모두 장부에 자산으로 기록은 하지 못하지만 주가와는 밀접한 관련이 있습니다. 주가는 미래 수익가치에 큰 영향을 받으니까요. 이 무형자산의 핵심 원천이 바로 기업의 인적자본, 즉 사람입니다. 예전에는 경영자가 보기에 직원에게 쓰는 돈은 아까운 것이었습니다. 그러니 비용으로 불리는 '인건비'를 줄여야했죠. 직원을 만족하게 하려면 월급을 더 주고 일은 덜 시켜야 하는데 그러면 이익은 줄고 주가는 내려갑니다. 사람에게 잘해주는 것이 이득이 되지 않습니다.

그런데 이제 주가는 이익보다 무형자산의 가치로 결정되고, 기업의 연구개발 능력과 같은 무형자산의 가치를 높이는 핵심 동인이 바로 사람이 되었습니다. 산업구조가 개인의 힘에 별 영향이 없는 제조업 중심에서 디지털로 재편되면서 직원 개인이 기업에 막대한 수익을 안겨주는 아이디어를 제공, 개발하고 혁신을 이끌 수 있게 되었습니다. 지메일Gmail을 개발한 구글의 소프트웨어 엔지니어 폴 부흐하이트Paul Buchheit나 플레이스테이션을 개발한 소니의 쿠타라기 켄Kutaragi Ken이 대표적인 예입니다. 인공지능 시대에는 소수의 천재 역할이 더욱 중요해졌습니다. 메타의 CEO인 마크 주커버그Mark Zuckerberg는 최근 초지능Superintelligence 개발을 위하여 수천만에서 수억 달러의 연봉과 주식 보상을 약속하며 오픈AI, 구글, 애플 등에서 최고의 인공지능 연구자들을 영입하는 인재전쟁을 벌이고 있습니다. 이처럼 개인의 힘이 세진 세상에서 인건비는 줄이기만 하는 게 능사가 아닙니다. 인건비를 비용이 아니라 투자로 바라보는 관점의 전환이 필요합니다. 사람이 미래가 되고 사람에게 잘해주는 것이 오히려 이득이 되는 시대가 온 것입니다.

세상이 바뀌어 사람의 힘이 세졌으니 기업가치 평가에서 임직원의 인적자본이 더 중요해질 것입니다. 직원이 만족하고 더 열심히 일하면 고객도 만족합니다. 더 우수한 인재가 영입되고 떠나지 않으며 더 오래 몰입해 일합니다. 그러면 자연히 주가도 오릅니다. 그러나 이 그럴듯한 가설을 실증적으로 테스트하는 건 쉽지 않습니다. 이익이나 유형자산과 달리 기업 간 비교 가능한 직원 만족도 데이터가 없으니까요. 그래서 연구자들에게 글래스도어 데이터는 단비 같은 존재가 되었습니다. 직원 경험, 직원 만족도, 조직문화 등 전통적으로 회사에서 공개하지 않던 영역에 대해 재직자들이 자발적으로 정보를 제공하면서 이제 크라우드소싱crowdsourced된 정보는 연구자뿐 아니라 인사 담당 실무자들 사이에서도 점점 더 중요한 데이터 소스가 되고 있습니다. 웹 스크래핑을 통해 이러한 사이트에서 데이터를 수집하면 외부인은 접근하기 어려운 조직 내부 정보를 다양한 조직 구성원에게 비교적 쉽게 얻을 수 있기 때문입니다.

직원이 만족하면 정말 회사의 주가가 오르는지 글래스도어 데이터를 이용하여 실증적으로 정교하게 테스트한 연구가 있습니다. 미국 에모리대학교의 클리프턴 그린Clifton Green 교수와 그 동료들은 글래스도어 데이터를 이용하여 전현직 직원들이 작성한 온라인 리뷰가 기업의 미래 주가를 예측할 수 있는 유의미한 정보를 담고 있는지 테스트했습니다.[4] 2008년부터 2016년까지 글래스도어에 분기별 최소 15개 이상의 기업 평점 데이터가 있는 기업들을 대상으로 주식 포트폴리오를 구성하여 주가수익율과의 관계를 통계적으로 분석해 보았습니다. 그 결과 평점의 증가(ΔRating)가 상위 20%에 해당하는 기업들은 하위 20% 기업들보다 월간 평균 0.74%의 높은 수익률을 기록했습니다. 또한 이 효과는 현직 직원들의 리뷰, 본사가 위치한 주에서 작성된 리뷰, 회사가 글래스도어에 등록된 후 초기 3년간의 리뷰에서 더 강하게 나타났습니다. 기업 리뷰의 세부 항목별로 보면 특히 성장 기회career opportunity와 경영진에 대한 신뢰도senior management 평점이 미래 주가수익율을 더 잘 예측했습니다. 기업 평점이 올라간 기업들은 다음 분기의 총자산수익률ROA도 역시 더 높았습니다. 결국 사람이 중요하다는 얘기입니다.

직원이 시장은 알지 못하는 기업 전망에 대한 내부 정보를 가졌는지를 연구한 자료도 있습니다. 직원은 보통 기업 내 다양한 활동에 직접적으로 참여하고 실질적인 내부 정보를 실시간으로 접합니다. 그러니 재직 기업의 미래 기업 성과를 더 잘 예측할 수 있을 겁니다. 미국 플로리다 인터내셔널대학교의 켈리 황Kelly Huang 교수와 동료들은 글래스도어 데이터를 이용하여 실제로 그런지를 조사했습니다.[5] 글래스도어 리뷰 중에는 직원이 회사의 '향후 6개월간의 사업 전망'을 평가하는 항목이 있는데요. 회사의 사업 전망을 '좋아질 것get better', '변화 없음 stay the same', '나빠질 것get worse' 중 선택하게 되어 있습니다. 바로 이 전망 데이터를 이용합니다. 2,000개 이상의 기업에 대한 60만 건에 가까운 개별 직원 전망 자료를 분석한 결과, 사업 전망에 대한 직원 점수가 후할수록 총자산수익률이 유의하게 높아졌습니다. 애널리스트 예측치나 경영진의 가이던스 예측치 말고도 회사의 미래에 대해 직원이 가진 내부 정보를 글래스도어의 사업 전망에 반영한 것입니다. 이 효과는 리뷰 수가 많고 응답자들의 직무와 지역이 다양할수록 더 강한 것으로 나타났습니다. 집단지성 효과가 강화될수록 미래 이익을 보다 잘 예측할 수 있다는 것을 입증한 셈입니다.

그렇다면 경영자들이 글래스도어의 직원 리뷰에 과연 신경을 쓰긴 할까요? 에브리타임의 강의평에 모든 교수가 신경을 쓰는 것은 아니듯 모든 기업이 직원 리뷰에 신경 쓰지는 않을 겁니다. 불만은 항상 있는 거고, 그러거나 말거나 신경 끄면 됩니다. 그럼 어떤 기업이 글래스도어 재직자 평판에 더 신경 쓸까요? 기업은 내부적으로 다양한 서베이를 통해서 직원의 의견을 조사하고 반영합니다. 하지만 회사 밖으로는 절대 나가지 않는 정보죠. 글래스도어 리뷰의 가장 큰 차이점은 누구나 평판을 볼 수 있다는 겁니다. 수많은 식당이 입점해 있는 배달의민족 같은 배달 플랫폼에서 식당 주인들이 고객 리뷰에 목숨을 거는 이유와 같은 거죠.

구직자들과 이직을 고려하는 사람들이 기업 평판 정보에 가장 목마르겠죠. 학교와의 큰 차이점입니다. 고등학생들이 대학의 교수 강의 평가를 보고 지원 학교를 정하지는 않을 것이고 대학생들이 교수들의 강의 평가가 좋은 학교로 편입하려고 하는 일도 없을 테니까요. 게다가 에브리타임은 구성원 인증을 한 소속 대학 정보만 볼 수 있습니다. 인기 강좌 담당 교수라고 학생 머릿수로 월급을 더 받는 것도 아닙니다.

미국 포담대학교의 스베냐 두브Svenja Dube 교수와 캘리포니아 어바인대학교의 첸치 주Chenqi Zhu 교수의 연구[6]는 글래스도어와 같은 소셜미디어 플랫폼의 등장과 익명의 직원 리뷰가 기업의 실제 정책 결정에 영향을 주는지를 살펴보았습니다. 직원이 회사의 근무 환경을 익명으로 평가할 수 있는 글래스도어의 리뷰는 기업에 대한 외부인의 인식을 형성하며, 이는 노동시장에서의 기업 평판과 채용 경쟁력에 영향을 주게 됩니다. 당연히 기업은 부담을 느끼겠죠. 게다가 요즘 세대 구직자와 직장인의 키워드는 '비교'입니다. 직원과 구직자가 글래스도어를 통해 기업의 근로 환경을 비교한다면 부정적 평판을 받은 기업은 인재 확보와 유지에 큰 불이익을 받을 수 있습니다.

일단 기업 평점은 올리고 볼 일입니다. 남들이 보니까요. 실제로 연구자들은 고급 인력의 유치가 중요하고, 노동시장이 더 경쟁적인 기업일수록 직원들이 글래스도어에 올리는 부정적인 리뷰에 빠르게 대응하며 직원 만족도를 향상시키고 있다는 것을 발견했습니다. 인재에 목마르고 아쉬운 기업일수록 익명 플랫폼의 평판에 신경 씁니다. 이 연구는 소셜미디어가 단지 평판 평가의 무대일 뿐만 아니라, 평판에 신경을 쓸 이유가 많은 경우 기업의 행동을 실질적으로 변화시키는 힘이 있음을 보여줍니다. 기업이 받는 리뷰는 그저 이미지상의 문제가 아니라 노동시장 경쟁력에 실질적 영향을 미치므로 기업은 이를 무시할 수 없습니다.

블라인드는 어떻게 만들어졌나?

글로벌에서 가장 잘 알려진 직장인 플랫폼으로 글래스도어를 살펴보았는데요. 미국에 글래스도어가 있다면 한국에는 팀블라인드Teamblind의 블라인드가 있습니다. 블라인드는 2013년 12월 한국에서 처음 출시된 직장인 익명 커뮤니티 플랫폼으로, 이후 2015년 미국·캐나다, 2025년 인도로 서비스를 확장했습니다. 현재 팀블라인드 본사는 미국 샌프란시스코에 있으며 'Make people speak, Make people listen, Make people change'를 모토로 '구성원 목소리로 만드는 지속 가능한 기업문화'를 핵심 비전으로 삼고 있습니다. 2024년 9월 블라인드는 전 세계적으로 가입 기업 35만 개 이상, 가입자 수 1,300만 명 이상을 확보하고 있으며 2023년 6월에는 타임지가 선정한

'세계에서 가장 영향력 있는 100대 기업'에 선정되기도 하였습니다.

팀블라인드의 문성욱 대표는 네이버 출신으로 네이버 재직 당시 사내 익명 게시판 기능을 보고 '사내 익명 게시판이 없는 다른 회사에서도 같은 서비스를 사용할 수 있다면 좋겠다'라는 아이디어로 네이버에서 퇴사하고 팀블라인드를 창업했다고 합니다. 블라인드의 한국 가입자는 800만 명 이상으로 알려져 있으며 2025년 3월 한국 10대 그룹사 직원의 90%, 300인 이상 기업체 직원의 86%, 시가 총액 1,000대 기업 직원의 91% 이상이 가입되어 있다고 합니다.[7] 가입자의 하루 평균 앱 체류 시간은 40분을 웃돌며 대한민국 직장인 대부분이 블라인드 앱에 가입해 상당한 시간을 할애한다고 해도 과언이 아닙니다. 한국에서 워낙 유명한 앱이지만 사실 본사가 미국에 있고, 미국 가입자 수가 한국 가입자 수에 육박하며 마이크로소프트, 우버, 메타, 엑스 등 주요 빅테크 기업을 중심으로 재직 직원 대비 90%의 가입률을 보여 미국에서도 글래스도어만큼이나 잘 알려진 앱입니다.

블라인드에 가입을 원하면 재직 중인 회사 이메일 계정을 통해 재직 여부를 확인하는 방식으로 가입할 수 있습니다. 특정 회사의 이메일이 없는 전문직, 예컨대 개인 병원 의사 등의 경우 전문직 인증 페이지를 통해 인증하고 가입할 수 있습니다. 또한 철저한 익명 서비스입니다. 블라인드는 '잃어버리면 안 되는 것은 가지고 있지 않는다'라는 보안 철학 아래 서비스 내부에 개인을 식별하거나 추정할 수 있는 어떤 정보도 저장하지 않으며 '완벽한 보안은 세상에 존재하지 않는다'라는 믿음으로 서비스 기획 초기부터 가입자의 개인 정보를 저장하지 않는 구조로 서비스를 설계했습니다. 블라인드의 특허 로직에는 '암호화된 이메일과 계정 정보는 완벽하게 분리된 DB에 저장되며 매칭할 수 있는 어떠한 단서도 보유하지 않는다'라고 명시되어 있습니다.

블라인드는 직장인들이 자유롭게 의견을 공유하고 내부 문제를 논의할 수 있는 공간을 제공함으로써 많은 기업의 조직문화를 확 바꾼 것으로 알려져 있습니다. 블라인드가 국내에 이름을 알리고 가입자를 본격적으로 늘리게 된 계기로는 2014년

| 그림 3-1 | **블라인드의 보안 시스템 구조**

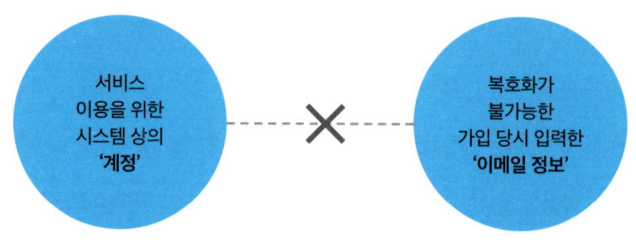

출처: 블라인드 홈페이지

대한항공 '땅콩 회항' 사건 제보가 꼽힙니다. 블라인드 앱을 통해 당시 대한항공 조현아 부사장이 땅콩 제공 서비스를 문제 삼아 객실 사무장에게 폭력적 행위를 하고 비행기에서 내리도록 지시한 사실이 알려져 사회적으로 '갑질 논란'이 일었고, 파문이 일파만파 번지면서 조 부사장은 결국 사퇴했습니다. 이외에도 두산인프라코어(현 HD현대인프라코어) 신입 사원 희망퇴직 이슈, 아시아나항공 미투#MeToo 운동, 박삼구 전 금호아시아나 회장의 직원 격려를 빙자한 과도한 스킨십, 네이버 직장 내 괴롭힘에 의한 직원 사망, 카카오 임직원들의 사내 방역 수칙 위반, LG생활건강의 임원 폭언, 미래에셋의 여성 직원에 대한 골프·술 접대 강요 등 그간 수많은 직장 내 문제가 블라인드를 통해 외부에 알려졌고, 가해자의 징계, 재조사, 제도 개선이 이루어졌습니다.

블라인드 데이터를 분석한 한국노동연구원의 이정희 박사와 일본 히토츠바시대학교의 노성철 교수의 연구에 따르면 2020년 9월 기준으로 소속 노동자 1명 이상이 블라인드에 가입한 회사는 7만여 개입니다.[8] 100명 이상 재직 중인 회사에서 30명 이상이 블라인드에 가입하면 회사 채널이 생성되는 데 회사 채널이 존재하는 기업은 6,100여 개입니다. 또한 반도체, IT, 항공, 자동차, 금융 등 업종 라운지가 46개 있으며(예를 들어 삼성전자는 반도체 및 IT 라운지에 포함됩니다) 연구개발, 영업, 마케팅, 엔지니어, 재무 등 29개의 직군 라운지도 개설되어 있습니다. 또한 이력서 및 면접 팁은 물론 패션 및 뷰티, 헬스, 다이어트, 결혼생활, 재테크, 자녀 교육 등 비단 직장 생활뿐만 아니라 다양한 주제를 나누는 게시판도 활성화되어 있습니다. 2023년 7월부터는 글래스도어도 블라인드처럼 이러한 커뮤니티 기능('볼'이라 불립니다)을 도입하여 특정 주제나 산업에 대해 조언과 정보를 교환할 수 있게 하였습니다.

블라인드 가입자들은 남성이 60%, 여성이 40%를 차지하고 있는 것으로 나타납니다. 2025년 3월 발표된 KCGI자산운용이 ESG 평가회사 서스틴베스트와 함께 국내 주요 상장 370개 회사의 2021~2023년 성평등 지표를 분석한 결과에 따르면 기업 내 여성 직원의 비율은 2021년 26.5%에서 2023년 28.5%로 늘

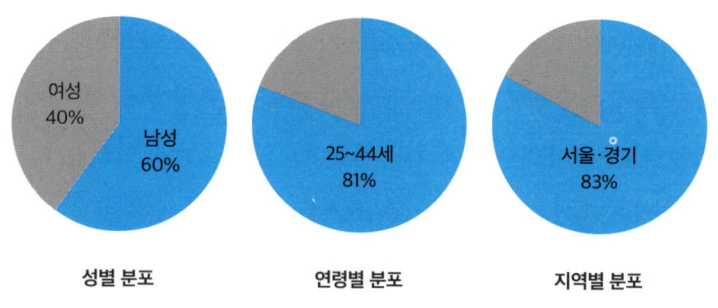

| 그림 3-2 | 블라인드 가입자 성별, 연령별, 지역별 분포 추정

출처: 블라인드 가입자 설문

어났습니다. 블라인드 가입자 중 여성의 비율은 이보다 더 높게 나타납니다. 연령 분포를 보면 25세에서 44세 사이 가입자의 비율이 전체의 80% 이상을 차지합니다. 20·30대 직장인들의 디지털 매체에 대한 익숙함을 반영하는 것이겠죠. 온라인상에서 직장인들의 디지털 보이스Digital Voice를 연구한 2022년 노동연구원의 보고서[9]는 만 18~39세의 성인남녀 1,000여 명을 설문 조사한 결과를 보고하고 있습니다. 특히 '블라인드의 직장 라운지 정보가 회사의 인사, 노무, 조직, 관행, 절차보다 더 의미 있는 정보를 제공한다'라는 설문에, 블라인드에 가입한 응답자의 34%가 '그렇다'라고 답했습니다. 응답자의 53%는 '블라인드를 통해 몰랐던 회사 또는 업계 정보를 얻은 적이 있다'라고 답했으며 응답자의 38%는 '블라인드에서 회사 내 문제가 제기되면 나는 적극적으로 온라인 소통에 참여할 것이다'라고 답했습니다. 화이트칼라 사무연구직 가입자가 많은 특성상 응답자가 서울·경기 지역에 편중되어 있고, 가입자들은 전반적으로 블라인드에서 얻게 되는 정보를 유용하게 평가하고 있으며 비교적 신뢰하는 편이고, 필요할 경우 적극적으로 온라인 소통에 참여할 준비가 되어있는 것으로 보입니다.

직장인이 자신의 조직을 바라보는
'진짜' 시선

그럼 블라인드 기업 리뷰는 어떤 정보를 제공할까요? 여러분이 블라인드 리뷰라고 할 때 가장 먼저 떠올리실 데이터는 블라인드 기업 리뷰입니다. 그림 3-3은 2025년 3월 삼성전자의 기업 리뷰 페이지입니다. 평가 항목은 글래스도어와 동일합니다. 커리어 향상, 업무와 삶의 균형, 급여 및 복지, 사내 문화, 경영진의 5개 항목을 평가하게 되어있습니다. 블라인드뿐만 아니라 잡플래닛 등 다른 기업 리뷰 사이트도 같은 항목을 사용하고 있습니다.

현재 삼성전자의 경우 국내 최대 기업답게 18,000개가 넘는 리뷰가 누적되어 있으며 총 평점은 5점 만점에 3.2점입니다. 그리고 기업 평점 이외에 주관식으로 자유롭게 기업에 대해 코멘트한 텍스트 리뷰들이 있습니다. 기억하셔야 할 건 이 리뷰 평점은 2013년 말 블라인드 서비스 출시 이래로 누적된 평점이라는 것입니다. 시간이 지남에 따라서 총괄 만족도와 항목별 만족도가 변하기 마련인데 최근 데이터와 과거 데이터가 모두 스톡stock 개념으로 쌓인 결과라는 것이죠.

그래프 3-1은 우리나라 4대 그룹의 대표 계열사 총 8개의 2024년 10월 말 블라인드 리뷰 평점을 그래프로 보여주고 있

| 그림 3-3 | **삼성전자의 블라인드 기업 리뷰 예시**

```
삼성전자 리뷰

3.2              3.1 ★ 커리어 향상        3.0 ★ 업무와 삶의 균형
★★★☆☆          3.4 ★ 급여 및 복지        3.0 ★ 사내 문화
18,066개 리뷰     2.4 ★ 경영진


         추천 ⓘ
5.0      "대한민국 사람이라면 누구나 들어가고픈 직장"
★★★★★    현직원 · j******** · 하드웨어 엔지니어 · 2025.02.23

         장점
         주변에 삼성 다닌다고 하면 다들 놀라고 좋아함
         복지가 상당히 많고 좋음
         급여 또한 상타치

         단점
         부바부가 심한 듯
         생각보다 폐급이 많음
         그래도 그걸 다 커버하는 장점이 많음
```

출처: 블라인드 홈페이지

습니다. 일정 시점 현재의 누적 개념으로 데이터가 쌓여있다 보니 최신 정보를 반영하고 있지 못하다는 단점이 있지만, 기업 실적 등의 일시적인 등락에 따라 재직자들의 평가가 달라질 수 있다 보니 연 단위 등의 보다 짧은 기간 내로 측정할 경우 생기는 평점의 큰 변동 문제는 완화할 수 있다는 장점도 있습니다.

우리나라를 대표하는 8개 기업 중 누적 평점이 가장 높은 기업은 기아입니다. 그 뒤를 삼성물산과 SK이노베이션이 따르고 있습니다.

| 그래프 3-1 | **우리나라 대표 기업들의 블라인드 리뷰 총괄 평점**

출처: 저자 가공

다음으로 세부 항목을 살펴보겠습니다. 커리어 향상 측면에서는 삼성물산이 1위를 차지했고, LG에너지솔루션이 2위, SK이노베이션과 기아가 그 뒤를 따르고 있습니다. 사내 문화는 LG에너지솔루션과 SK이노베이션이 선두입니다. 경영진 평가는 SK이노베이션과 기아, 업무와 삶의 균형은 기아가 압도적으로 높습니다. 급여 및 복지는 삼성물산과 기아가 선두권입니다. 누적적으로 그런 거지, 이것이 현재 시점에서의 상대적인 위치를 나타내는 건 아닙니다.

데이터를 보면 2023년도 삼성전자에 새롭게 올라온 리뷰 개수는 약 2,700개이며 2023년도 리뷰 평점만 보면 3.65점으로 현재까지의 누적 평점 3.2점보다 높습니다. 2023년의 경우

| 그래프 3-2 | 우리나라 대표 기업들의 블라인드 리뷰 항목별 평점

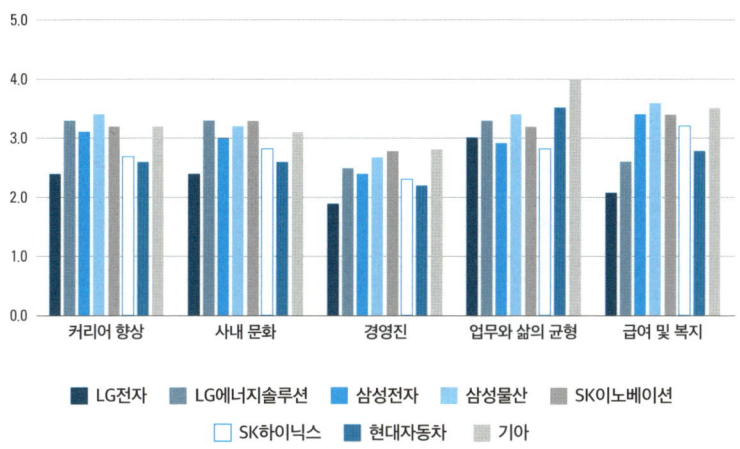

출처: 저자 가공

그 이전보다 평점이 좋아지고 있다고 볼 수 있습니다. (이 책을 마무리할 시점에 입수한 2024년도 평점은 삼성전자 실적 쇼크 탓에 크게 하락하였지만, 전체 누적 평점은 2023년이나 지금이나 대동소이합니다.) 앞서 언급한 글래스도어 데이터를 이용한 미국의 연구들은 분기별 혹은 연도별 평점 데이터를 사용하고 있습니다.

블라인드 지수란?

블라인드는 가장 잘 알려진 기업 리뷰(혹은 평점) 외에도 2019년부터 매년 '블라인드 직장인 행복도 지수Blind Index of Employees' Happiness'를 발표하여 직장 내 행복도를 별도로 측정, 공개하고 있습니다.[10] 이 지수는 직무 만족도, 조직 몰입도(소속감), 이직 의도, 스트레스 등 4가지의 핵심 요소를 중심으로 평가되며 직장 내 행복도에 영향을 미치는 요인은 크게 직무, 관계, 문화의 3가지 영역으로 나뉩니다. 직무 영역은 업무 자율성, 업무 중요도, 업무 의미감으로, 관계 영역은 상사 및 동료와의 관계와 직장 내 유대감으로, 문화 영역은 윤리, 심리적 안전감, 워라밸, 표현의 자유, 복지의 5가지 세부 요소로 구성되어 있습니다.

이 지수는 2017년 블라인드의 한국 직장인 회사 생활 만족도에 대한 센티멘트 분석 결과를 기반으로 개발되었다고 합니다. 당시 분석에서 금전적 보상 수준이 높다고 해서 반드시 직장 만족도가 높지는 않으며 직장에서 행복감이 개인의 삶의 질과 밀접하게 연결되어 있다는 사실이 확인되었습니다. 이에 따라 블라인드는 구성원의 행복에 영향을 미치는 다양한 요인을 기업별로 분석하고 결과를 사회적으로 공유함으로써 건강한 기업 문화를 조성, 직장인의 삶의 질을 향상시키는 데 기여하고자 매년 지수를 계산하고 공표하고 있습니다.

| 그림 3-4 | **블라인드 직장인 행복도 지수의 측정 항목**

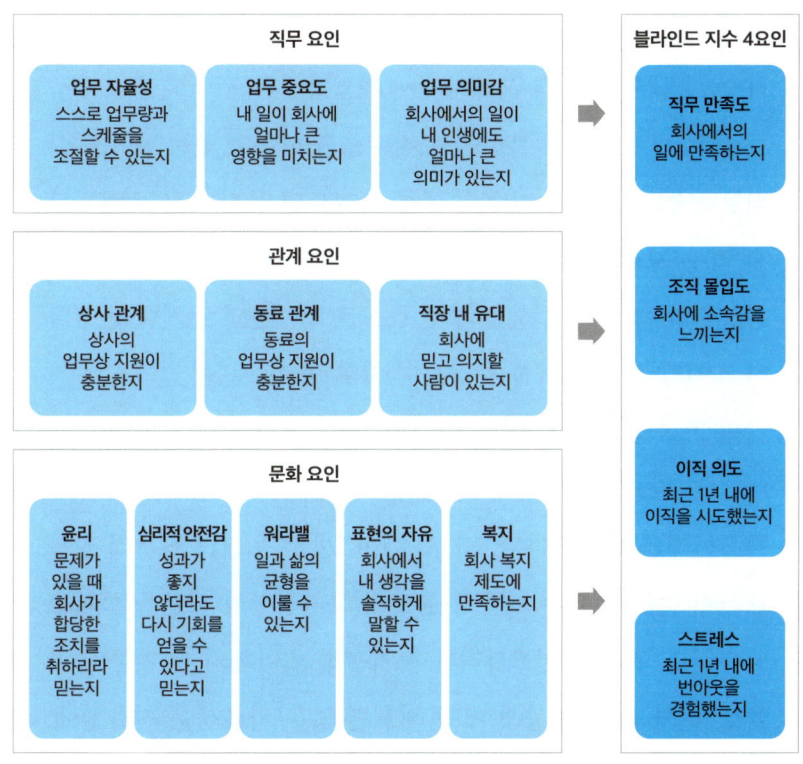

출처: 블라인드 지수 연간 리포트, 2024

　　블라인드 지수는 블라인드 앱 가입자들이 앱 접속 중 5점을 척도로 모바일 설문을 작성하여 데이터를 모으는 방식으로 진행되며 2019년부터 조사가 시작되었습니다. 2023년도 지수의 경우 2023년 6월부터 11월까지 설문이 진행되었으며 50,216

명의 직장인이 설문에 참여하였습니다.[11] 재직자 대비 응답자 수가 일정 비율 이상인 경우만 표본으로 채택하여 지수를 계산하고, 그렇지 않은 경우 표본에서 제외합니다.

그럼 구체적으로 블라인드 지수를 구성하고 있는 항목을 살펴보겠습니다. 과정 변수 11개를 살펴보면 먼저 직무 요인으로서 업무 자율성, 업무 중요도, 업무 의미감의 3가지 요소를 측정합니다. 업무 자율성의 경우 스스로 업무량과 스케줄을 얼마나 조절할 수 있는지를 측정하며 업무 중요도는 본인의 업무가 단위 조직과 회사에 얼마나 임팩트를 줄 수 있는지를 측정합니다. 마지막으로 업무 의미감은 회사 일이 나에게도 의미 있고 중요한지를 측정합니다. CHAPTER 2에서 우리는 정서적 연봉 계산의 근간이 되는 이론적 틀로서 자기결정성 이론을 살펴보았습니다. 직무 요인 3가지를 자기결정성 이론의 세 기둥인 자율성, 유능감, 관계성에 매핑 해보면 업무 자율성은 자율성에, 업무 중요도와 업무 의미감은 유능감에 매핑됩니다. 자율성은 자기결정성 이론에 따르면 인간의 내재적 동기를 유발하는 핵심 요인이며 업무 중요성과 일의 의미 역시 유능감과 자기 효능감을 높이는 주요 요소입니다.

다음은 관계 요인입니다. 상사 관계, 동료 관계, 직장 내 유대 3가지를 측정하는데 상사 관계는 업무를 아낌없이 지원해 주는 상사가 있는지, 동료 관계 역시 그런 동료가 있는지, 직장

내 유대는 힘들고 어려울 때 회사에 믿고 의지할 사람이 있는지를 묻습니다. CHAPTER 2에서 우리는 구글이 산소 프로젝트 결과를 통해 얻은 통찰력과 블라인드 게시판에서 흔한 답변인 '팀바팀, 부바부, 본바본, 실바실'의 의미를 살펴보았습니다. 도전적인 업무 기회와 성장과 발전을 위한 건설적인 피드백을 주는 단위 조직의 리더, 내가 배우고 성장할 수 있는 뛰어난 동료가 직장인의 내재적 동기에 얼마나 중요한지를 이미 알고 있습니다. 나를 인격적으로 존중해주는 동료, 힘들고 어려울 때 터놓고 얘기할 수 있는 직장 동료와의 유대감 역시 중요합니다. 블라인드 지수의 관계 요인 3가지는 자기결정성 이론의 관계성에 정확히 매핑되는 것을 볼 수 있습니다. 자기결정성 이론에서 유능감을 좌우하는 요인 중 하나인 인정도 결국 리더의 몫이기 때문에 관계 요인은 유능감에도 일부 영향을 준다고 할 수 있겠죠.

마지막으로는 문화 요인입니다. 문화 요인은 문제가 있을 때 회사가 합당한 조치를 취할 것이라고 믿는 정도를 측정하는 윤리, 한번 실패하더라도 회사가 두 번째 기회를 줄 것이라고 믿는 정도를 측정하는 심리적 안전감, 워라밸, 회사에서 내 생각을 솔직하게 말할 수 있다고 믿는 정도를 묻는 표현의 자유, 복지, 이렇게 5가지로 구성되어 있습니다.

블라인드 지수의 심리적 안전감은 실패할 기회를 허하는

관점이라서 에이미 에드먼슨 교수가 『두려움 없는 조직』에서 말하는 '심리적 안전감'과는 좀 다른데요. 그녀가 말하는 심리적 안전감은 블라인드 지수에서는 표현의 자유로 측정하고 있습니다. 하지만 심리적 안전감과 표현의 자유는 서로 떼려야 뗄 수 없는, 같이 움직이는 관계라 결국 자기결정성 이론의 유능감을 좌우하는 핵심 요소인 존중으로 매핑될 수 있습니다. CHAPTER 2에서 말씀드린 대로 워라밸은 요즘 세대에게는 절대적인 일의 양보다 배분 가능성을 의미하니 이론적으로 자율성과 유연한 근무 환경으로 매핑될 수 있고요. 윤리는 직원의 회사에 대한 신뢰 정도를 나타내는 것으로 자기결정성 이론에 정확히 매핑되기보다는 신뢰라는 토양이나 인프라에 가까운 것입니다. 복지는 전통적인 복리 후생과 관련된 베네핏을 의미하니 윤리와 복지 역시 화폐 연봉과 구분되는 비금전적인 정서적 연봉 계산에 반드시 포함되어야 할 것입니다.

이상의 과정 변수 11개 항목 이외에도 결과 변수에 해당하는 4가지 항목이 있습니다. 직무 만족, 조직 몰입, 이직 의도, 스트레스입니다. 직무에 얼마나 만족하는지, 조직에 얼마나 소속감을 느끼는지, 지난 1년 동안 이직을 시도한 적이 있는지, 지난 1년 동안 번아웃을 느껴본 적이 있는지를 측정합니다. 이직 의도와 스트레스는 거꾸로 코딩되어 이직 의도가 없을수록, 번아웃을 느껴본 적이 없을수록 더 높은 점수가 부여됩니다.

지수를 구성하는 총 15개 항목의 기업별 점수는 해당연도에 추가된 기업별 블라인드 리뷰 점수와 합산되어 최종 블라인드 지수 점수가 확정됩니다. 블라인드는 지수 점수를 계산하는 정확한 로직은 외부에 공개하지 않습니다. 삼성전자의 경우 최종 블라인드 지수는 58점인데 2,717명이 참여한 2023년도 블라인드 리뷰 평점은 3.65점으로 100점 만점으로 환산하면 73점입니다. 블라인드 지수 11개 항목의 평균은 51점입니다. 리뷰와 지수 설문의 각 참여 인원수를 감안하고 영역별로 일정 가중치를 적용하여 산정된 것으로 추정할 뿐입니다.

| 그림 3-5 | **2023년 블라인드 지수 Top 10 회사 리스트**

단위: 점

순위	회사	전년 대비	점수
1	한국원자력안전기술원	-7%	82
2	대학내일	+9%	79
3	구글코리아 (연속)	+11%	78
4	SAP코리아	+8%	78
5	시놉시스코리아	+21%	77
6	네이버웹툰	+24%	76
7	당근	+31%	76
8	한국중부발전	+29%	75
9	퀄컴코리아	-14%	75
10	넥슨게임즈	-9%	75

출처: 블라인드 지수 연간 리포트, 2024

2023년도에는 어떤 회사들이 베스트 회사로 선정되었을까요? 흥미롭게도 삼성, SK, 현대차, LG 등 4대 그룹의 계열사나 대기업은 별로 없습니다. 한국원자력안전기술원이나 한국중부발전 같은 공공기관, 공기업도 포함되어 있고, 구글코리아, SAP코리아, 시놉시스코리아, 퀄컴코리아 같은 글로벌 기업의 한국 자회사들이 상당히 포함되어 있습니다. 네이버웹툰, 당근, 넥슨게임즈 같은 IT, 게임 회사들도 있고요. 얼핏 기업의 규모와 연봉 수준과는 큰 관계가 없어 보입니다.

대기업 그룹사들의 순위는 어떨까요? 2023년도 시가 총액

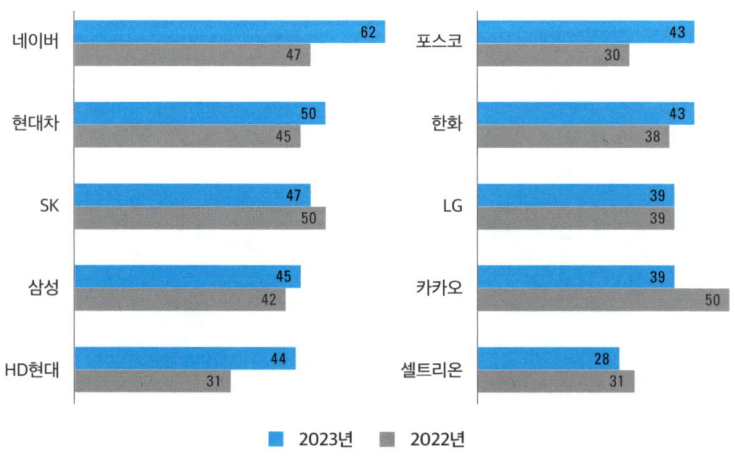

| 그래프 3-3 | **2023년도 시가 총액 10대 그룹사의 2개년 블라인드 지수 순위**

단위: 점

출처: 블라인드 지수 연간 리포트, 2024

10대 그룹사들의 지수 순위를 보면 네이버가 62점으로 단연 선두입니다. 네이버웹툰(76점), 라인플러스(69점), 네이버(66점) 등 주요 계열사 모두 좋은 평가를 받았습니다. 그 뒤를 현대차, SK, 삼성, HD현대가 따르고 있습니다. 6등부터는 포스코, 한화, LG, 카카오, 셀트리온이 위치합니다. 전년도와 비교해 보면 네이버, HD현대, 포스코의 약진이 돋보이며 카카오는 큰 점수 하락이 눈에 띕니다.

직군별로도 만족도를 살펴볼 수 있습니다. 흥미롭게도 최근 각광을 받는 메디컬 부문의 직업들인 의사, 약사, 수의사 그리고 변호사의 만족도가 높습니다. 우리 사회의 전문직 선호도와

| 그래프 3-4 | **2023년도 직군별 블라인드 지수 순위**

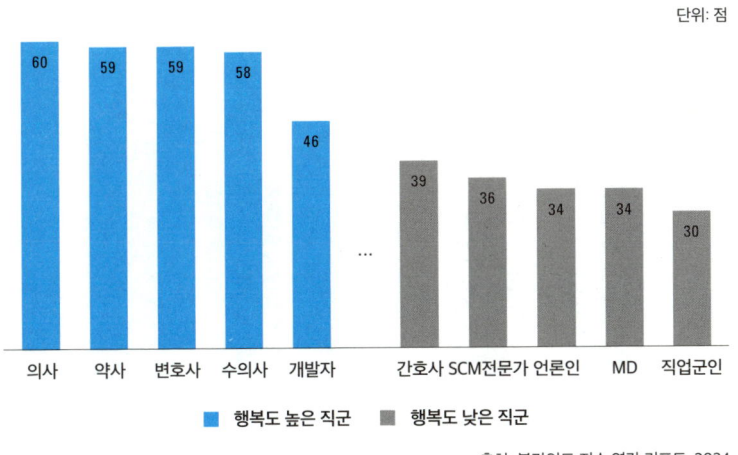

출처: 블라인드 지수 연간 리포트, 2024

일맥상통하는 결과입니다. 간호사, 언론인, MD, 군인 직군의 만족도는 상대적으로 낮게 나타났습니다.

이 외에도 흥미로운 트렌드가 많이 보입니다. 성별에서도 격차가 나타납니다. 남성 응답자의 평균은 43점, 여성 응답자의 평균은 38점으로 상당한 격차가 보입니다. 블라인드 지수 연간 리포트에서는 이 격차가 시간이 갈수록 커지고 있다고 말합니다. 연차별로 보면 회사에서 가장 불행한 사람은 대리입니다. 그래프 3-5에서 보듯이 입사할 때(근속 연수 1년 미만)는 높았던 점수가 근속 연수가 높아질수록 불행해집니다. 사원급

| 그래프 3-5 | **2023년도 연차별 블라인드 지수**

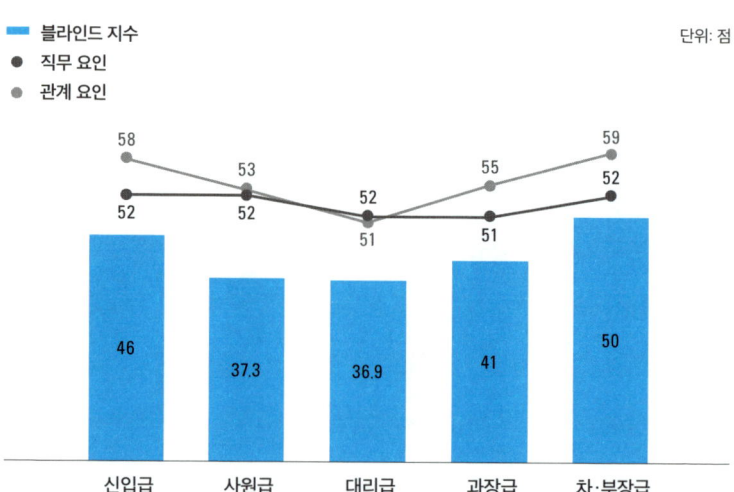

출처: 블라인드 지수 연간 리포트, 2024

(근속 연수 1~5년)이 되면 낮아지고, 대리급(근속 연수 5~9년)에서는 바닥을 찍고, 과장급(근속 연수 9~14년)부터 올라가다가 차·부장급(근속 연수 14년 이상)에서 다시 신입 사원 수준으로 올라갑니다. 직급별로 U자형 만족도를 보이는 겁니다.

2023년 블라인드 지수 응답자 약 5만 명 중 근속 연수를 밝힌 응답자 데이터를 분석해 보면 36%가 (신입을 제외한) 사원급, 19%가 대리급입니다. 즉 55%가 넘는 설문 응답자들이 (신입을 제외한) 사원, 대리급인데 이들이 회사에서 가장 불행하다고 느끼니 문제가 아닐 수 없습니다. 2020년도 블라인드 지수 데이터를 분석한 이정희 박사와 노성철 교수의 연구에 따르면 500인 이상의 기업에서 일하는 설문 응답자가 60%라고 합니다. 그러니 대기업의 20대 후반~30대가 가장 행복감이 떨어진다는 건데요. 이 현상은 국내 유수 대기업의 최근 내부 사무 연구직 대상 서베이 조사에서도 확연히 드러납니다. 근속 연수별, 직급별 만족도의 U자형 패턴이 확인되고 팀원, 보직과장, 팀장·부서장, 실장 이상으로 직책이 올라갈수록 만족도는 우상향합니다.

회사에서 보기에 30대 직원이 제일 가성비가 좋다는 얘기가 있습니다. 30대가 불행한 이유가 아닐까요? 30대는 회사의 숙련 실무자로서 투입 업무 시간 측면에서는 아마 가장 많은 일을 할 겁니다. 주로 투입 시간이 많이 드는 리서치, 기획, 문서 작업 등을 담당하니까요. 노력과 기여에 상응하는 보상 체계가 확립되지 않은 기업에서는 하는 일 없이 급여만 높아 보이는 40~50대 관리자들이 이들에게는 월급루팡으로 보일 겁니다. 20~30대 직원들의 자발적 이직률이 높은 건 괜한 일이 아닙니다. 이 문제는 CHAPTER 4에서 본격적으로 다뤄보겠습니다.

표 3-1은 이름을 들으면 누구나 알만한 국내 대기업의 블라인드 지수 항목별 점수입니다. 이 회사는 지명도 높은 업계 최고 기업인데요. 인사 제도 측면에서도 상당히 대대적인 혁신이 있었습니다. 이 설문에는 회사 재직 직원의 약 1.3%에 해당하는 직원들이 익명으로 참여했습니다. 리뷰 점수와 합한 2023년도 지수 총점은 100점 만점에 39점, 상위 69%입니다. 내신 등급으로 하면 7등급입니다. 블라인드 지수 표본에 포함된 기업의 평균 점수가 41점이니까 물론 평균 미만이죠. 직원들이 이직 생각은 평균보다 덜 하고 있지만 직무에 만족하지 못하고 소속감도 느끼지 못하며 스트레스도 많이 받고 있습니다.

특히 업무 자율성·의미감·중요도, 상사 관계, 워라밸, 표현의 자유, 심리적 안전감의 등급이 상대적으로 아주 낮습니다. 자기결정성 이론에 비추어 볼 때 자율성, 유능감, 관계성 모두에서 상당한 문제가 있다는 겁니다. 낮은 업무 자율성과 워라밸 점수로 미루어 볼 때 자율성의 결핍이 예상됩니다. 업무 의

| 표 3-1 | 국내 모 대기업의 2023년도 블라인드 지수 항목별 점수

문항 번호	평가 항목	평가 문항	점수	한국 상위
Q1	직무 만족	나는 회사에서 현재 하는 일에 만족한다.	31	
Q2	조직 몰입	나는 우리 회사에 소속감을 느낀다.	33	
Q3	이직 의도	최근 1년 사이에(현 직장에서) 이직을 시도한 적이 없다.	48	
Q4	스트레스	최근 1년 사이에(현 직장에서) 번아웃을 경험한 적이 없다.	29	
Q5	업무 자율성	나는 우리 회사에서 나의 업무량과 스케줄을 어느 정도 조절할 수 있다.	38	86%
Q6	업무 의미감	우리 회사에서 내가 하고 있는 일은 나에게도 의미 있고 중요한 일이다.	31	90%
Q7	업무 중요도	내가 하는 일은 우리 팀이나 회사에 어느 정도 영향을 미칠 수 있다.	45	94%
Q8	상사 관계	나는 우리 회사에서 상사에게 업무상 필요한 지원을 받고 있다.	40	76%
Q9	동료 관계	나는 우리 회사에서 동료에게 업무상 필요한 지원을 받고 있다.	51	61%
Q10	직장 내 유대	회사에서 힘들 때 내가 힘들다는 것을 알아주고 이해해 주는 사람이 있다.	51	66%
Q11	워라밸	나는 우리 회사에 다니면서 내 일과 삶의 균형을 이룰 수 있다.	36	79%
Q12	표현의 자유	나는 어떤 이슈에 대한 내 생각을 회사에 솔직하게 말할 수 있다.	33	85%
Q13	복지	나는 우리 회사의 복지 제도에 만족한다.	49	31%
Q14	윤리	회사에 부정행위가 생길 경우, 우리 회사는 합당한 조치를 취할 것이다.	36	57%
Q15	심리적 안전감	내가 한 일의 성과가 좋지 않더라도 나는 우리 회사에서 다른 기회를 얻을 수 있다.	36	78%

출처: 블라인드 지수 데이터 저자 가공

미감, 업무 중요도, 표현의 자유, 심리적 안전감의 부재 역시 낮은 유능감으로 연결됩니다. 상사 관계 점수 역시 낮아 관계성 측면의 문제가 예상되고, 이는 리더가 주는 업무 기회, 인정, 피드백의 부재를 암시하므로 역시 유능감을 저해합니다. 회사 차원의 여러 HR 제도의 변화가 아직 '구성원' 차원에서 체감하는 만족도로는 이어지지 않은 모습입니다.

    이 책에서는 이러한 개별 기업의 블라인드 지수 데이터에 더해 커리어 향상에 관한 블라인드 기업 리뷰 데이터를 결합하여 정서적 연봉을 산정합니다. 말씀드린 바와 같이 블라인드 지수 설문의 11개 과정 변수는 자기결정성 이론의 3가지 축인 자율성, 유능감, 관계성과 잘 매핑됩니다. 다만 유능감을 결정하는 중요한 요소인 성장과 발전에 대한 항목이 빠져있습니다. 그래서 연도별 블라인드 기업 리뷰의 커리어 향상에 대한 평점을 이용해 정서적 연봉 산정에 사용합니다. 정서적 연봉의 구체적인 산정 방법에 대해서는 CHAPTER 5에서 자세히 말씀드리도록 하겠습니다.

블라인드 지수가 높으면
어떤 효과가 있을까?

어떤 기업이 블라인드 지수가 높을까요? 어떤 특성을 가진 기업에서 직원은 더 혹은 덜 행복할까요? 속사정은 알 수 없지만 저는 2019년부터 2022년 지수 설문 조사 참여 인원이 5명 이상인 상장기업 데이터를 가지고 이 질문에 대답해 보겠습니다. 1,350개 기업-년 관측치가 사용되었습니다. 먼저 올해의 기업 특성이 올해의 지수 평점에 영향을 미치는지 통계적으로 살펴보았습니다. 그 결과 자산 규모가 크고, 현금 흐름 변동성이 높으며 자본의 장부가치 대비 시장가치가 크고, 매출액 대비 R&D 비중이 높고, 직원 1인당 평균 연봉이 높고, 여성 직원 비율이 높고, 부채 비율이 낮을수록 블라인드 지수는 높아졌습니다.

기업 특성이 시차를 가지고 만족도에 영향을 줄 수 있으니, 작년의 기업 특성이 올해의 지수 평점에 영향을 미치는지도 분석했습니다. 역시 전년도 자산 규모가 클수록, 매출액 대비 R&D 비중이 높을수록, 직원 1인당 평균 연봉이 높을수록, 여성 직원 비율이 높을수록, 부채 비율이 낮을수록 올해의 지수 평점은 올라갔습니다. 정리하면 상장기업 중에서는 여성 직원 비율이 높으며 연봉을 많이 주는, 연구개발 중심의 성장성이 높은 대기업에서 직원 만족도가 높은 것입니다.

앞에서 언급한 클리프턴 그린 교수와 동료들의 연구에서도 미국 글래스도어 기업 평점의 결정 요인을 분석했습니다. 결과는 크게 다르지 않습니다. 역시 기업 규모가 크고 성장 가능성이 높으며 회계 이익과 주식수익률이 높은 기업에서 기업 평점이 높게 나타났습니다.

재무성과가 직원 만족도에 유의한 영향을 미치는 것이 블라인드 지수의 결정 요인과 다른 점입니다. 너무 당연한 결과 아니냐고요? 다만 평균적으로 그렇다는 것입니다. 예외는 얼마든지 있습니다.

직원이 만족하면 정말 회사의 주가가 오른다는 걸 글래스도어 데이터를 사용하여 클리프턴 그린 교수와 동료들의 연구가 보여주었다고 말씀드렸습니다. 독특한 기업 문화와 직원 중심의 경영 방식으로 유명한 기업으로 미국의 사우스웨스트항공이 있습니다. 1982년부터 2001년까지 이 회사의 CEO였던 허브 켈러허Herb Kelleher는 말합니다. "직원에게 좋은 대우를 하면 고객이 다시 돌아오고, 그 덕분에 주주들은 만족합니다. 직원을 잘 관리하는 것에서 시작하면 나머지는 알아서 따라옵니다."

우리나라는 어떨까요? 미국처럼 블라인드 지수가 좋아지면 이익이 높아지고 주가도 오를까요? 블라인드 지수가 과연 회계 이익 및 주식 성과와 관련성이 있는지를 분석해 보면 되겠지요. 역시 1,350개 기업-년 관측치를 사용했습니다. 결론적으로 말씀드리면 블라인드 지수와 총자산수익률 등 이익 지표와의 관련성은 발견하지 못했습니다. 그러나 블라인드 지수가 높은 기업은 장부가치 대비 시장가치가 높으며 12개월 누적 주식 수익률도 더 높았습니다. 직원이 만족한다고 이익이 높아지지는 않지만, 미래가치를 중시하는 주식 시장은 높은 직원 만족도를 호의적으로 평가하는 것입니다.

이 효과는 매출액 대비 R&D 비중이 높은 기업일수록, 직원 수가 많을수록, 연봉이 높은 고급 인력 중심의 기업일수록 더

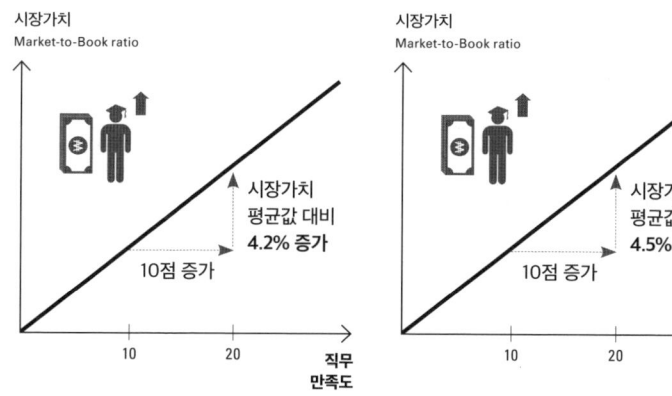

| 그래프 3-6 | **블라인드 지수와 기업가치**[12]

출처: 블라인드 지수 연간 리포트, 2024

강하게 나타납니다. 직원의 인적자본이 기업의 미래수익가치와 직결되는 기업들입니다. 세부 항목별로는 특히 직무 만족도와 조직 몰입의 효과가 두드러졌습니다. 그래프 3-6의 경제적인 효과를 보면 직무 만족도가 10점 증가할 때 기업의 장부가치 대 시장가치 비율은 샘플 평균 대비 4.2% 증가했으며 조직 몰입도가 10점 증가할 때 기업의 장부가치 대 시장가치 비율은 샘플 평균 대비 4.5% 증가했습니다. 결국 사람이 특히 중요한 기업에서 직원이 만족하고 몰입할수록 주식 시장은 이를 높게 평가하는 것입니다.

직장인 익명 플랫폼의 기업 리뷰, 정말 믿을 수 있을까?

말씀드린 대로 많은 사람이 글래스도어 같은 직장인 익명 플랫폼의 기업 리뷰 평점 등에 대해서 '믿을 수 없다'라고 생각합니다. 좋지 않은 이유로 회사를 떠난 퇴직자들이 단체로 별점 테러를 한다는 이야기도 있고, 구직자들이 평점 정보를 본다는 점에 착안하여 회사에 불만을 가진 직원들이 '우리만 죽을 수는 없다', '너도 (입사해서) 죽어봐라' 식으로 회사 평점을 인위적으로 좋게 만든다는 얘기도 들은 적이 있습니다. 믿어지지 않지만, 해당 회사 직원들에게 직접 들은 이야기입니다. 익명 플랫폼 리뷰를 모니터링하는 회사 인사팀에서 사람을 풀어서 평점을 부풀린다는 말도 있고, 생산직들이 주로 올린다 혹은 불만이 있는 직원들이나 저성과자들이 주로 올린다 등 여러 가지 말들이 참 많죠.

결국 선택 편향의 존재, 평점의 관리, 조작 때문에 글래스도어 리뷰 평점이 진실한 직원 만족도를 대표하지 못한다는 것입니다. 이러한 주장을 효과적으로 반박하기는 쉽지 않습니다. 선택 편향이 존재하지 않는다는 것을 설득력 있게 보여주던가 회사의 관리, 조작으로 기업 평점이 오염되지 않았다는 것을 보여주는 건 여간 어려운 일이 아닙니다. 예를 들어 저성과자들이 주로 올린다는 점을 반박하려면 리뷰를 올린 익명 재직자의 인사평가 기록이 매칭되어야 하는데 이는 매우 어려운 일입니다.

그럼에도 글래스도어 데이터가 널리 사용되는 만큼 그 평점이 실제로 유효한 직원 만족도 측정 수단인지를 검증하는 건 매우 중요한 일입니다. 이와 같은 유효성 검증을 위해서는 진실한 직원 만족도와 가까운, 신뢰할 수 있는 조직별 만족도 데이터를 비교 대상으로 확보해야 합니다. 그래야 조직 단위의 글래스도어 평점과 비교할 수 있습니다. 이 까다로운 작업을 해내기 위해 미국 미네소타대학교의 랜더스Landers 교수와 동료들은 미국 연방정부의 연례 설문 조사인 2017년도 FEVSFederal Employee Viewpoint Survey 데이터를 활용해 각 기관의 직무 만족도를 측정하고 이를 벤치마크하여 글래스도어의 평점과 비교 분석했습니다.[13] FEVS는 미국 연방정부 직원들에게 매년 시행하는 공식 설문 조사로 기관별로, 또 단위 조직별로 직무 만족도(상세한 세부 항목 포함)를 측정합니다. FEVS 데이터는 미국 인사 관리처OPM의 검토를 거친 후에 제공됩니다. 2017년 조사는 40개 미국 연방기관의 직원 약 41만 명이 참여했습니다.

랜더스 교수와 동료들은 먼저 비교를 위해 FEVS 설문에 포함된 71개 문항을 글래스도어의 6개 평가 항목(전반적 평점, 경력 개발 기회, 보상 및 복지, 문화 및 가치, 경영진 리더십, 워라밸)에 수작업으로 매핑한 후 기관별로 평균을 내어 6개의 만족도 항목 점수를 산출했습니다. 또한 글래스도어의 평점은 해당 조직의 존재 기간 전체에 걸쳐 누적된 정보이고, FEVS는 특정 시점에서의 만족도를 평가하므로 FEVS 조사 시점과 가장 가까운 시기의 글래스도어 평점을 사용했습니다. 일부 기관의 평점은 리뷰 수가 극히 적어 통계적으로 신뢰하기 어려웠기 때문에 리뷰 수가 15건 미만인 기관들은 분석에서 제외하여 최종적으로 27개 연방기관 자료가 사용되었습니다.

분석 결과 두 데이터 간 전반적 평점의 상관관계 계수는 0.516(p값=0.007)로 나타났습니다. 따라서 글래스도어의 기업별 전반적 평점은 내부 만족도 조사를 위하여 사용되는 상세한 설문에 기반하여 산출된 전반적 직무 만족도를 어느 정도 반영한다고 볼 수 있습니다. 다만 세부 항목별로는 문화 및 경영진 리더십의 두 데이터 간 상관관계는 0.6 수준으로 높았으나 경력 개발 기회나 보상 및 복지의 상관관계는 0.2 수준으로 높지 않은 것으로 나타났습니다. 이 연구는 전반적인 글래스도어 평점이 기존의 직원 만족도 조사를 완전히 대체할 수는 없지만 충분히 의미 있는 직원 만족도 지표로 활용 가능함을 보여주고 있습니다.

그럼 우리나라 기업 리뷰는 어떨까요? 블라인드 기업 리뷰 평점 데이터의 만족도 지표로서의 유효성 검증은 아직 시도된 바 없습니다. 다만 블라인드의 기업 평점을 다른 직장인 익명 플랫폼의 평점 데이터와 비교해서 높은 상관관계가 있는지를 분석해 볼 수는 있을 것입니다. 예를 들어 블라인드 데이터와 다른 기업 리뷰 사이트의 데이터가 실제 진실한 직원 만족도와 상관관계가 높다면 두 사이트의 데이터 간 상관관계 또한 높을 것입니다. 그래서 블라인드 다음으로 유명한 잡플래닛의 평점과 블라인드 평점을 기업별로 비교해 보았습니다.

블라인드나 잡플래닛의 재직자 리뷰 세부 항목이 동일하기 때문에 항목별 비교가 용이합니다. 잡플래닛의 기업 평점 데이터는 웹 스크래핑을 통하여 모았습니다. 정확한 비교를 위하여 기업별 누적 평점이 아닌 1년 단위로 평점을 구분한 후 회사별, 연도별로 각각 관측치를 구분하고 상관관계를 계산했습니다.

2020년부터 2022년까지 3개년에 걸쳐 1,231개 회사 3,498개 기업-년 데이터를 가지고 총괄·커리어 향상·경영진·급여·문화·워라밸의 6개 영역에 대해서 블라인드와 잡플래닛의 기업 리뷰 평점의 상관관계를 비교했습니다. 전 영역에 걸쳐 통계적으로 유의한 상관관계가 나타났습니다. 상관계수가 가장 높은 영역은 급여로 0.75, 그다음은 워라밸로 0.69, 총괄 점수는 0.62로 상당히 높은 편이었습니다. 반면에 문화 0.59, 경영진 0.55, 커리어 향상 0.4로 나타났습니다. 급여, 워라밸 등 상대적으로 객관적인 영역은 서로 유사성이 높으나 성장 기회, 리더에 대한 인식, 조직문화 등 좀더 소프트한 영역은 서로 유사성이 상대적으로 낮아 이러한 영역은 향후에는 단일 점수가 아닌 다양한 설문 문항을 통해 보다 정교한 측정이 요구된다는 것을 시사하는 결과라고 하겠습니다.

CHAPTER 4

직장인은 왜 이직을 결심할까?

> 직원은 단순히 더 많은 연봉 때문에 회사를 떠나지 않습니다. 인정받지 못하는 순간, 성장의 길이 막히는 순간, 일의 의미를 잃은 순간, 동료와 상사를 신뢰하지 못하는 순간 회사와 헤어질 결심을 합니다. 직원의 이직은 기업의 성과 및 자산과 가치 등에 큰 손실을 남기고, 남은 직원들의 사기도 흔듭니다. 정서적 연봉은 인재의 탈출을 막는 숨은 안전장치입니다. 정서적 연봉이 높은 직원은 불황에도, 화려한 유혹 앞에서도 자리를 지킵니다.

꿈의 직장도
떠나는 이유

영화 〈제리 맥과이어〉는 성공한 스포츠 에이전트인 제리 맥과이어가 자신의 직업적 양심에 대한 고민 끝에 높은 연봉과 화려한 커리어를 포기하고 새로운 길을 찾아 성장하는 이야기를 그립니다. 톰 크루즈가 연기한 제리 맥과이어는 스포츠 매니지먼트 회사에서 일하며 많은 고객을 관리하지만, 선수들을 돈벌이 수단으로만 대하는 회사의 방침에 회의를 느낍니다. 그는 선수들과의 진정한 관계를 강조하는 선언서를 전 직원에게 배포하지만, 이 일로 회사에서 해고됩니다. 해고된 후 제리는 자신의 신념을 지키기 위해 독립을 결심, 새로운 에이전시를 설립하고 유일하게 남은 고객인 미식축구 선수 로드 티드웰과 함께 성공을 이루기 위해 고군분투합니다.

제리는 왜 높은 연봉과 누구나 부러워하는 커리어를 포기했을까요? 가장 큰 이유는 회사의 비즈니스 철학과 본인의 신념이 공존할 수 없었기 때문입니다. 그는 선수들을 돈으로만 보는 회사에서 일의 의미를 느낄 수 없었고, 회사의 경영진과 유능한 동료들은 그의 신념을 비웃었으며 그의 신념을 공개적으로 밝히자 바로 해고되었습니다. 화폐 연봉은 높지만, 정서적 연봉은 형편없이 낮았던 거죠. 저는 지금까지 정서적 연봉을 측정하기 위해 사용할 이론적인 틀과 정서적 연봉의 측정에 사용할 블라인드 데이터에 대해서 말씀드렸습니다. 결국 사람이 직장을 선택하고 근속하며 더 열심히 일하게 하는 요인은 돈과 '일할 맛'인데요. 연봉을 많이 주고 성과에 따라 듬뿍 더 얹어주는 직장에 사람이 몰리고 더 열심히 일하게 되는 건 인지상정입니다. 직장이란 곳이 원래 일정 시간 근로를 제공하고, 그 대가로 임금과 복리 후생을 받는 장소니까요. 그런 직장에 사람이 몰리는 건 당연합니다. 그런데 경영자가 돈이라는 잘 벼린 칼을 동기부여와 인재 확보, 유지를 위해서 전가의 보도처럼 휘두르는 건 그리 녹록지 않습니다.

첫째, 무엇보다도 회사의 재무적인 능력이 전제되어야 합니다. 저는 『공정한 보상』에서 인재 확보를 위한 경쟁력 있는 보상과 동기부여를 위해 잘 설계된 인센티브 제도를 강조했습니다. 보상에 관한 책이 워낙 드물어서 독자들의 반응이 괜찮았고, 그 덕에 기업의 교육프로그램이나 HR 포럼, 세미나, 콘퍼런

스에서 강연할 기회가 많았는데요. 대기업이야 곳간이 넉넉하니 돈을 어떻게 나누어 주느냐에 관심이 정말 많았습니다. 곳간에서 인심 나는 법이지요.

그런데 중견, 중소기업의 경영자들 앞에서 강연하고 나면 이런 질문들이 많았습니다. "교수님, 저도 경쟁력 있는 보상을 하고 싶고, 돈도 공정하게 나누어 주고 싶어요. 그런데 주고 싶어도 줄 돈이 없어요. 인건비 지급 능력이 중소기업들은 빤합니다. 중소기업 마진율 잘 아시잖아요. 그런 상황인데 직원을 뽑기도 어렵고, 이직률은 계속 올라갑니다. 돈을 많이 주라는 이야기 말고, 저희가 해볼 방법을 좀 알려주세요. 앉아서 죽을 수는 없잖아요." 제가 두 번째 책을 쓰기로 결심한 이유입니다.

둘째, 금전적 보상은 같은 회사 내에서도 개개인에 따라 만족도가 다릅니다. CHAPTER 3에서 미국 27개 연방기관의 글래스도어 평점과 미국 연방정부의 FEVS 데이터를 비교·분석한 연구를 살펴보았습니다. 두 데이터 간에 전반적 평점, 조직문화 및 경영진 리더십에 있어서는 상관관계가 높았지만, 경력 개발 기회나 보상 및 복지의 상관관계는 상당히 낮았던 것을 기억하실 겁니다. 특히 금전적 보상은 같은 회사라도 개인마다 만족도에 차이가 클 수 있습니다.

2025년 3월 삼성전자는 사업 보고서에서 2024년 13만 명 임직원의 1인당 평균 연봉이 1억 3,000만 원이라고 공시했습니다. 하지만 말 그대로 평균일 뿐입니다. 각각 받는 돈은 다 다르고 만족도도 다 다릅니다. 연공급으로 대표되는 우리나라 기업의 임금 구조는 빠르게 성과연봉제로 변화하고 있습니다. 모든 직원에게 적용되는 물가 상승률을 반영하여 결정되는 베이스 업base up 임금인상률과 달리 개인의 성과에 따라 임금의 성과인상률이 달라지는 성과연봉제에서는 금전적 보상에 대한 만족도가 개인별로 크게 달라질 수 있습니다. 또한 많은 기업이 전사 성과뿐만 아니라 부문, 사업부 등 단위 조직의 성과에 성과급을 연동시켜 차등 지급합니다. 예를 들어 삼성전자의 성과급은 기본적으로 각 사업부 경제적 부가가치의 20%를 재원으로 결정하기 때문에 어떤 사업부에 근무하느냐에 따라 성과급 금액은 크게 달라집니다. 한 회사 내에서 보상에 대한 개인의 만족도가 크게 달라지는 이유입니다.

이에 반해 정서적 연봉을 구성하는 요소인 업무 자율성, 업무 의미감, 심리적 안전감, 표현의 자유, 윤리 등은 회사의 암묵적인 행동 양식에 가깝습니다. 조직문화 전문가 김성준 교수는 『최고의 조직』에서 조직문화를 '그들 나름대로 목표를 효율적으로 달성하기 위해 형성된 공동 규약'으로 정의하며 마치 컴퓨터 시스템을 움직이는 운영 체제 같은 거라고 말합니다.[1] 본인의 인풋과 아웃풋의 교환 비율을 다른 사람들의 교환 비율과 비교함으로써 형성되는 개인의 공정성 인식이나 개인이 통제할 수 없는 거시경제 변수들, 업황이나 시황 같은 운luck의 효과가 금전적 보상의 상대적 만족도에 큰 차이를 가져옵니다.

하지만 정서적 연봉으로 상징되는 내재적 동기 요인들은 마치 사람이 마시는 공기와 같은 거라 같은 회사에서 일하는 누구에게나 균등하고 동일하게 적용되며 직원이 보편적으로 누릴 수 있는 것입니다. 물론 팀바팀, 부바부, 본바본, 실바실이란 말이 시사하듯 단위 조직의 리더에 따라, 주변 동료에 따라 관계 요인에 대한 만족도는 차이가 날 수 있지만 전체적으로 금전적 보상에 비하여 내재적 동기 요인들로 구성된 비금전적인 보상은 모든 조직 구성원이 동일하게 혜택을 누릴 수 있습니다.

금전적 보상을 구성하는 임금 수준, 임금 구조, 성과급 산정 방법, 현금 vs 주식 보상의 믹스 등은 회사가 인건비를 감당할 수 있는 재무적 여력이 있는 한 타사의 수준과 제도를 쉽게 카피할 수 있습니다. 하지만 컴퓨터의 운영 체제에 비유할 수 있는 심리적 안전감과 윤리, 표현의 자유 같은 조직문화나 일의 의미 등은 간단히 타사의 제도를 카피해 올 수도 없고, 카피한다고 즉각 바뀌지도 않습니다. 집단 중심의 수직적이고 위계적인 우리나라 기업의 조직문화가 미국 빅테크의 제도 몇 개를 들여온다고 바뀌지 않습니다. 많은 경우 문화는 인사 제도 저 너머 눈에 보이지 않는 암묵적인 행동 양식이기 때문이지요.

눈에 보이는 금전적 보상은 마치 이성을 평가할 때 고려하는 외모, 몸매, 소득이나 재산 같은 객관적 조건과 유사합니다. 많은 사람이 이런 외적인 조건에 결혼을 결심하지만, 나중에 이런 외부적인 조건이 안 좋아졌다고 이혼하는 경우는 많지 않습니다. 그보다는 성격 차이, 소통의 결핍, 배려와 존중의 부족 등 결혼을 결심할 때 외부에서는 보이지 않았던 이유로 헤어질 결심을 합니다.

직장 생활도 비슷합니다. 2022년 SK행복연구는 2,500명의 SK구성원과 일반 직장인에 대한 서베이에 기반하여 많은 직장인이 직장을 선택할 때는 경제적 보상을 가장 중요하게 여기지만 입사 후에는 가치 있는 일과 의미를 추구하는 경향이 커지는 것을 보여줍니다. 동기부여, 인재의 영입과 유지 중 비금전적인 보상이 가장 효과적으로 작동할 수 있는 분야는 인재의 유지입니다. 헤어질 결심이 아닌 함께할 결심을 하는 데 정서적 연봉을 높이는 게 화폐 연봉을 높이는 것보다 더 효과적일 수 있다는 것입니다. 높아지기만 하는 이직률에 고민하는 경영진들은 '임금을 올려줘야 하나? 일을 덜 시켜야 하나?'를 흔히 생각합니다.

앞으로 다가올 사람이 귀해지는 시대, 사람이 기업을 선택하는 시대에는 유능한 인재를 영입하는 것도 어렵겠지만 영입한 인재를 묶어두는 게 더 어려울 것입니다. 다시금 올 인재전쟁 시대에 회사의 이직률을 낮추는 가장 효과적인 방법은 사람이면 누구나 마시는 공기의 질을 높이는 것, 즉 직원의 정서적 연봉을 높이는 것입니다. 이번 CHAPTER에서는 비금전적인 보상이 직장인의 이직률을 어떻게 낮출 수 있는지를 알아보도록 하겠습니다.

이직이 회사에 미치는 영향

개인에게 이직은 성장을 위한 중요한 도구입니다. 취준생이 취업에 성공하면 퇴직 준비생 즉, 퇴준생이 된다고 합니다. 어떻게 들어온 직장인데 벌써 퇴직을 고민하다니요. 2023년 11월, 1,000명에 가까운 직장인을 설문 조사한 인크루트에 따르면 사표를 가슴에 안고 살아가는 퇴준생이 10명 중 8명이랍니다. 뒤에서 살펴보겠지만 보통의 회사에서 이직률이 가장 높은 연령은 20대, 그다음이 30대입니다. 이직을 가장 많이 하는 연령이 20~30대라는 건 자신의 미래 커리어에 대하여 가장 관심이 많은 세대가 이직에 관심이 많다는 얘기죠. 앞으로 살날이 더 많고 그래서 미래에 대한 불안이 큰 젊은 세대일수록 본인의 고용가능성에 관심이 많으며 지금 하는 일이 앞으로 더 오래, 더 많이 일할 수 있는 역량을 키워주고 장차 시장에서 몸값을 높여줄 수 있는지를 따집니다.

자신의 노력과 기여에 상응하는 경제적인 보상을 받는지도 꼼꼼히 따져보겠죠. 그렇지 못하다고 느낄 때 직장인은 이직을 생각합니다. 이직은 연봉을 높일 좋은 기회이기도 하고, 새로운 업무 기회를 통해 성장할 기회이기도 합니다. 받는 돈과 성장 가능성도 중요하지만 자율성, 유능감, 관계성의 내재적 동기가 낮을 때도 역시 이직을 생각합니다. 제리 맥과이어가 그 좋은 예죠. CHAPTER 3에서 블라인드 데이터가 보여주듯 회사에서 가장 불행한 사람들인 사원과 대리급이 괜히 이직을 많이 하는 게 아닙니다.

이렇듯 개인에게는 이직이 여러 가지 새로운 기회를 제공하지만, 직원의 이직을 회사는 어떻게 바라볼까요? 중소기업 사장님들 중에서는 높아지는 직원 이직률에 고민하는 분들이 많습니다. 대기업이야 아직 구인난은 남의 나라 얘기겠지만 중견, 중소기업은 여전히 사람 구하기도 어렵고, 힘들게 뽑아 놔도 얼마 못 가 이직하는 경우가 많습니다. 사장님들이 높아지는 이직률에 고민한다는 얘기는 이직이 회사에 별로 반갑지 않은 뉴스라는 거죠. 《하버드 비즈니스 리뷰》에 실린 〈직원들은 왜 떠나는가?〉란 제목의 기사에 따르면 1명의 직원을 잃을 때 회사가 부담하게 되는 비용은 평균적으로 해당 직원의 6~9개

월 치 급여에 해당한다고 하죠. 기술직이나 임원급의 경우 그 비용은 연봉의 2배에 이를 수도 있다고 합니다.[2]

이직이 반갑지 않은 이유는 뭘까요? 이직이 발생하면 일단 그 직원이 가지고 있는 축적된 역량과 지식이 빠져나가고, 당장 팀의 업무 수행에 차질이 생깁니다. 또한 인력을 재배치해야 하고, 빈자리를 임시로 커버할 누군가가 필요합니다. 빈자리를 대체하려면 구인 공고를 내야하고, 헤드헌터에게 비용을 지급하며 인사팀에서도 채용을 위해 상당한 리소스를 투입해야 합니다. 또한 신입 직원을 채용하고 훈련시키는 동안 매출과 생산성 하락을 감수해야 하며 그들이 성과를 내기까지 오랜 시간과 비용이 투입되어야 하는데 그런 직원이 또 퇴사해 버리면 그동안의 공은 물거품이 됩니다.

특히 유능한 직원의 잦은 이탈은 남아있는 직원들의 사기와 업무 의욕에도 부정적인 영향을 주며 블라인드나 잡플래닛 등의 직장인 익명 플랫폼을 통해서 고용 시장에서의 기업 이미지와 평판에 악영향을 줄 수도 있습니다. 우수 직원의 채용이 점점 어려워집니다. 이에 더해 젊은 직원의 잦은 이탈은 연령별 인력 구조의 왜곡을 가져올 수 있고, 미래에 젊은 직원의 채용이 더욱 어려워지는 악순환으로 이어질 수 있죠.

최근 기업 실적의 악화와 경제적 불확실성의 증대로 신입 직원 채용을 대폭 줄이는 기업이 많습니다. 뽑지 않는 것이 능사가 아닙니다. 신입 직원을 영원히 뽑지 않을 수는 없습니다. 그러다가 나중에는 신입을 뽑으려고 해도 어렵고, 어렵게 뽑아도 버티지 못하고 금방 나갈 확률이 높습니다. 나이 차 많이 나는 선배들로만 가득한 회사에 어떤 젊은 직원이 가고 싶겠습니까?

에쓰오일은 1997년 외환 위기 때 인위적인 구조 조정을 하지 않는 대신 10년 동안 신입 직원을 뽑지 않기로 노조와 합의했습니다. 실제 2007년까지 신입을 뽑지 않았습니다. 이 회사는 지금 30대와 50대는 많은데 40대 직원은 비어 있는 특이한 인력 구조를 가지고 있습니다. 그러니 불황이라고 무턱대고 신규 채용을 줄이는 것이 능사가 아닙니다. 장기적인 안목에서 신중하게 인력 계획을 운용할 필요가 있습니다.

그렇다고 아무도 이직하지 않는 이직률 0%의 회사가 꼭 좋은 건 아닙니다. 적정 수준의 이직률은 회사에도 도움이 되는 건강한 이직률입니다. '고인 물'은 썩기 마련입니다. 회사 입장에서 나가줬으면 하는 저성과자가 퇴사하고, 새로운 피가 수혈되는 건 바람직한 일입니다. 그러니 누가 이직하는지, 이직률은 감당할 수 있는 수준인지를 잘 살펴봐야겠죠.

그렇다면 이직률이 낮을수록 기업 성과가 높아지지만, 적정 수준의 이직은 오히려 성과에 도움이 될 것이라는 예측이 가능합니다. 홍콩 폴리테크닉대학교의 친 리Qin Li 교수와 동료들은 실제로 이 가설을 데이터로 테스트하기로 했습니다.[3] 문제는 직원 이직률이 중요한 인적자본 지표임에도 불구하고 대부분의 기업은 직원 이직률 정보를 공시하지 않는다는 거죠. 많은 투자자는 직원 이직률이 기업 성과에 큰 영향을 미치기 때문에 직원 이직률을 포함한 인적자본 정보를 공시할 것을 요구하고 있고, 미국 증권거래위원회는 기업이 직원 이직률을 포함한 인적자본 정보를 공개하도록 요구하는 공시 규정 개정을 논의하고 있습니다.

리 교수와 동료들은 2008년부터 2018년의 기간 동안 링크드인 및 기타 온라인 이력서, 프로필 정보를 분석하여 기업별 직원 이직률을 추정하는 방법을 사용했습니다. 다만 이 방법은 링크드인 등에 온라인 이력서 및 프로필을 공개한 사용자에 한해 자료를 수집할 수 있어 주로 화이트칼라 직원만 커버되며 회사 수준에서 정확한 직원 이직률을 파악하는 데는 한계가 있습니다. 이직이 자발적 이직인지, 해고 등 비자발적 이직인지 구분할 수도 없습니다. 자발적, 비자발적 이직을 모두 포함한 총 이직률 개념으로 봐야 합니다. 이 연구에서 사용된 3,612개 미국 기업의 연평균 총 이직률은 약 13%가 넘었습니다.

리 교수와 동료들은 적정 수준의 이직률은 기업 성과에 부정적인 영향을 미치지 않으며 오히려 긍정적인 효과가 있는 것을 발견합니다. 이직률이 매우 낮을 경우 고인 물 효과로 기업

내 혁신이 정체될 가능성이 있으며 적정한 수준의 이직률은 새로운 아이디어와 인재 유입을 촉진하여 장기적으로 긍정적인 영향을 미칠 수 있다는 예측을 뒷받침하죠. 그러나 역시 직원 이직률이 적정 수준을 초과하면 미래 기업 성과에 부정적인 영향을 미치는 것으로 나타납니다. 특정 분기의 직원 이직률이 증가할수록 다음 분기의 총자산수익률과 매출 성장률은 낮아집니다. 또한 직원 이직률이 증가할수록 기업의 미래 성과 변동성은 증가했으며 이직률이 높은 기업은 미래 주가 수익률 또한 낮았습니다. 특히 소규모 기업, 신생 기업, 노동집약도가 낮은 기업, 기업이 위치한 노동시장이 구직자 우위인 기업에서 이직률의 부정적인 영향이 더 컸습니다. 결론적으로 직원 이직률이 높으면 기업에는 부정적인 영향을 미치는 것이 데이터로 명확하게 확인됩니다.

탈출은
지능 순이라고?

탈출은 지능 순이라는 말이 있습니다. 어떤 불합리한 상황이나 조직, 집단, 사회 구조 등에서 먼저 벗어나는 사람이 똑똑한 사람이라는 뜻입니다. 침몰하는 배에서는 보통 쥐들이 먼저 탈출하잖아요. 그럼 어떤 쥐들이 먼저 탈출할까요? 해고가 자유롭지 않은 우리나라 상황에서 나가줬으면 하는 직원이 스스로 걸어 나간다면 회사는 좋은 소식일 수 있습니다. 성과가 좋지 않은 순으로 직원이 나간다면 높은 이직률을 그리 걱정하지 않아도 됩니다. 위에서 살펴본 친 리 교수와 동료들의 연구는 흥미롭지만, 회사에서 정말 신경 써야 하는 자발적 이직률을 구분하지 못했고 도대체 어떤 직원들이 이직했는지를 알 수 없었습니다.

과거 기성세대가 살아왔던 평생직장 시대에는 직장인이 퇴사하면 뭔가 문제가 있는 사람이라는 생각을 했습니다. 조직에 적응을 못 했거나 성과를 내지 못한 실패자나 무능력자라는 프레임이 씌워지곤 했습니다. 그러나 이제는 자발적 이직이나 퇴사의 경우 보통 비슷하거나 더 나은 조건의 회사로 옮기는 것을 의미하기에 이직하는 사람은 능력자일 확률이 높습니다. 요즘처럼 대잔류 시대에 이직하는 사람은 아마 더 능력자일 겁니다. 회사는 이직 사유에 대한 설문 조사 Exit Survey를 하거나 리더가 면담을 하지만 보통 이직의 이유나 이직하는 회사에 대해서 이직자들은 자세히 언급하기를 꺼립니다.

블라인드에 회사를 평가하고 글을 올리는 사람들이 저성과자나 불만이 가득한 직원들이라고 주장하는 회사들이 있습니다. 블라인드 지수 데이터에서 접근 가능한 인구 통계학적 정보는 성별, 근속 연수, 직군 등 매우 제한되어 있으며 그마저도 설문 응답자가 밝히지 않으면 알 도리가 없으니 이들이 능력자인지, 일잘러인지, 좀비인지는 파악이 어렵습니다. 하지만 블라인드 측의 데이터에 따르면 1달 동안 1번이라도 서비스를 이용한 고유 사용자 수를 뜻하는 전체 월간 활성 사용자 수MAU: Monthly Active Users 대비 해당 월에 게시물을 1개 이상 올린 블라인드 가입자의 비율은 2025년 1월 기준 무려 33% 이상입니다. 블라인드 이용자 3명 중 1명이 앱에서 눈팅만 하는 게 아니라 활발하게 활동하는 것입니다. 이 정도로 이용자들이 활발하게 활동한다면 블라인드 리뷰나 지수 평가에 참여하는 재직자들이 주로 문제 직원들이라는 회사 측의 프레임은 근거가 없습니다.

저도 연구자이니 정말 탈출이 지능 순인지 규명할 수 있는 데이터가 있으면 멋질 것 같습니다. 그런 데이터는 입수할 수 없을 것만 같은데 어떤 직원이 먼저 이직하는지 스웨덴의 마이크로 데이터를 가지고 분석한 매우 흥미로운 연구가 있습니다. 배가 침몰하는 조짐이 보이면 쥐들이 먼저 배 위로 올라온다고 하죠. 기업이 위기, 특히 재무적인 곤경에 처하면 이직 러시가 시작됩니다. 우리나라도 2024년도에 온라인 쇼핑몰 티몬·위메프가, 2025년에는 홈플러스가 기업회생절차를 밟고 있습니다. 너도나도 '퇴사런' 하는 이들 회사 직원에 관한 신문 기사가 많이 나왔습니다. 그런데 티메프의 경우 이미 2023년부터 직원들이 많이 퇴사하기 시작했다네요.

기업이 위기에 처했을 때 우수한 인재들이 가장 먼저 회사를 떠날까요? 먼저 떠난 이들은 업무상 회사가 직면한 어려움의 심각성을 미리 파악할 수 있던 사람들이었을까요? 아니면 다른 곳으로 쉽게 이직할 수 있는 핵심 인재들이었을까요?

스웨덴 스톡홀름경제대학의 라민 바그하이Ramin Baghai 교수와 동료들은 스웨덴 통계청의 LISALongitudinal Database on Education, Income and Occupation와 스웨덴 남성들의 병역 기록을 이용하여 이 질문에 대답합니다.[4] LISA는 전체 스웨덴 인구(16세 이상)에 대한 고용주-근로자 매칭 정보를 상세히 포함하고 있는 데이터베이스인데요. 이 데이터베이스에는 연령, 성별, 고용 상태, 임금, 사회보장 수당 등 방대한 사회 경제적 변수들이 포함되어 있어 개개인의 커리어 경로를 추적할 수 있습니다. 바그하이 교수와 동료들은 이 LISA 정보를 스웨덴 병무청의 병역 기록에 나타난 남성들의 인지 및 비인지 능력 지표들과 연결하여 분석했습니다.

1968년부터 2009년까지 18세 이상 스웨덴의 모든 남성은 1~2일간의 병역 입영 테스트를 의무적으로 받아야 했습니다. 이 테스트는 인지 능력, 비인지 능력, 신체 능력, 건강 상태의 4가지 영역으로 구성됩니다. 군 복무 여부는 개인의 건강 상태에 의해 결정되며 어떤 보직에 배정되는지는 4가지 테스트의 종합 결과에 따라 달라진다고 합니다. 인지 능력 테스트는 유의어, 귀납적 추론, 공간 추론, 기술적 이해 4가지 영역의 점수를 종합해 1~9점의 인지 능력 점수로 평가됩니다. 비인지 능력은 심리학자와의 면접을 통해 평가되며 책임감, 독립성, 외향성, 끈기, 감정적 안정성, 주도성, 집단 내 협업 능력, 리더십을 평가합니다. 연구자들은 재무적 어려움에 직면한 기업의 인재 이탈 효과를 분석하기 위해 2003년부터 2011년까지 파산 기업을 식별한 후, 이와 유사한 기업 특성이 있지만 파산하지 않은 기업을 매칭하여 연구 샘플을 구성했습니다.

이 연구의 인재top talent 정의 방법이 흥미로운데요. 해당 연도, 해당 기업 내 남성 직장인의 과거 입영 테스트에서 인지, 비인지 점수의 합이 상위 5%에 해당하는 직장인으로 인재를 정의합니다. 인지 능력은 학습 및 문제 해결에 관련된 정신적 활동 능력이고, 비인지 능력은 공감, 사회성, 성실성, 인내력 등의 성격·사회적·감정적 특성인 거죠. 산업별로 보면 전문 서비스업(IT, R&D, 법률, 컨설팅 등)이 평균 점수가 가장 높은 것으로 나타나 인재들이 가장 선호하는 것으로 나타났고, 건설과 광산업이 가장 낮았습니다. 또한, 임원과 관리자의 점수가 높았고, 일반 사무직과 현장 생산직은 점수가 낮았습니다.

바그하이 교수와 동료들은 통계 분석을 통하여 재무적 곤경을 겪는 기업은 실제로 인재 유출이 크게 발생하는 것을 발견했습니다. 파산 기업의 파산 전 3년에서 1년 사이에 (인지적 및 비인지적 점수가) 기업 내 상위 5% 인재들은 평균적인 직원들보다 회사를 떠날 확률이 65% 더 높다는 것이죠. 또 이 기업이 새로 채용하는 직원의 수준은 떠난 직원의 수준에 미치지 못했습니다. 아마도 회생절차를 신청하기 한참 전에 티메프를 미리 떠난 직원들이 인재였을 확률이 높은 겁니다. 물론 회사가 재무적으로 어려워서 인건비가 높은 고급 인재들을 선제적으로 줄이는 전략을 선택했을 수도 있습니다. 그걸 구분하려면 회사가 인재들을 선제적으로 해고한 것인지, 인재들이 자발적으로 떠난 것인지를 파악할 필요가 있겠죠. 그런데 바그하이 교수의 데이터에서도 자발적 이직과 해고 등의 비자발적 이직은 구분이 안 됩니다.

연구자들은 자발적 이직자의 식별을 위해서 아이디어를 짜냅니다. 먼저 이직 후 근로자의 실업 상태를 확인합니다. 꼭 그렇지는 않지만 대체로 강제 해고라면 실업 상태일 가능성이 높고, 자발적 이직이라면 그럴 가능성이 낮기 때문입니다. 이는 실업 수당 수급 여부를 확인하면 되겠지요. 또 스웨덴 노동법상의 소위 'LIFO' 규칙을 활용하는데요. 스웨덴에서는 11인 이상 기업이 인력을 감축할 때 후입선출Last-In First-Out 원칙을 지켜야 한답니다. 쉽게 말해 회사가 직원을 해고하려면 나중에 입사한 사람을 먼저 해고해야 한다는 거죠. 그렇다면 입사일 정보를 통해 직원의 실제 이직이 이 규칙에 어긋나는지를 파악할 수 있을 것이고, 이 규칙에 어긋난 퇴사는 자발적 이직일 확률이 매우 높습니다. 실제 파산 기업에서 LIFO 순서를 무시하고 조기에 퇴사하는 직원들은 대부분 상위 5% 인재들이었습니다. 이는 인재들이 위기를 감지하고 자발적으로 회사를 떠나고 있음을 보여줍니다.

    과연 탈출은 지능 순이 맞는 겁니다. 앞에서 리 교수와 동료들의 연구에서 확인했듯이 직원 이직률의 회사 미래 성과에 대한 부정적인 영향의 중요한 원천은 숙련된 인재의 이탈입니다. 이탈한 인재를 동일한 수준의 인재로 대체하지 못할 경우 성과는 더 크게 하락할 것입니다. 바그하이 교수의 연구는 재무적 곤경에 처한 회사에서의 인재 이탈 효과를 집중적으로 분석했지만, 비록 재무적인 어려움까지는 아니더라도 회사의 장기 전망에 대해 직원들이 낙관적이지 않다면 능력자들이 먼저 탈출할 것은 확실해 보입니다. 회사가 높은 이직률, 특히 높은 자발적 이직률을 반길 수 없는 이유입니다.

우리나라 기업의
이직률은 얼마나 될까?

적정 수준을 넘는 높은 이직률이 회사에 마이너스가 된다는 건 이제 동의하실 겁니다. 우리나라 기업의 이직률이 충분히 낮은 수준이라면 일정 수준의 이직률은 고인 물 현상을 방지하고, 새로운 피를 수혈한다는 측면에서 바람직할 겁니다. 이직률 정보의 중요성에도 불구하고 우리나라 기업은 직원 이직률을 공시하지 않습니다. 따라서 이직률과 이직률에 영향을 미치는 요소를 연구하기는 쉽지 않습니다. 다만 많은 대기업은 매년 자발적으로 공시하는 지속가능경영보고서에서 사회성과social performance 공시의 일부로 직원의 총 이직률이나 자발적 이직률을 공개하고 있습니다. 특히 회사가 적극적으로 관리해야 하는 지표는 자발적 이직률인데 저 같은 외부인이 자발적 퇴사와 비자발적 퇴사를 구분하는 것은 불가능합니다. 설사 정확한 퇴사 사유를 안다고 해도 질병 및 사망으로 인한 퇴직, 회사의 휴업, 폐업 등에 의한 퇴직, 정년퇴직이나 정리해고는 비자발적 퇴직으로 쉽게 분류되지만 희망퇴직이나 권고사직의 경우는 자발적 퇴직인지 비자발적 퇴직인지 애매한 면이 있습니다. 이러한 이유로 회사가 공시하는 이직률 자료는 가장 신빙성 있는 자료라고 할 수 있습니다.

| 표 4-1 | CJ제일제당의 직원 이직률 추세

단위: %

이직 및 퇴직　　　　　　　　　　　　　　　　　　보고 범위: 국내법인

구분			2021	2022	2023
총 이직률[5]			10.2	11.4	14
구성비	성별	남성	59.4	55.2	48.8
		여성	40.6	44.8	51.2
	연령별	30세 미만	34.3	34.3	39.4
		30세 이상~50세 이하	48.0	42.5	37.4
		50세 초과	17.7	23.3	23.2

자발적 이직 및 퇴직　　　　　　　　　　　　　　보고 범위: 국내법인

구분			2021	2022	2023
자발적[6] 이직률[7]			8.9	9.5	11.8
구성비	성별	남성	61.7	60.9	52.7
		여성	38.3	39.1	47.3
	연령별	30세 미만	38.6	40.3	46.7
		30세 이상~50세 이하	51.2	48.5	41.9
		50세 초과	10.2	11.2	11.4

출처: CJ제일제당 지속가능경영보고서, 2024

　　표 4-1은 2024년에 공시된 CJ제일제당의 지속가능경영보고서에서 발췌한 직원 이직률에 관한 자료입니다. 먼저 자발적 이직률과 비자발적 이직률을 합계한 총 이직률 추세를 보겠습니다. 2021, 2022, 2023년에 걸쳐 약 10.2%, 11.4%, 14%로, 지

속적으로 상승하는 추세입니다. 2023년은 총퇴직자의 약 40% 가까이가 20대 직원이 차지하고 있습니다. 회사는 보고서에 2023년 말 임직원 수를 12,103명으로 공시하고 있습니다. 그중 20대 직원 수는 2,272명이니 전체 임직원의 약 19%밖에 되지 않습니다. 전체 직원의 20%도 안 되는 20대가 전체 퇴사자의 40%를 차지합니다. 20대 직원의 퇴사는 거의 모두 자발적 퇴사로 보는 게 맞을 것입니다. 자발적 이직률 데이터는 입수가 어렵기 때문에 해고가 법적으로 매우 어려운 우리나라의 경우 총 이직률은 대부분 자발적 이직을 반영할 가능성이 높습니다.

그러나 직원 중 현장 생산직 비율이 특히 높고, 보통 정년을 채우고 퇴직하는 제조 기업, 예를 들어 기아 같은 회사는 총 이직률의 대부분을 정년퇴직자가 차지합니다. 기아는 지속가능경영보고서에서 2023년도 총퇴직자를 1,441명으로 공시하였는데, 이 중 60세 정년을 맞아 퇴직한 근로자가 1,209명으로 약 83%입니다. 2023년도 총 이직률은 4%인 반면 자발적 이직률은 0.4%밖에 되지 않아 총 이직률과 자발적 이직률의 갭이 큽니다.

CJ제일제당의 자발적 이직률을 보면 2021, 2022, 2023년에 걸쳐 약 8.9%, 9.5%, 11.8%로, 역시 지속적으로 상승합니다. 대략 총 이직률의 85%가량이 자발적 이직률입니다. 2023년 자발적 이직률이 12%에 가까우니 업계 최고 기업임을 감안하면 상당히 높은 편이라고 할 수 있습니다. 이 회사에서는 2023년 약 1,428명이 자발적으로 퇴직한 것으로 추산되는 데 그중 46.7%가 20대이니, 20대 자발적 퇴사자는 667명 정도일 것입니다. 전체 20대 직원 수가 2,272명을 감안하면 20대 직원의 자발적 퇴직률은 무려 30%에 육박합니다. 전체 자발적 이직률의 3배 가까이나 되는 것입니다. 젊은 직원들의 이직률이 압도적으로 높은 것을 알 수 있습니다. 아직은 50대가 20대 직원보다 많은 대기업이 상당수이지만 우리나라 유수의 대기업 중에서도 삼성바이오로직스같이 전체 임직원 4,500명의 평균 연령이 29.7세이며 20대 직원 비율이 무려 53%를 넘는 회사도 생기고 있습니다.

개별 기업의 사례에서 데이터를 좀 더 확장하여 우리나라 대기업의 이직률 추세를 한번 살펴보도록 하겠습니다. 우리나라 대기업은 대부분 지속가능경영보고서를 공시하고 있고, 이 중 상당수가 총 이직률이나 자발적 이직률 중 하나를 혹은 두 이직률 모두를 공시합니다. 다음 CHAPTER에서 자세히 설명하겠지만 저는 블라인드 지수 데이터를 이용한 정서적 연봉의 계산 시 데이터의 신뢰성을 위해 설문 응답자가 전년과 당년도 모두 10명 이상인 기업의 데이터만 사용합니다. 대기업의 이직률 추세를 살펴보기 위해 2022년과 2023년 모두 블라인드 지수 설문 응답자가 10명 이상인 상장기업 244개를 추출해 지속가능경영보고서와 회사 홈페이지를 검색하였습니다. 244개 기업 중 지속가능경영보고서를 발간한 기업의 수는 2016년 60개에서 2023년 180개로, 3배 증가했습니다. 보고서를 발간하지 않더라도 회사 홈페이지를 통해 고용 관련 정보를 제공한 기업들도 있는데 2023년도 고용 관련 정보가 있는 기업의 수는 197개였습니다. 이들 기업의 2023년도 평균 임직원 수는 약 5,700명 수준으로 매우 규모가 큰 대기업들임을 알 수 있습니다.

고용 관련 정보를 통해 총 이직률을 공개하였거나 이직률을 계산할 수 있는 정보를 공시한 기업의 수는 2016년 33개에서 2023년 149개로 크게 증가하였으며 자발적 이직률 공시기업 역시 2016년 15개에서 2023년 166개로 증가하였습니다. 이들 기업을 대상으로 직원 총 이직률과 자발적 이직률의 평균을 산정하여 그래프 4-1로 요약했습니다.

과거 8년 동안의 추세를 살펴보면 자발적, 비자발적 이직률 공히 유사한 추세로 변하는 것을 알 수 있습니다. 전반적으로 시간이 지날수록 이직률은 증가 추세이며 자발적, 비자발적 이식을 구분하지 않은 총 이직률은 2020년부터, 자발적 이지률은 2021년부터 급격하게 상승하는 것을 볼 수 있습니다. 두 이직률 공히 2022년도에 정점을 찍는 것을 알 수 있으며 2023년부터는 이직률이 하락하고 있으나 여전히 2021년 수준입니다.

코로나19 이후 수많은 근로자가 자발적으로 일을 그만두거

| 그래프 4-1 | **우리나라 대기업들의 총 이직률과 자발적 이직률**

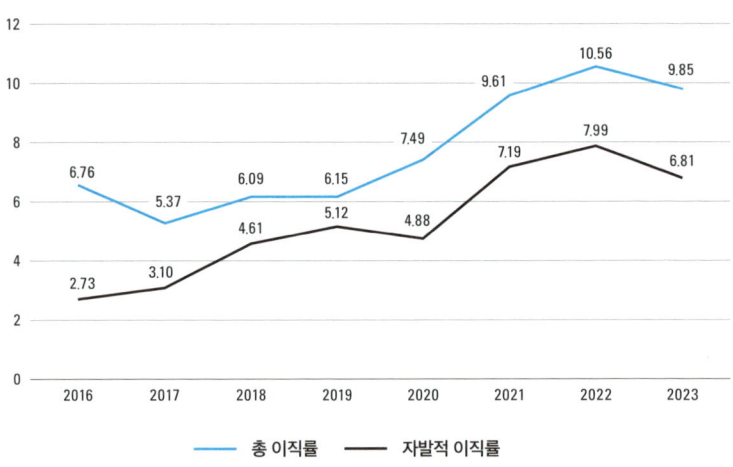

출처: 각 사 지속가능경영보고서 기반 저자 가공

나 더 나은 삶의 질을 찾아 이직한 현상을 말하는 미국의 대퇴사 시대의 절정은 한 해 동안 4,700만 명이 자발적으로 퇴사했던 2021년인데 우리나라의 경우 1년쯤 늦습니다. 자발적 이직률의 경우 2020년에서 2021년으로 가면서 무려 47%가 증가합니다. 샘플에 포함된 회사들이 선망하는 대기업임을 감안하면 직원의 이직 문제가 생각보다 심각함을 알 수 있습니다. 대기업들조차도 회사에 도움이 되는 건강한 적정 이직률 이상임은 틀림없어 보입니다.

그래도 대기업 이직률은 감당할 수 있는 수준이지만 중견, 중소기업은 어떨까요? 이런 회사들은 이직률을 공시하지 않아 외부에서는 전혀 알 수 없습니다. 그래서 제가 국민대학교 박소희 교수와 같이 진행한 연구에서는 국민연금 데이터를 파보기로 했습니다.[8] 우리나라 모든 직장인은 국민연금에 가입되어 있어 데이터의 완전성 측면에서 링크드인이나 리멤버 등을 통해 이직을 추정하는 것에 비할 바가 아닙니다. 어떤 사람들이 들고 났는지를 추적할 수는 없지만 1인 이상의 근로자를 고용한 사업장(회사)은 모두 국민연금 당연적용 사업장에 해당하기 때문에 국민연금에 의무적으로 가입해야 합니다. 사업장에서 근무하는 만 18세 이상 60세 미만의 사용자(사업주)와 근로자는 모두 사업장 가입자로 국민연금에 가입하게 되어 있습니다.

다만 총 이직률만을 산출할 수 있고, 자발적 이직만을 추릴 수가 없습니다. 그리고 정규직이 아닌 기간제 근로자까지 모두 포함되어 저희의 관심사인 정규직의 자발적 이직률보다 꽤 과대 추정됩니다. 그러나 자발적 이직률을 공시하는 대기업의 경우 대략 총 이직률의 70~75%가 자발적 이직률임을 감안할 때 대략적인 정규직의 자발적 이직률의 크기를 가늠할 수는 있을 것입니다.

그래프 4-2는 국민대학교 박소희 교수와 공저한 논문에 사용된 상장기업들의 추정 총 이직률 추세입니다. 이미 보신 대

| 그래프 4-2 | 국민연금 데이터로 추정한 우리나라 상장기업 총 이직률 추세

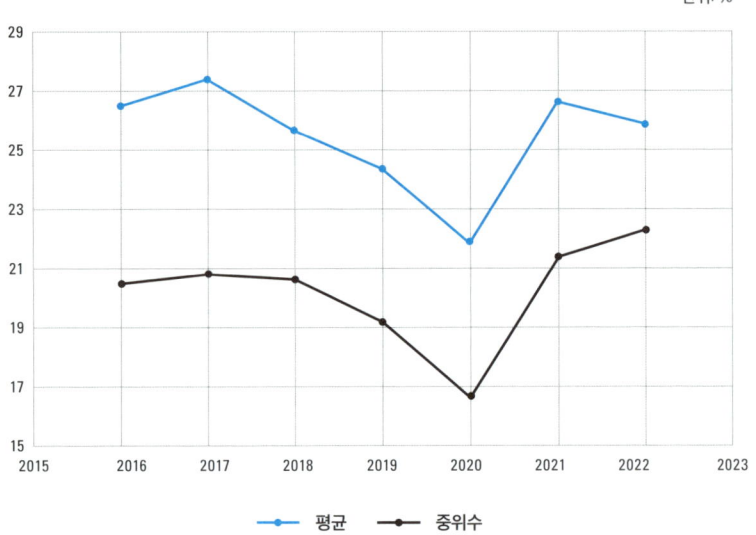

이직률					
연도	관측값 수	평균	제1 사분위수	중위수	제3 사분위수
2016	1102	**26.6**	12.8	**20.5**	31.5
2017	1138	**27.3**	12.4	**20.8**	32.9
2018	1163	**25.7**	13.0	**20.7**	31.4
2019	1245	**24.4**	12.1	**19.2**	30.1
2020	1299	**21.9**	10.2	**16.7**	26.5
2021	1280	**26.6**	13.8	**21.4**	31.9
2022	1269	**26.0**	14.6	**22.3**	32.5

출처: 저자 가공

기업 이직률 추세와 유사하게 2020년부터 총 이직률이 가파르게 상승하고 있습니다. 놀라운 건 총 이직률의 크기입니다. 대기업의 최근 총 이직률이 평균 9~11% 수준이었던 것에 반해 상장기업으로 표본을 확대할 경우 2배 이상이 됩니다. 2022년의 평균 총 이직률은 무려 26%로 1년이면 4명 중 1명의 직원이 자발적 혹은 비자발적으로 퇴사하고 있습니다. 보수적으로 이 중 70%가 자발적 퇴직이라고 할 때 자발적 이직률은 약 18%로 추산됩니다. 1년이면 5명 중 1명이 스스로 회사에서 걸어 나간다는 것입니다. 회사에 도움이 되는 적정 이직률을 대략 3~4%, 많아야 5% 수준으로 볼 때 그 3배가 훨씬 넘습니다. 바그하이 교수의 연구에서 보듯 우수한 직원이 이 정도의 비율로 퇴사한다면 회사에 끼치는 부정적인 영향의 크기는 짐작하기 어렵습니다.

표본을 코스피 소속 상장기업과 코스닥 소속 상장기업으로 나누어 보면 코스닥 기업에 비하여 코스피 기업들의 직원 총 이직률이 평균 약 10% 정도 낮은 것을 알 수 있습니다. 기업 규모가 클수록 이직률이 낮아지는 것이죠. 총자산의 규모 순으로 회사를 5개의 군으로 나누어서 이직률을 살펴보면 기업 규모의 영향은 더욱 두드러지게 나타납니다. 가장 작은 규모의 1군에 속한 기업의 평균 이직률은 약 32%인 데 반해 가장 큰 규모의 5군에 속한 기업의 평균 이직률은 약 19%에 불과합니다. 기

| 그래프 4-3 | 코스피 vs 코스닥 상장기업 총 이직률 추세

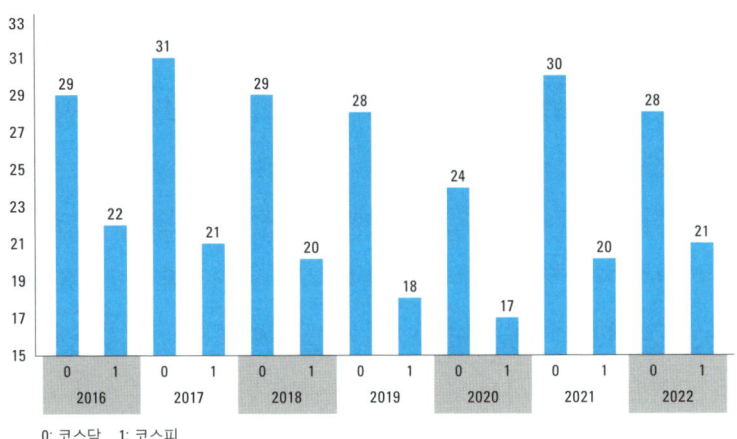

단위: %

0: 코스닥 1: 코스피

연도	2016		2017		2018		2019		2020		2021		2022	
KOSPI	0	1	0	1	0	1	0	1	0	1	0	1	0	1
평균	29.2	22.0	30.8	21.3	28.9	20.0	27.6	18.5	24.2	17.3	30.1	19.7	28.4	21.2
중위수	23.1	16.1	23.5	14.8	23.7	15.8	21.9	14.2	18.5	13.3	24.0	15.9	24.5	17.2
관측값 수	697	405	727	411	746	417	810	435	866	433	848	432	839	430

출처: 저자 가공

업 규모가 클수록 이직률은 낮아지는 것이 보입니다.

　요약하면 우리나라 기업의 자발적 이직률은 심각한 수준입니다. 대기업의 경우 이미 7%를 훨씬 상회하며 상장기업 전체로 확장하면 20% 가까이 되는 것으로 추정됩니다. 이는 회사에

| 그래프 4-4 | **총자산 규모별 상장기업 총 이직률 추세**

단위: %

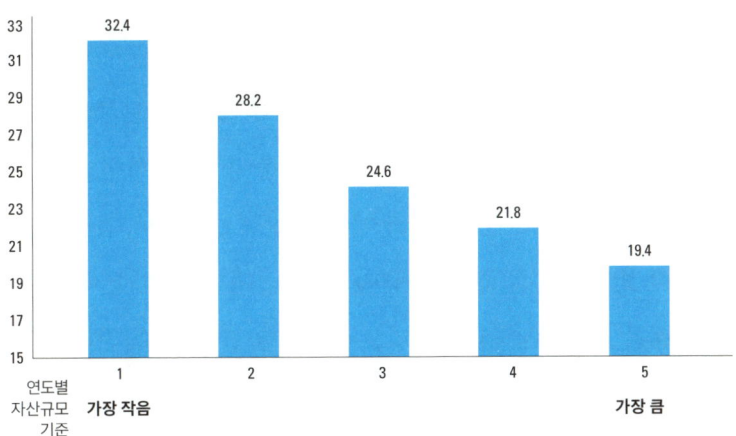

기업크기	평균	제1 사분위수	중위수	제3 사분위수	관측값 수
1	32.4	16.9	26.1	38.0	1691
2	28.2	15.1	22.4	34.4	1693
3	24.6	13.5	20.4	30.0	1697
4	21.8	11.3	17.9	27.3	1693
5	19.4	8.4	14.6	22.8	1691

출처: 저자 가공

노움이 되는 적정 이직률을 훨씬 뛰어넘는 수준이며 규모가 작은 상장기업의 경우 1년에 직원 5명 중 1명은 스스로 사표를 던지고 있습니다. 적극적인 인재 유지전략이 절실한 이유입니다.

직장인의
헤어질 결심

지금까지 우리나라 기업의 직원 이직률이 고인 물 현상을 방지하고 새로운 피를 수혈하여 회사에 도움이 되는 적정 이직률 수준을 한참 뛰어넘는 것을 데이터로 살펴보았습니다. 이직률을 낮출 방안을 시급히 강구해야 할 때입니다. 특히 한참 일할 때인 젊은 직원의 이직률이 압도적으로 높습니다. 직원의 이직률이 높아지면 모든 사장님은 돈을 좀 더 줘야 하나? 일의 양을 좀 줄여줘야 하나? 같은 생각을 합니다. 하지만 이직률을 낮추기 위해서 할 수 있는 일이 비단 이들 요인만은 아닐 겁니다. 처방을 위해서는 먼저 진단을 하고 원인을 파악해야 하듯 저희도 먼저 데이터로 회사에서 이직률이 높아지는 요인들을 알아보기로 하겠습니다.

직원은 늘 회사의 경제적 상황을 평가한다

국민대학교 박소희 교수와 함께한 연구는 국민연금 데이터를 이용해서 우리나라 상장기업의 총 이직률을 추산했다고 말씀드렸습니다. 이 자료를 이용해 어떤 기업에서 이직률이 높은지를 통계적으로 분석했습니다. 우리나라는 엄격한 법적 규제로 직원의 강제 해고가 어려워 총 이직률의 상당 부분을 자발적 이직률이 차지하는 것을 대기업의 데이터로 살펴본 바 있습니다. 또한 국민연금 데이터는 직원이 회사에 입사하면 자동으로 국민연금에 가입되며 회사를 떠나면 가입이 중단되므로 직원 이직을 정확하게 측정할 수 있습니다.

직원은 회사에 계속 머무를지를 결정할 때 이 일을 통해서 얻을 수 있는 미래 경제적 보상의 기대 가치를 고려합니다. 서울대학교 의대 교수 출신으로 현재 더불어민주당 국회의원으로 있는 김윤 씨는 2024년 2월 매일경제신문에 기고한 칼럼에서 의사의 생애 소득은 140억 원인 반면 대기업 직원은 20억 원 정도에 불과하다고 주장합니다. 한국 사회의 의대 몰빵 현상은 너무 당연하다는 것이죠. 회사에서 미래에 얼마의 돈을 받고(명시적 청구권), 얼마나 오랫동안 일할 수 있을 것인가(암묵적 청구권)를 합쳐서 회사에 대한 직원의 경제적 청구권 economic claim이라고 합니다. 임금 수준도 중요하지만 얼마나 오랫동안 고용되는지도 중요하니 직원은 고용 안정성을 위해 회사의 미래 경제적 상황을 지속적으로 평가합니다.

직원이 인식하는 임금 상승에 대한 전망과 고용 안정성은 기업의 재무적 전망과 밀접하게 연관됩니다. 앞서 바그하이 교수와 동료들의 연구에서 보았듯 기업의 재무적 곤경은 임금 삭

감이나 인력 감축을 통해 직무 불안정성을 높입니다. 회사의 파산이나 회생 신청 훨씬 전부터 직원의 이직 러시가 시작되는 건 우연이 아닙니다. 따라서 직원은 기업의 재무 상태를 지속적으로 모니터링하고 필요할 경우 이직과 같은 선제적 조치를 취합니다.

재무적으로 어려운 기업뿐만 아니라 재무적으로 건강한 기업에도 해당될 수 있습니다. 기업의 재무 상태가 변하면 최초 입사 시 직원이 갖고 있던 기대치와 차이가 생기고, 이에 따라 직원의 잔류 의사 결정도 영향을 받을 수 있습니다. 스탠퍼드대학교의 에드 드한Ed deHaan 교수와 동료들은 글래스도어 데이터를 사용하여 직원은 기업의 이익 공시를 통해 회사에서 기대할 수 있는 경제적 보상 수준을 업데이트하며 부정적인 실적 발표를 접한 후에는 새로운 잡서치 등 이직을 위한 활동이 활발해진다는 사실을 보여주었습니다.[9] 즉 기업의 재무적 변화는 직원들의 집단적 이직률에 큰 영향을 줄 수 있습니다.

어떤 기업에서 직원 이직률이 높은지를 통계적으로 분석하기 위하여 저희는 2016년부터 2022년까지의 한국 상장기업 기업-년 데이터 관측치 7,754개를 사용했습니다. 기업-년 데이터란 분석 대상 표본 기업의 개수와 해당 기업이 표본에 나타난 기간을 모두 고려하는 개념으로 예컨대 5개 기업의 1년 치 데이터가 있거나 1개 기업의 5년 치 데이터가 있으면 기업-년 관측치는 모두 5개가 됩니다.

  이 데이터를 사용하여 기업 이직률을 결정하는 요인을 분석해 보니 신생 기업일수록, 이익률이 낮을수록, 주가 수익률이 낮을수록, 유형자산 의존도가 낮을수록, 매출액 대비 연구개발 비율이 낮을수록, 적자 기업일수록, 현금 흐름 변동성이 높을수록, 여성 직원 비율이 높을수록, 정규직 직원 비율이 낮을수록, 직원 1인당 평균 연봉이 낮을수록 기업의 이직률은 높게 나타났습니다. 전체 이직률 변동의 23.3%가 이러한 기업 특성에 의하여 설명되었습니다. 다시 말하면 현재 임금 수준이 낮고, 재무성과가 좋지 않고 성과의 변동성이 크며 회사의 미래 재무 전망이 좋지 않으리라고 예상되는 기업에서 이직률이 높게 나타납니다. 회사가 지속적인 재무성과를 통해 직원의 임금 상승 및 고용 안정성에 대한 우려를 불식시키는 것이 이직률을 낮추는 데 무엇보다 중요하다는 것이지요.

이직을 부르는 요인들

그러나 경제적인 요인만으로 직장인이 이직하는 건 아닙니다. 이직의 원인은 사람마다 다르고 여러 요인에 의해 영향을 받습니다. 2024년 《하버드 비즈니스 리뷰》의 〈직원들은 왜 떠나는

가?〉 기사는 사람들이 이직을 결심하게 되는 기능적, 사회적, 감정적 요인을 분석하여 다음과 같이 정리합니다.[10]

현 직장에서의 이직을 부추기는 요인들 Push Factors
- 현재 회사가 어려움을 겪고 있고 미래가 불안정할 때
- 현 직장의 동료나 상사를 신뢰하거나 존중하지 못할 때
- 현재 자신이 하는 일이 회사, 세상 또는 자신의 삶에 영향을 미치지 않는다고 느낄 때
- 현 직장 상사의 일상적인 관리 방식이 지칠 때
- 현 직장에서 새로운 상사와 다시 처음부터 관계를 구축해야 할 때

새 직장으로의 이직을 유도하는 요인들 Pull Factors
- 새 직장에서 일과 삶의 균형을 찾을 수 있을 때
- 새 직장에서 자신의 가치관과 신념이 회사 및 동료들과 일치할 때
- 새 직장에서 경력 발전의 기회를 제공하는 환경을 찾을 때
- 새 직장에서 업무의 의미와 성취감을 느낄 수 있을 때
- 새 직장에서 존중받고 신뢰받는 환경에서 일할 수 있을 때
- 새 직장에서 조직이 자신의 경험과 자격을 인정해 줄 때

현 직장에서 탈출하도록 부추기는 요인에는 회사의 재무적인 어려움이 물론 포함되어 있지만 단지 이뿐만은 아닙니다. 《하버드 비즈니스 리뷰》 기사가 언급하는 탈출을 부추기는 다른 요인들이나 새 직장으로 이직을 유도하는 요인들은 CHAPTER 3에서 살펴본 블라인드 지수의 구성 요소들과 잘 매핑되는 것을 알 수 있습니다. 현 직장에서 상사 관계, 동료 관계가 만족스럽지 못하고 업무 중요도가 낮다고 느낄 때 헤어질 결심을 하게 됩니다.

이직을 고려하는 새로운 직장에서 자신의 유능감에 영향을 주는 업무 의미감, 성장감, 인정과 존중을 한층 더 느낄 수 있다고 생각할 때, 그리고 이직을 고려하는 회사의 워라밸이 만족스럽고 영화 속의 제리 맥과이어처럼 회사의 철학과 개인의 신념이 일치한다고 느낄 때 새로운 직장으로의 이직을 결심하게 되는 것입니다. 이러한 직장인의 정서적 대우에 대한 요구를 심리적 청구권psychological claim이라고 부릅니다. 경제적 요인과 정서적 요인이 공히 직장인의 이직 동기에 강력하게 작용하며 회사가 이직률을 낮추기 위해서는 연봉과 고용 안정성은 물론 '일할 맛'을 높여야 하는 것입니다.

글로벌 직원 경험 및 보상 소프트웨어 기업인 'Achievers'의 연구소인 'Achievers Workforce Institute AWI'에서 발간한 2024년도 직원 몰입 및 유지 보고서Employee Engagement and

Retention Report를 살펴보겠습니다.[11] 이 보고서는 미국의 직장인 이직률은 2021년 대퇴사 시대를 맞아 절정에 이른 후 안정화되었으나 여전히 높은 수준을 유지하고 있음을 지적합니다. 설문 응답자들은 코로나19 팬데믹 이전보다 여전히 높은 이직 의향을 보이고 있으며 2024년은 직원 5명 중 2명이 적극적으로 새로운 직장을 찾을 계획으로 조사되었습니다.

보고서는 직원들이 직장을 떠나거나 머무르려는 주된 이유를 그래프 4-5와 같이 제시합니다. 직원들의 경제적 부담이 증가하면서 금전적 보상에 대한 불만족이 현 직장을 떠나려는 가장 중요한 요인으로 부상한 것을 보여줍니다. 그다음은 경력 성장, 근무 유연성, 업무에 대한 인정, 조직문화와 가치에 대한 불만 순으로 이어집니다.

이 연구소에서 이직에 관한 설문 조사를 한 지 6년 만에 처음으로 경력 성장, 근무 유연성을 제치고 금전적 보상에 대한 불만이 직장을 떠나려는 가장 중요한 이유로 부상한 것이 주목할 만합니다. 반면 2023년에는 근무 유연성에 대한 불만이 가장 중요한 이유였습니다. 그렇다면 최근 이직을 막기 위해서는 연봉 상승이 기업이 돌릴 수 있는 가장 효과적인 다이얼이라는 얘기인데요.

그런데 그래프 4-6은 직원의 경제적 어려움이 이직 의도에 미치는 영향에 대한 흥미로운 분석 결과를 보여줍니다. 설문

| 그래프 4-5 | 직원들이 직장을 떠나려는 혹은 머무르려는 주된 이유

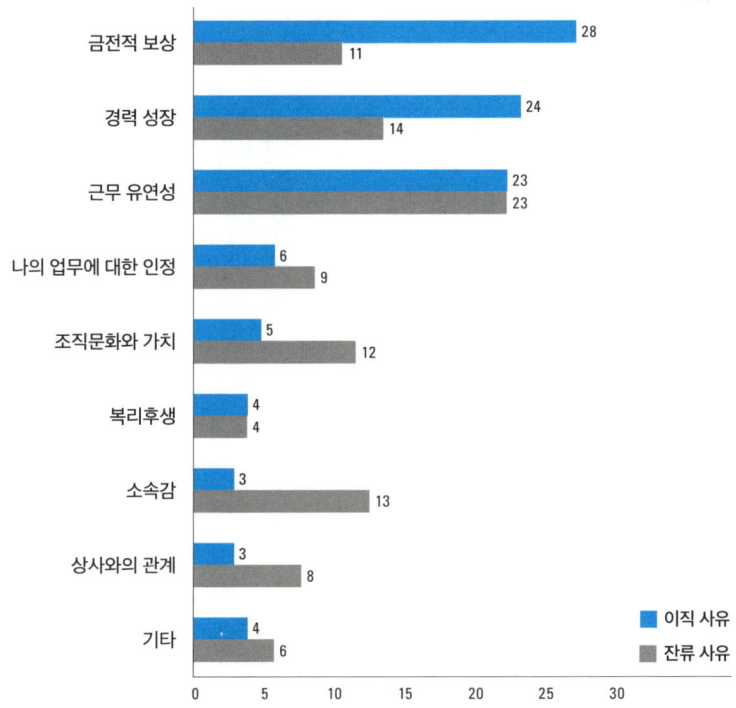

출처: Achievers Workforce Institute, 직원 몰입 및 유지 보고서, 2024

응답자를 4개의 그룹으로 나누어보면 응답자들의 24%는 생활비를 감당하기 어렵다, 48%는 철저한 예산 관리가 필요하다, 22%는 현재 급여로 편안한 생활이 가능하다, 7%는 현재 급여로 미래 저축까지 가능하다고 답했는데요. 분석 결과 직장인들이 경제적으로 어려울수록 이직을 결정할 때 연봉 수준에 대한

| 그래프 4-6 | 당신이 2024년에 이직한다면 주요 원인은 무엇인가?

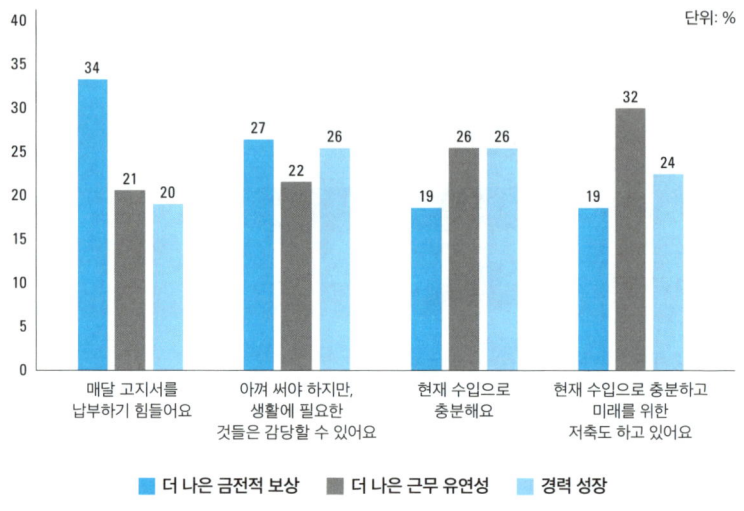

출처: Achievers Workforce Institute, 직원 몰입 및 유지 보고서, 2024

고려가 큰 영향을 미치는 것을 알 수 있습니다.

현재 급여 수준으로 편안한 생활이 가능하거나 미래 저축까지 가능한 응답자는 이직 결정에 있어 근무 유연성이나 경력 성장이 금전적 보상보다 더 중요한 역할을 합니다. 이 결과는 매슬로우의 욕구 계층 이론이 말하듯 생활에 필요한 수준의 임금living wage을 먼저 보장하는 것이 중요하며 그 이후 정서적 연봉을 높이는 것이 이직 방지에 더 효과적인 전략일 수 있음을 보여줍니다.

보상의 구조를 바꾸면
이직을 덜 할까?

직원이 떠나는 이유를 파악했으니 이제 기업이 직원 이직을 줄이기 위해 구체적으로 해볼 방안에 대해서 생각해 보죠. 경쟁력 있는 보상을 제공하는 것이 그 첫 번째일 텐데요. 말씀드린 대로 보상 수준은 기업의 지급 여력과 보상 여력에 따라 제한을 받을 수밖에 없습니다. 그렇다면 같은 수준의 보상이라도 이직을 막는 데 보다 효과적인 구조는 어떤 모습일까요?

구글, 애플, 마이크로소프트, 엔비디아, 메타, 아마존 등 미국의 글로벌 빅테크 기업의 경우 직원 전체 연봉에서 장기성과급LTI인 주식 보상이 차지하는 비중이 높습니다. 스톡옵션, 양도제한조건부주식, 스톡그랜트 등의 주가 연계 장기 보상은 기업의 주가와 직원의 보상을 연계시킴으로써 주주-직원 사이의 인센티브를 정렬align시킵니다. 또한 대리인 문제를 줄이고 목적 정합성을 높여 직원에게 기업가치 향상을 위해 노력하고자 하는 강력한 동기부여를 제공하고, 단기적인 시각보다 장기적인 시각을 갖게 하며 기업의 장기저인 성장을 직원과 공유할 수 있습니다.

이렇듯 주식 보상은 여러 가지 장점이 있지만 특히 인재의 유지retention 측면에서도 효과적입니다. 일정 기간 이상 근속한 직원만 혜택을 볼 수 있는 가득vesting 요건으로 인재의 이탈을 막을 수 있지요. 글로벌 테크 기업에서 가득 요건을 가진 주식 보상 제도는 핵심 인재를 유지할 수 있게 하는 가장 중요한 방법입니다.

예컨대 구글의 경우 모든 직원에게 4년의 가득 기간을 가진 양도제한조건부주식을 부여하며 이는 직원 연봉의 약 30% 정도를 차지하고 있습니다. 직원은 가득 기간이 되기 전에unvested 회사를 떠나면 부여된 스톡옵션이나 양도제한조건부주식이 취소되기 때문에 막대한 경제적인 손해로 인해 자발적 이직을 억제하는 강력한 도구가 되는 거죠. 자발적 이직이든 해고이든 가득 기간이 되지 않았다면 해당 주식 보상은 취소됩니다.

아마존은 임직원들에게 기본급 이외의 성과급은 주식으로만 보상하고 있습니다. 임원의 경우 장기성과급은 2년마다 양도제한조건부주식 방식으로 부여하는 데 부여 시 지급 일자 및 지급 수량을 확정하여 5~6년간 분할 지급합니다. 특히 임원이 장기적으로 주가 상승에 기여하도록 독려하고자 총 주식 수의 70% 이상을 3년 차 이후에 지급되도록 설계합니다. 부여된 양도제한조건부주식을 모두 받기 위해서는 그 지급이 예정된 기간 동안 근속을 해야 하는 것이지요. 소위 황금수갑golden handcuffs을 채우는 것입니다. 주식 보상 때문에 반도체 인재전쟁 속에서도 엔비디아의 이직률은 주가 상승과 높은 연봉에 힘입어 최근 2.7%까지 낮아졌다고 알려져 있으며 대만 TSMC의 이직률은 삼성전자의 절반 수준이라고 합니다.

이에 반해 단기 재무성과에 기반한 현금성과급이 주를 이루는 우리나라 기업에서는 직원 보상은 물론 임원 보상에서도 주식 보상은 흔하지 않습니다. 최근까지 CEO 보상에서도 글로벌 스탠다드로 자리 잡은 주식 보상을 전혀 사용하지 않던 삼성전자가 대표적입니다. 2024년도 삼성전자 사업 보고서를 보면 CEO 한종희 부회장에게 2024년 지급된 기본급과 성과급을 합산한 총연봉은 52억 원인데 모두 현금으로 지급되었습니다. 삼성전자의 경우 임원, 직원 공통으로 TAI Target Achievement Incentive와 OPI Overall Performance Incentive라는 단기 현금성과급이 지급되며 임원의 경우 3년 동안의 자기자본이익률 ROE, 세전 이익률, 주가 수익률을 경쟁사 대비 달성도로 평가하여 연간 최대로 연봉의 100%를 지급하는 장기성과급 제도가 있으나 지급은 모두 현금으로 하고 있습니다. 다만 장기성과급을 받기 위해서는 평가대상 기간 3년 중 2년 이상 근무하도록 하여 임원의 이탈을 방지하고 있습니다.

현금 보상만을 사용하던 삼성전자도 드디어 2025년 1월부터 임원의 경우 OPI를 받을 때 일부를 반드시 주식으로 받도록 하고 있습니다. 상무는 OPI 지급액의 50% 이상, 부사장은 70% 이상, 사장은 80% 이상을 자사주로 받아야 하며 등기 임원의 경우 100%를 전부 자사주로 받아야 합니다. 실제로 주식이 지급되는 건 2026년 1월이며 상무와 부사장은 지급일로부터 1년간, 사장 이상은 지급일로부터 2년간은 매도가 금지됩니다. 이러한 삼성전자의 변화는 주주들의 요구에 더하여 최근 SK, 한화 등 일부 그룹을 중심으로 주식 보상이 활발하게 사용되고 있는 것에 자극받은 걸로 보입니다.

SK그룹의 경우 성과 보상은 임원의 경우 LTI, TI, PS로 나누어지며 직원의 경우 TI와 PS가 있습니다. SK그룹은 2004년부터 집단성과급IB, Incentive Bonus제도를 도입하였고, 2010년부터는 전 계열사에 걸쳐 삼성전자의 OPI와 유사하게 회사의 경제적 부가가치에 기반하여 직원의 경우 연봉의 50%까지, 임원의 경우 연봉의 80%까지 지급하는 PS제도를 도입하였습니다. TI(SK하이닉스는 PI)는 재무제표·사회적 가치·전략 지표의 목표 달성도에 따라서 연봉의 10%까지 지급됩니다. 따라서 직원의 성과 보상은 단기 재무성과에 기반한 현금성과급을 지급하는 삼성그룹과 유사하다고 할 수 있습니다.

그러나 SK그룹은 최근 주가가 곧 회사의 미래가치라는 전제하에 임직원들이 매출과 영업 이익 등 단기 재무성과 중심 시각에서 벗어나 주인 의식과 책임 경영을 강화하고 장기 성과를 견인할 수 있도록 주식 기준 보상을 대폭 강화하고 있는 것이 주목할 만한 점입니다. 특히 임원 성과 보상에서 기업가치

연계·주식 기준 보상이 강조되고 있습니다. CEO와 핵심 임원의 경우 연봉의 300~500%가 스톡옵션으로 부여되며 그 외에도 임원 보상에 스톡그랜트, 주가차액보상권SAR, 성과연동주식 PSU 등 다양한 주식 보상이 사용됩니다.

삼성전자 반도체DS 부문의 경쟁사인 SK하이닉스의 경우를 자세히 살펴보겠습니다. 임원의 경우 가장 중요한 LTI는 주가차액보상권입니다. 모든 임원에게 적용되며 매년 가상주식을 부여, 과거 3년간의 주가 증분을 현금으로 지급하는 것으로서 매년 지급 금액은 연봉의 100%를 한도로 연봉 3년간 주가 상승율로 계산됩니다(하락 시 미지급).

예를 들어 SK하이닉스 주가는 2021년 1월 초에 118,500원, 2024년 1월 초에 137,500원으로 약 16% 상승했습니다. 이 경우 SK하이닉스 상무 초임 연봉 2억 1,000만 원에 16%를 곱하여 약 3,400만 원의 현금이 2024년 초에 지급됩니다. 추가로 등기 임원의 경우 총 주주수익률TSR, Total Shareholder Return을 기반으로 한 주가차액보상권이 별도로 부여됩니다. 부여 대상자 연봉의 일정 비율에 해당하는 주식(가상)을 3년 대기 4년 내 행사 조건으로 부여히며, 행시할 때 부여 시 기준 주가보다 상승할 경우 경쟁 기업과의 상대적 성과를 반영한 TSR 상승분과 부여 주식 수를 곱한 금액에 해당하는 주식을 지급합니다. 또한 현금성과급의 일부를 자발적으로 자사주로 부여받는 주주참여프로그램을 실시하고 있으며 이에 참여한 임원은 스톡그랜트를 받습니다.

2023년부터는 주식 기준 보상으로서 성과연동주식을 핵심 임직원 대상으로 부여하고 있습니다. 부여 대상자 연봉의 일정 비율에 해당하는 주식 수의 유닛Unit을 매년 부여하고, 3년 후 '기업가치 제고 활동 성과'를 반영하여 보통주로 지급합니다. 기업가치 제고 활동 성과는 시가 기준 주식의 절대적 주가 증감률을 기반으로 코스피 200 대비 상대적 주가 증감률을 가감하여 책정합니다. 절대적 주가 증감률 +100% 및 코스피 200 대비 상대적 주가 증감률을 +50%p를 달성할 경우, 획기적 성과를 인정하여 부여한 유닛의 100% 상당의 부여 주식 수를 추가로 지급할 수 있습니다.

기업가치 연계 보상의 경우 주로 임원이 대상이나 2021년도 초 SK하이닉스 성과급 사태가 발생한 직후 전 임직원을 대상으로 스톡그랜트를 지급하였으며 현금성과급의 일부를 자발적으로 자사주로 수령할 수 있는 주주 참여프로그램에 상당수의 직원(2023년도 참여 임직원 총 5,600명)이 참여하고 있습니다. 또한 주식매입리워드 프로그램은 직원이 SK하이닉스 주식을 매입, 보유하고 있으면 매입 금액의 15%를 현금으로 지원해줌으로써 직원의 주식 보유를 장려하고 있습니다. 2023년부터 실시된 성과연동주식 역시 임원뿐 아니라 직원 중 핵심 인재를 대상으로 부여합니다. 이렇듯 핵심 인재는 물론 주식 보상을 선호하는 일반 직원도 PI·PS 등 단기 재무성과에 기반한 현금 성과급을 보완하는 주식 기반 보상을 받을 기회를 부여하고 있습니다.

업종은 다르지만, SK이노베이션의 경우 2022년부터 대기업 최초로 모든 직원에게 적용되는 사원 장기성과급제도인 밸류셰어링Value-Sharing을 실시하고 있습니다. 주가차액보상권 개념을 이용한 직원 대상 장기성과급제도이며 직원에 대한 단기 매출·이익 기반의 현금 보상이 주를 이루는 국내 대기업으로는 드물게 직원 보상의 일부를 회사의 장기주식성과(3년)와 연동시키고 있습니다.

밸류셰어링은 연봉의 50%까지 지급되는 PS 중에서 연봉의 20%를 별도로 떼어 가상주식을 부여하고, 부여 후 3년간 주가 상승분의 8배를 3년 후 최대 연봉의 40%까지 지급합니다. 3년간 주가 상승률이 25%, 즉 연평균 8% 주가가 상승했을 때 원금의 2배를 현금으로 지급하는 현금 결제형 주식 보상 제도입니다. 특히 주가차액보상권의 특성상 3년 후 SK이노베이션 주가가 하락할 경우 3년 전 LTI용으로 떼어놓고 수령하지 못했던, 연봉의 20%에 해당하는 PS가 모두 사라지게 되는 문제를 보완하기 위하여 회사는 코스피 200 수익률과의 상대평가를 통해서 SK이노베이션 주가와 코스피 200지수가 둘 다 하락할 경우

| 그림 4-1 | **SK이노베이션 밸류셰어링 제도의 개요**

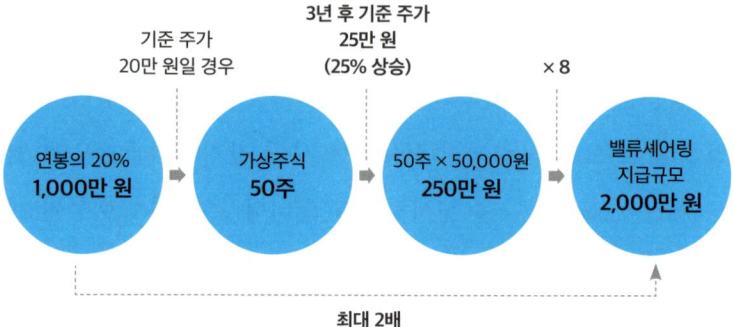

출처: SK이노베이션 내부 자료

하락한 코스피 200지수 수익률을 초과한 초과수익률의 절반을 주가 상승률로 간주하는 세이프가드safeguard 제도를 도입하여 구성원들의 우려를 잠재우고 있습니다.

한화그룹의 경우 파격적으로 긴 가득 기간을 가진 양도제한조건부주식의 사용이 특징입니다. 2020년 CEO·부사장급에 처음 도입된 한화의 양도제한조건부주식은 2021년에는 전 임원을 대상으로, 2024년에는 팀장급 직원들에게도 도입되었습니다. 한화, 한화솔루션, 한화오션, 한화시스템, 한화에어로

스페이스, 한화생명, 한화손보 등 여러 계열사에서 사용됩니다. CEO급은 연봉의 200%, 부사장급은 100%, 상무급은 최대 100%에 해당하는 주식을 매년 부여(지급 약정)하며 팀장급은 팀장 수당에 해당하는 주식을 부여받습니다. 매년 부여 시 개인별 지급 약정을 체결하고 CEO급은 10년, 부사장급은 7년, 상무급은 5년, 팀장급은 3년 경과 시 실제 주식을 지급합니다. 최대 10년이라는 매우 긴 가득 기간이 특징입니다. 임원은 언제 집에 갈지 모르는 데 5~10년의 가득 기간이 너무 길지 않냐고요? 한화 양도제한조건부주식의 경우는 중간에 퇴사하더라도 지급 약정된 시점에 주식을 지급하는 점이 독특합니다. 인재 유지 측면에서는 효과적이지 않을 수 있으나 계약직에다가 해고가 빈번한 임원의 특성상 매우 긴 가득 기간을 감안하면 부득이한 선택으로 보입니다.

예를 한번 들어보겠습니다. 표 4-2에서 보듯 한화그룹의 홍길동 부사장은 2020년 1월 1일, 기본 연봉 6억 원의 100%에 해당하는 RSU를 부여받았습니다. 흥미로운 건 6억 원의 절반인 3억 원은 주식으로, 나머지 3억 원은 주식가치연동현금으로 약정 기간 후 지급된다는 것입니다. 2019년 12월 종가 평균으로 산정된 기준 주가가 23,000원이므로 7년 후, 13,043주의 지급이 약정되고, 3억 원의 현금 지급이 약정됩니다. 7년 후 회사의 주가가 2배가 되어 주당 46,000원이 되었다고 가정하겠습

| 표 4-2 | 한화그룹의 임원 양도제한조건부주식 지급 예시

기본 연봉 6억 원, 한화그룹 부사장 홍길동

2020년 RSU 부여	기준 주가: 23,000원
총 주식 수	13,043주
주식가치연동현금	3억 원
부여 시점 (기준 주가: 2019년 12월 한 달간 종가 평균)	2020년 1월

2027년 RSU 지급	지급 시점 주가: 46,000원(가정)
지급 시점 (지급 시점 주식가치: 2026년 12월 한 달간 종가 평균)	2027년 1월
총 지급 주식 수(부여된 주식 수와 동일)	13,043주
총 현금 지급(주식가치연동현금)	6억 원

- 개인에게 지급되는 현금은 주식지급분과 현금 지급액에 대한 세금을 원천징수하고 남은 차액 지급
  근로 소득세: (12억 원×45%)-0.66억 원(누진 공제액)=4.74억 원
  주식 13,043주와 현금 1.26억 원 실수령

출처: 저자 가공

니다. 약속된 대로 13,043주가 지급되며(6억 원의 가치) 주식가치연동현금은 약정된 3억 원의 2배인 6억 원이 지급됩니다. 그러나 홍길동 부사장은 지급된 주식과 주식가치연동현금 총 12억 원에 대한 근로 소득세를 납부하여야 합니다. 근로 소득세가 4.74억 원으로 예상되므로 2027년 1월 1일 실제 홍 부사장

이 받는 보상은 주식 13,043주와 현금 6억 원에서 소득세를 차감하고 남은 1.26억 원을 받게 될 것입니다.

이제 한화그룹이 RSU 금액의 절반은 현금으로 지급하는 이유를 짐작하시나요? 12억 원을 모두 주식으로 지급할 경우 5억 원에 가까운 세금을 납부하여야 하는 홍 부사장은 수령한 주식 일부를 매도하여야 할 겁니다. 많은 임원이 소득세 납부를 위해 주식을 매도하여 주가에 하방 압력을 주는 상황을 피하고자 생각해 낸 방법입니다.

정서적 요인은 이직률에 어떤 영향을 줄까?

인재 유지를 위한 금전적 보상의 설계에 대하여 자세히 살펴보았습니다. 회사는 직원의 회사 미래 전망에 대한 우려를 불식시키기 위하여 지속 가능한 재무성과를 냄으로써 경쟁력 있는 보상을 하고 고용 안정성을 높이며 인재 유지에 효과적인 보상 제도 설계를 통해 이직률을 낮출 수 있습니다. 이에 더해 이직률을 낮추는 데 정서적 요인들도 매우 중요하다는 점을 강조했습니다.

이러한 정서적 요인들은 얼마나 중요할까요? 구체적인 사

| 그래프 4-7 | 서울대학교 교수 이직 인원 추이

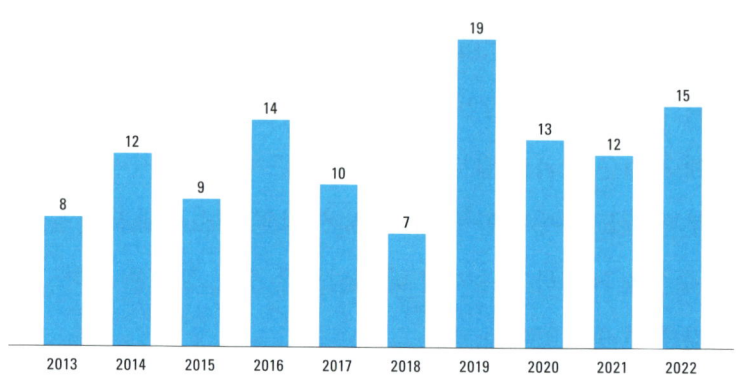

출처: 국립 서울대 법인의 교원임금체계 혁신에 관한 연구보고서, 2024

례를 들어 살펴보도록 하겠습니다. 자발적 이직률이 낮은 조직은 많습니다. 제가 근무하는 서울대학교도 교수의 자발적 이직률이 낮기로 유명하죠. 외국대학으로 이직하거나 국내 다른 대학으로 석좌 교수 등 특별한 대우를 받고 이직하는 경우도 있고, 기업이나 연구소 등 직종을 옮겨서 이직하는 경우도 늘어나고 있습니다만 매년 그만두는 교수가 15명을 넘지 않습니다. 2023년 4월 기준 서울대학교의 교수 현원은 2,228명입니다. 2022년에 15명의 교수가 떠났으니 자발적 이직률은 0.7%가 안 됩니다. 최고의 공기업이라는 한국전력의 2023년 자발적 이직률 0.8%보다도 낮은 수준입니다. 좋은 직장임이 틀림없죠.

| 표 4-3 | 2021년도 국내 주요 대학과 서울대학교 교원 평균 연봉 비교

단위: 천 원

	카이스트 (QS42위, 2017)	포스텍 (QS71위)	연세대 (QS73위)	고려대 (QS74위)	성균관대 (QS 99위)	서울대 (QS 29위)
정교수	140,940	164,092	184,701	158,310	190,271	121,735
부교수	105,990	117,602	136,138	123,436	148,047	99,628
조교수	84,080	93,023	108,222	75,411	95,702	84,481

출처: 한국교육개발원 보고서, 2022

이렇게 교수 이직률이 낮은 이유는 무엇일까요? 과연 교수가 철밥통이라서 그럴까요? 연봉이 어마어마하게 높아서일까요? 확실한 건 연봉이 높아서는 아닌 것 같습니다. 표 4-3은 2021년도 기준으로 국내 주요 대학과 서울대학교의 교원 평균 연봉을 비교한 자료입니다. 카이스트의 경우 2018년 이후 교원 임금을 공개하지 않아 2017년 자료가 사용되었습니다. 표에서 나타나듯 서울대학교 교수의 임금 수준은 타 대학 동일 직급 임금보다 많게는 연 7천만 원, 적게는 900만 원이 낮습니다. 정교수를 기준으로 서울대학교 교원의 연봉은 국내 주요 대학 교원 연봉이 63~76% 수준에 그칩니다. 보통 나이가 45세 이상인 서울대학교 정교수 평균 연봉이 삼성전자 13만 명 직원 1인당 평균 연봉보다 낮으니, 서울대 교수 연봉이 높아서 이직률이 낮다고 얘기하기는 어렵습니다. 그러니 '연봉이 전부는 아니다.

서울대학교 교수들에게는 돈으로 환산할 수 없는 좋은 뭔가가 있다'라는 것을 짐작할 수 있습니다.

저만 해도 15년 전, 미국 대학에서 서울대학교로 이직하면서 연봉이 많이 하락했습니다. 물론 낮아진 연봉을 상쇄할 요인들이 있기 때문에 이직을 했을 텐데요. 내 나라에서 가족과 가까이 살 수 있다는 점이 가장 중요했지만, 국내 최고 대학의 교수라는 명예도 한몫했을 것이고, 한국에서 가장 우수한 학생들을 가르칠 수 있다는 점도 강점 중 하나였습니다. 교수라는 직업이 일반 직장인보다 업무 자율성이 매우 높으며 7년에 한 번 연구에 전념할 수 있는 연구년이 주어지니 워라밸도 훌륭한 편입니다(이 책도 연구년을 이용하여 쓰고 있습니다). 연구와 저술 활동을 통해서 새로운 지식을 창출하고 학생들과 기업 임원 및 실무자들을 교육하고 자문하면서 큰 보람을 느낍니다. 업무 자율성, 워라밸, 업무 의미감 측면에서 탁월한 경쟁력이 있습니다. 이름 석 자를 걸고 일하니 제 성과를 뺏길 일도 없고, 교수는 딱히 상사가 있는 것도 아니라서 상사 스트레스도 없습니다. 주변 동료 교수들과 제자들이 너무 뛰어나서 스트레스를 받기는 하지만 최고의 동료가 최고의 복지니, 행복한 고민입니다. 그리고 타 대학과 비교하면 무엇보다 서울대학교 교수라는 브랜드가 주는 무형의 혜택을 직간접적으로 보고 있습니다. 이러한 정서적 요인들을 돈으로 환산하면 상당할 텐데 다만 환산이 쉽지 않을 뿐이지요.

하지만 대학과 기업의 이직률을 단순히 비교하기는 어렵습니다. 정년 보장을 받게 되면 많은 경우 한 학교에서 65세까지 근무하는 교수들과(요즘 젊은 교수들은 이직을 많이 하긴 하지만) 기업의 임직원들은 처한 환경이 아주 다르죠. 회사원은 회사원끼리 비교하는 것이 좋습니다. 특히 같은 그룹의 다양한 계열사들을 비교하면 좀 더 정확한 비교가 가능할 것입니다.

그러면 우리나라 4대 그룹 중 하나인 LG그룹의 주요 계열사들의 자발적 이직률과 블라인드 지수 간의 관계를 한번 살펴보겠습니다. CHAPTER 3에서는 우리나라를 대표하는 8개 기

| 그래프 4-8 | **우리나라 대표 기업들의 2023년도 블라인드 지수**

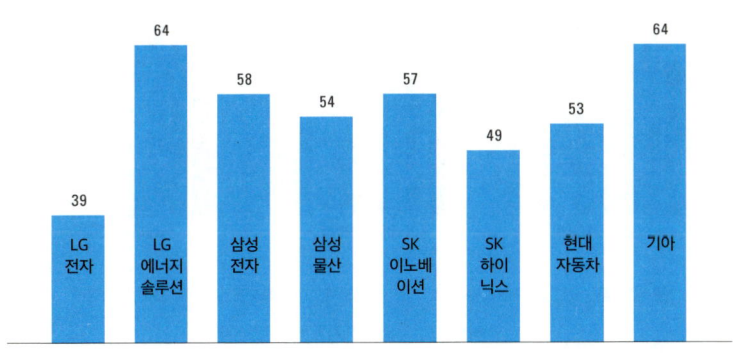

출처: 저자 가공

업의 누적 블라인드 리뷰 점수를 살펴보았는데요. 누적 점수라서 최신 트렌드를 반영하지 못하고 항목이 제한적이라 한계가 있습니다. 먼저 이 8개 기업의 2023년도 블라인드 지수 총점과 항목별 점수를 정리해 보았습니다.

우리나라를 대표하는 8개 기업 중 누적 블라인드 평점이 가장 높은 기업은 기아였던 걸 기억하실 겁니다. 2023년도 블라인드 지수 역시 기아와 LG에너지솔루션이 공동 선두를 달리고

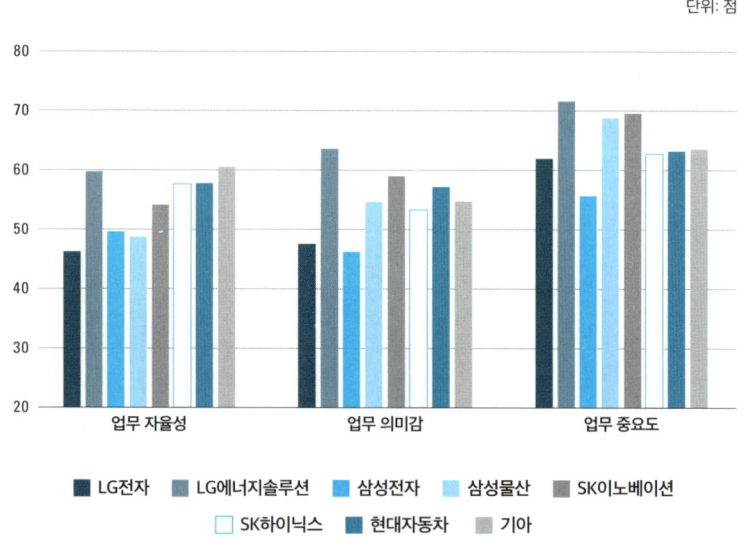

| 그래프 4-9 | 우리나라 대표 기업들의 2023년도 블라인드 지수 중 업무 관련 항목 점수

출처: 저자 가공

그 뒤를 삼성전자가 따르고 있습니다.

업무, 관계, 문화 영역의 세부 항목별로 살펴보겠습니다. 각 그래프의 가장 왼쪽에 있는 LG전자와 그 바로 오른쪽의 LG에너지솔루션을 비교해 보시면 흥미롭습니다. 업무 관련 변수 3가지에 있어 LG에너지솔루션은 업무 의미감과 업무 중요도 측면은 8개 기업 중 수위를 차지하고 있고, 업무 자율성도 기아와 수위권을 다투고 있습니다. 반면 LG전자는 상대적으로 낮은

| 그래프 4-10 | **우리나라 대표 기업들의 2023년도 블라인드 지수 중 관계 관련 항목 점수**

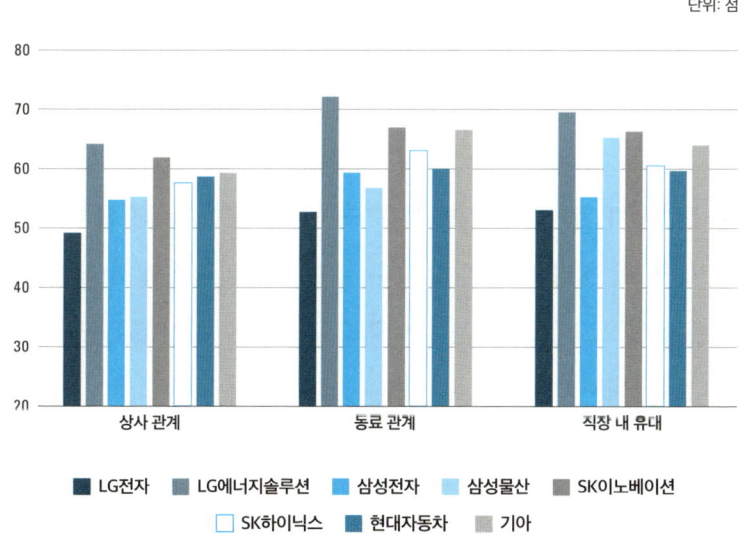

출처: 저자 가공

| 그래프 4-11 | 우리나라 대표 기업들의 2023년도 블라인드 지수 중 문화 관련 항목 점수

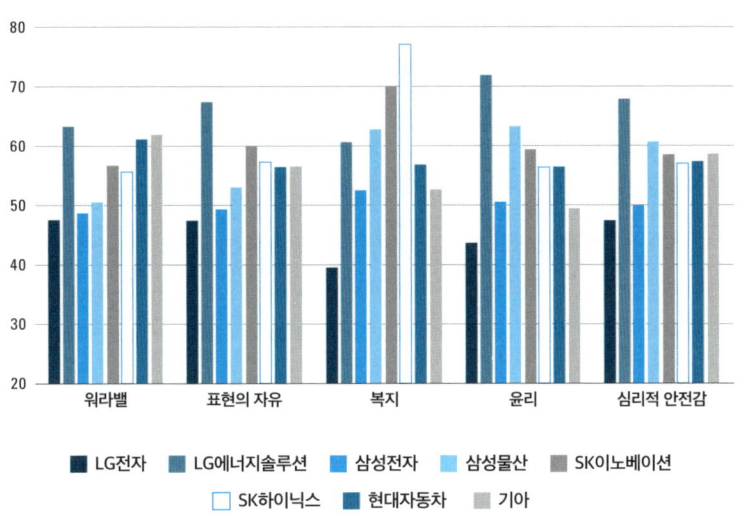

수준입니다. 관계 관련 변수 3가지에서도 LG에너지솔루션은 상사, 동료, 직장 내 유대의 모든 관계 항목에서 8개 회사 중 수위에 올랐으나 LG전자는 상대적으로 개선 여지가 많은 것으로 나타났습니다.

워라밸, 표현의 자유, 복지, 윤리, 심리적 안전감의 5가지 문화 관련 항목 점수도 크게 다르지 않습니다. LG전자는 전반적으로 하위 분포에 있지만 LG에너지솔루션은 SK하이닉스가 수위를 차지한 복지를 제외한 4개 영역에서 가장 높은 평점을 받았습니다. 재미있는 건 표현의 자유와 심리적 안전감 항목에서 LG전자와 삼성전자가 공히 개선이 시급한 것으로 나타났다는 것입니다. CHAPTER 2에서 익명의 현직자가 인터뷰에서 언급한 '실패하지 않기 위해서 잘하던 것을 더 잘해야만 하는' 삼성전자의 경직적인 조직문화에서 결핍된 핵심 요소가 '심리적 안전감'과 '실패할 기회의 허락'이라고 말씀드렸습니다.

책『두려움 없는 조직』에서 에이미 에드먼슨 교수는 불이익에 대한 두려움 없이, 직원들이 어떤 의견이라도 솔직히 이야기할 수 있는 환경을 의미하는 심리적 안전감의 중요성을 설파합니다. 블라인드 지수를 구성하는 문화 관련 항목에서는 그녀가 얘기하는 심리적 안전감은 '표현의 자유'로, 한번 실패하더라도 두 번째 기회를 허락하는 환경은 '심리적 안전감'으로 다르게 명명되어 있지만 그 명칭과 상관없이 이 두 요소는 밀접하게 연관된 개념입니다. 삼성전자 익명 현직자의 인터뷰가 그리 과장된 건 아니었다는 것이 표현의 자유와 심리적 안전감 항목에서 삼성전자의 낮은 순위로 입증됩니다. LG전자도 상황은 크게 다르지 않아 보입니다.

요약하면 우리나라를 대표하는 8개 기업의 2023년도 블라인드 지수 분석 결과는 상당한 편차를 보여줍니다. 직원들이 인식하는 직장의 행복도는 회사의 규모와 명성에 반드시 비례

하는 건 아닙니다. 같은 그룹에 속한 간판 계열사인 LG전자와 LG에너지솔루션 본사는 여의도에서 도로를 사이에 두고 이웃해 있습니다. 그러나 회사에 대한 정서적인 만족도는 사뭇 달라 보입니다. 2024년도 LG전자 1인당 평균 연봉은 1억 1,700만 원, LG에너지솔루션은 1억 1,800만 원으로 두 회사의 직원 1인당 평균 화폐 연봉은 거의 같은 수준입니다. 그렇다면 두 회사 재직자의 회사 평가는 과연 이직률의 차이로 이어질까요?

LG전자와 LG에너지솔루션 이외에도 LG화학, LG유플러스 등 기타 LG 주요 계열사들을 포함하여 과거 6년간의 자발적 이직률을 각 사 지속가능보고서에 제시된 수치를 참고하여 정리했습니다. 국내사업장 정규직 직원을 대상으로 자발적 이직률을 공시한 다른 계열사들에 비해 해외사업장 비중이 높은 LG전자와 LG에너지솔루션은 국내와 해외사업장을 합해서 자발적 이직률을 공시합니다. 현지인 직원들이 대부분인 해외사업장의 이직률은 국내에 비해 훨씬 높습니다. 그러므로 계열사 간 정확한 비교를 위하여 이 두 회사의 경우 국내 사업장만의 자발적 이직률을 따로 계산하여 표에 별도로 제시하였습니다.

역시 4대 그룹 계열사들답게 앞에서 보았던 2023년 대기업 평균 자발적 이직률 6.8%를 훨씬 하회하는, 전반적으로 낮은 자발적 이직률을 보여주고 있습니다. 이직률이 공시된 가장 최근 연도인 2023년 국내 이직률의 경우 대부분 계열사가 3%를

| 표 4-4 | LG 주요 계열사 정규직 자발적 이직률[12]

단위: %

	2018	2019	2020	2021	2022	2023
LG전자(국내외)	-	-	4.9	8.4	10.7	7.8
LG전자(국내)			2.4	2.9	3.4	2.5
LG화학(국내)	1.68	1.67	1.56	1.62	1.75	1.58
LG엔솔(국내외)	-	-	-	8.4	7.8	5.2
LG엔솔(국내)				1.7	3.6	1.5
LG생활건강(국내)	3.61	2.91	1.81	2.78	2.42	2.65
LG유플러스(국내)	1.3	1.3	3.1	3.0	3.7	1.9
LG이노텍(국내)	4.3	2.5	3.3	3.3	4.3	4.8

출처: 각 사 지속가능성보고서

넘지 않습니다. 특히 LG에너지솔루션은 1.5%로 계열사 중 가장 낮은 자발적 이직률을 보입니다. 전 세계 사업장 기준으로 LG전자와 LG에너지솔루션을 비교해 보면 2021년은 8.4%로 동일하지만 2022년과 2023년에는 갭이 3% 가까이 벌어지고 있습니다. 이직률이 최고에 달했던 2022년도 LG전자 지속가능보고서의 연령별 이직률 데이터에 따르면 20대 직원의 자발적 이직률이 무려 30%에 육박합니다. 해외사업장만을 대상으로 두 회사 간 2021, 2022, 2023년 3년간 이직률을 비교해 봐도 LG전자는 14.2%, 17.5%, 12.8%인 데 반해 LG에너지솔루션은

11.8%, 9.7%, 7.3%로 LG에너지솔루션의 이직률이 확실히 낮습니다.

같은 그룹 소속의 같은 화폐 연봉, 같은 본사 위치에도 불구하고 블라인드 지수를 통해 엿볼 수 있는 LG에너지솔루션과 LG전자, 이 두 회사 재직자의 '일할 맛'에 대한 인식의 갭은 일정 부분 두 회사 간 자발적 이직률의 차이로 이어지고 있습니다. 결국 정서적 연봉을 높이는 것도 화폐 연봉을 높이는 만큼이나 이직률을 낮추는 효과적인 전략이라는 것을 보여주는 좋은 예입니다.

회사와 일이 좋으면 탈출하지 않는다

직원은 현재 하는 일을 통해서 얻을 수 있는 미래 경제적 보상의 기대 가치를 고려하여 이 회사에 계속 머무를지를 결정합니다. 직원이 인식하는 임금 상승에 대한 전망과 고용 안정성은 직원의 회사에 대한 재무적 전망에 달려있으며 기업의 재무적 변화는 직원의 이직률에 큰 영향을 줍니다. 이러한 경제적 요인에 더하여 직원의 회사에 대한 긍정적 혹은 부정적 평가도 직원 이직률에 큰 영향을 줄 수 있음을 살펴보았습니다. 이러한 직원의 회사에 대한 경제적 청구권의 가치, 심리적 청구권의 가치 상승이 각각 이직을 줄일 수 있지만 직원의 경제적 청구권의 감소로 인한 이직률의 상승까지 심리적 청구권의 가치 상승으로 상쇄할 수 있는지는 현재까지 알려지지 않았습니다.

이 질문에 답하기 위하여 국민대학교 박소희 교수와 저는 직원이 회사에 대해 긍정적인 평가를 내릴 때는 이직을 증가시키는 경제적 인센티브의 변화가 실제 이직 결정으로 이어지지 않는지를 분석했습니다. 이 연구에서는 제가 블라인드 데이터에 접근 권한을 갖기 전이라 국내에서 블라인드 다음으로 크며 가입자 약 4백만 명을 가진 직장인 익명 플랫폼인 잡플래닛의 직장 평점 데이터를 웹크롤링으로 수집해 사용하였습니다. 직원들은 잡플래닛에서 글래스도어나 블라인드의 기업 리뷰 항목과 같이 전반적 만족도, 급여 및 복지, 워라밸, 승진 기회, 경영진, 기업 문화 등 다양한 측면에서 기업을 평가하며 저희는 이 데이터를 통해 각 기업의 연도별 직원 만족도를 측정했습니다.

먼저 직원의 임금 수준 및 고용 안정성 등 경제적 청구권의 가치에 관한 기업의 펀더멘털 신호들(기업 규모, 재무성과, 정규직 직원 비율, 직원 1인당 연봉 등의 공개된 기업 특성)을 이용하여 각 기업의 연도별 예상 이직률을 통계석으로 수정하였습니다. 다음으로 실제 이직률의 연도별 변화가 예상 이직률의 연도별 변화와 유의한 양(+)의 관계를 보이는지를 검증하였습니다.

그 결과 기대했던 대로 예상 이직률 변화의 약 60% 정도가 실제 이직률 변화로 이어지는 것을 발견하였습니다. 즉 경제적 청구권 가치가 상승하여 이직률이 낮아질 것으로 예상될 때 실제 이직률도 감소했으며 반대로 경제적 청구권 가치가 하락하여 이직률 증가가 예상될 때 실제 이직률도 증가하였습니다.

매우 흥미로운 건 예상 이직률과 실제 이직률 간의 상관관계에 대해 직원 만족도 수준이 미치는 영향이었습니다. 직원이 회사와 일을 긍정적으로 평가할 때, 다시 말해 직원 만족도가 높은 기업에서는 경제적 청구권의 가치가 높아져(예컨대 회사의 재무성과가 향상되어) 기대 이직률이 하락할 때 실제 이직률이 기대한 대로 감소하지만, 경제적 청구권의 가치가 낮아져(회사 재무성과가 하락하여) 기대 이직률이 증가하는 경우에도 실제 이직률은 예상만큼 증가하지 않는 것으로 나타났습니다. 결국 직원이 회사와 일을 좋아하면 회사가 설사 재무적인 곤경에 처하더라도 걱정했던 '탈출은 지능 순' 현상은 빈번히 발생하지 않는다는 것입니다. 직원의 심리적 청구권에 대한 긍정적인 평가는 경제적 청구권의 가치 하락에 따른 집단적 이직 위험까지도 줄여주는 것을 데이터를 통해 볼 수 있습니다.

직원의 불안을 견디게 하는
'정서적 다이얼'

심리적 청구권, 다시 말해 직원의 정서적 연봉을 높이면 이직률을 낮출 수 있을 뿐 아니라 미래 기대 화폐 연봉의 감소로 인한 이직률 상승 또한 억제할 수 있다는 것을 알게 되었습니다. 회사가 정서적 연봉을 높여야 하는 이유입니다. 앞에서 언급한 중견, 중소기업 경영자들의 고민인 인건비 지급 여력의 한계 속에서 높아져만 가는 이직률을 낮추는 확실한 방법입니다.

블라인드 지수의 구성 항목을 보면 업무 의미감부터 표현의 자유, 심리적인 안전감까지 다양한 정서적 연봉을 구성하는 세부 항목들이 있습니다. 이 중 어떤 다이얼을 골라 돌리는 것이 이직을 더욱 효과적으로 억제할 수 있을까요? 아마도 케바케, 즉 케이스 바이 케이스일 겁니다. 기업 특성에 따라 다르겠지요. 삼성전자나 현대자동차 같은 성숙 산업의 대기업 이직률을 낮추는 방법과 작고 민첩하며 성장 지향의 스타트업의 이직률을 낮추는 방법은 다를 수밖에 없습니다.

국민대학교 박소희 교수와 서울대학교 염지민 박사 과정과 함께 수행한 연구에서 저희는 블라인드 지수를 구성하는 과정 변수 11개의 설문 문항을 바탕으로 유사한 항목끼리 통계적으로 그룹핑하는 주성분 분석PCA, Principal Component Analysis을 통하여 2가지 핵심적인 정서적 요인을 추출하였습니다.

첫 번째 요인은 Competence Factor, 즉 역량 요인으로 이름 붙였습니다. 업무 의미감, 업무 중요도, 상사 관계, 동료 관계, 직장 내 유대, 심리적 안전감이 이 요인의 주요 기여 요소였습니다. 역량 요인은 직원들의 역량 개발competence-boosting과 관련한 직장 문화와 밀접하게 연관됩니다. 두 번째 요인은 Comfort Factor, 즉 편의 요인으로 이름 붙였습니다. 업무 자율성, 워라밸, 복지가 주요 기여 요소로 나타났으며 직원들의 편안함comfort-boosting을 강조하는 직장 문화와 관련이 있습니다. 다시 말해 역량 요인은 업무 설계 및 자원 제공을 통해 직원이 자신의 역할에서 역량을 발휘할 수 있도록 하는 정서적 요인들로 구성되며 편의 요인은 자율성, 워라밸과 복지를 통해 조직 내에서 편안함을 느끼도록 하는 정서적 요인들로 구성됩니다.

실제 이직률을 사용했던 지금까지의 제 연구와 달리 이 연구에서는 블라인드 지수 데이터의 이직 의도(나는 지난 1년 동안 이직을 시도한 적이 있다) 설문 답변을 이용해 직장인의 이직 의도를 측정하였습니다. 헤어질 결심을 하는 것과 실제 헤어지는 것은 매우 다릅니다. 마음으로는 헤어질 결심을 수도 없이 하지만 결국 헤어지지 못하는 이유는 현 직장이 당장 주는 안정적 소득과 고용 보장을 포기하기 어려워서, 최근의 높아진 경제적 불확실성으로 고용시장이 얼어붙어서, 새 직장을 찾는 데드는 시간과 비용이 너무 많이 들어서, 내 역량과 경력으로는 마땅히 갈 데가 없어서 현재의 대잔류 시대를 젖은 낙엽처럼 살아가며 버텨내는 직장인을 찾기란 어렵지 않습니다.

그러나 직장인은 적극적 이직이 아닌 소극적 이직으로 소심하게 회사에 맞설 수 있습니다. 퇴사는 하지 않지만 회사에 적극적으로 기여하려는 의지 없이 최소한의 일만 하며 '살아가는' 거죠. 받은 만큼만 일하겠다는 겁니다. 소위 조용한 사직 Quiet Quitting입니다. 아마 이미 '조용한 사직'을 하고 있는 직원의 비율은 실제 이직률의 몇 배가 될 겁니다. 2024년 3월 직장인 1,100명을 대상으로 한 인크루트의 설문 조사 결과를 보면 응답자의 절반 이상이 현재 조용한 사직 상태라고 답했습니다. 가끔은 저도 이미 조용한 사직 상태가 아닌가 생각할 때가 있습니다. 이직률이 인위적으로 낮아진 대잔류 시대에는 바로 이 조용한 사직을 관리하는 것이 더 중요합니다.

분석 결과 정서적 연봉을 구성하는 2가지 축인 역량 요인과 편의 요인은 모두 직장인의 이직 의도를 크게 줄이는 것으로 나타납니다. 그런데 아마 더 중요한 질문은 '우리 회사는 둘 중 어느 요인에 집중하는 것이 자발적 이직률과 조용한 사직률을 낮추는 데 더 효과적일까?'일 겁니다. 저희는 기업 특성에 따라 직장인 이직 의도를 낮추는 데 더 효과적인 전략이 달라진다고 보았습니다.

먼저 기업 발전 단계에 따른 차이입니다. 기업의 발전 단계에 따라 직원이 선호하는 직장 문화가 다를 수 있습니다. 예를 들어 지속적으로 성장하는 스타트업의 경우 직원의 역량 개발이 강조되는 '열정적인 문화hustle culture'가 중요한 역할을 할 수 있으며 시행착오를 거치며 답을 찾는 과정에서 본인의 역량을 제고하길 원할 가능성이 높습니다.

이에 반해 성숙 단계의 대기업의 경우 직원은 보다 체계화된 역할과 책임을 기대하며, 높은 열정과 창의성을 요구하는 환경보다는 안정성을 중시할 가능성이 높습니다. 실제로 기업의 업력이 길거나 코스피 상장기업일수록 역량 요인보다는 편의 요인에 집중하는 것이 이직 의도를 줄이는 데 더 효과적이었습니다.

기업의 인적자본 의존도에 따른 차이도 중요합니다. R&D 중심의 사람이 미래인 기업에서는 역량 요인 향상에 집중하는 것이 더 효과적이나 전체 자산에서 공장이나 기계설비 등 유형자산의 비중이 높은 기업에서 역량 요인은 이직 의도 감소에 크게 효과적이지 않았습니다.

예를 들어 정유와 석유 화학 업종의 대기업인 에쓰오일을 생각해 보죠. 우리나라 기업 중 역대 직원 연봉킹에 가장 많이 오른 기업입니다. 그런데 전체 비용 중 인건비의 비중은 1.5%를 넘지 않습니다. 2024년 연결 기준 매출이 약 37조 원인데 보통 인건비가 상당 부분을 차지하는 연구개발비는 200억 원이 채 안 됩니다. 2024년 연결 재무상태표상 24조 원이 넘는 전체 자산의 약 56%가 기계 장치, 촉매, 토지, 건물, 구축물 등의 유형자산입니다. 2023년 자발적 이직률이 1%밖에 안 되는 꿈의 직장이지만 조용한 사직을 하고 있는 직원들은 꽤 많을 겁니다. 이런 회사에서 조용한 사직을 포함한 이직 의도를 낮추기 위해서는 일의 의미를 부여하고, 사람들 사이의 관계에 집중하며 실패할 기회를 주는 등의 역량 요인보다는 업무 자율성, 워라밸, 복지에 집중하는 것이 훨씬 더 효과적입니다.

같은 대기업이라도 코로나19 시절 아스트라제네카와 노바백스의 코로나 백신을 위탁 생산하면서 유명해진 백신 제조 전문기업 SK바이오사이언스의 예를 들어보죠. 위탁 생산을 주로 하는 업의 특성상 2024년 연결기준 전체 자산 중 유형자산이 차지하는 비율은 약 34% 정도입니다. 이 회사에는 1천여 명의 직원이 있는데 이중 약 30%가 연구개발 인력입니다. 2024년 전체 비용의 34%가 인건비인데, 인건비 중 거의 30%가 연구개발비로 분류되고 있습니다. 2024년도 매출액 대비 연구개발 비율은 무려 40%에 육박합니다. 지속가능보고서에 이직률 데이터를 공시하고 있지는 않습니다만 20대 직원이 전체 직원의 50%에 육박하는 것으로 미루어 50대 직원이 20대의 거의 5배에 달하는 에쓰오일보다는 상당히 높을 것으로 예상합니다.

이런 회사는 업무 의미감, 업무 중요도, 사람들 사이의 관계, 심리적 안전감을 높이는 데 집중하면 훨씬 효과적으로 이직 의도를 줄일 수 있는 거죠.

CHAPTER 5

정서적 연봉, 숫자로 말하다

> 직원이 '헤어질 결심'을 하는 건 감정의 영역처럼 보이지만, 이를 측정할 수 있을 때 비로소 관리할 수 있습니다. 정서적 연봉은 상장기업, 외감기업, 공기업·공공기관의 데이터를 통해 업무 자율성·의미감·중요도, 직장 내 유대, 워라밸, 표현의 자유 등 눈에 보이지 않는 가치를 수치로 환산해 직원이 회사에 머물고 싶은 마음을 측정합니다. 숫자는 거짓말하지 않으며 정서적 연봉이 높을수록 직원은 떠나지 않습니다.

왜 정서적 연봉을
계산해야 할까?

저는 대학에서 회계학을 가르치고 있습니다. 회계를 영어로 어카운팅accounting이라고 합니다. 'account'란 단어를 영어 사전에서 찾아보면 보통 명사로 '계좌, 구좌' 이런 뜻이 나오지만 동사로 찾아보면 '설명하다'라는 뜻이 나옵니다. 그러니 회계가 뭐냐고 물어보신다면 회계는 '설명하는 것'입니다. 그럼 누구에게 무엇을 설명해야 할까요?

재무 회계financial accounting는 돈을 조달하기 위한 회계입니다. 회사의 규모가 계속 커지면 자기 돈과 일가친척의 돈으로는 부족하게 되고, 차입하거나 사채를 발행하기도 하며 주식 시장에서 주식을 발행하는 등 다각도로 필요한 자금을 조달합니다. 그러니 재무 회계는 시장에서 돈을 더 많이, 더 싸게 조달하기 위해 주주, 채권자 등의 소위 전주錢主에게 설명하는 행위라고 하겠습니다. 그러면 전주들이 궁금해하는 걸 설명해 주어야 할 텐데요. 채권자는 돈을 빌려 가는 회사가 미래에 원금을 제대로 갚고 이자를 제때 지급할 능력이 있는지, 주주는 투자하는 회사가 주가를 올려줄 수 있고 배당을 제때 잘 해줄 수 있는지를 궁금해할 겁니다.

여러분은 다른 사람의 재력을 판단하고 싶을 때 어떤 정보가 필요하신지요? 일단 그 사람의 소득에 관한 정보가 필요합니다. 직장인은 연봉, 자영업자나 사업체를 운영하는 사람이라면 사업 소득에 대한 정보가 필요하겠죠. 그런데 최근에는 주소가 스펙인 시대입니다. 소득이 전부가 아니죠. 재산에 대한 정보가 필요합니다. 주택이나 아파트를 소유하고 있는지, 그럼 얼마짜리인지, 세를 살고 있다면 보증금은 얼마인지, 가지고 있는 자동차의 종류는 무엇인지, 현금, 예금, 유가 증권은 얼마나 있는지, 수저 색깔이 계급을 결정하는 시대이니 부모의 재산은 얼마인지도 궁금할 겁니다. 지금 돈을 많이 번다고 혹은 돈을 많이 가지고 있다고 미래에도 그럴 것이라는 보장은 없지만 미래의 일은 알 수 없으니 일단 현재 정보로 평가합니다.

전주들도 마찬가지입니다. 예를 들어 주주들의 경우 이론적으로는 투자하는 회사의 미래 현금 흐름 총합이 궁금할 테지만 알 수 없으니, 회사의 소득과 재산 상태에 대한 정보를 요구합니다. 회사 소득에 대한 정보는 일정 기간의 경영 성과를 보고

하는 손익계산서, 재산에 대한 정보는 일정 시점의 재산 상태를 보고하는 재무상태표를 통해 전달됩니다.

그런데 채권자나 주주는 한 회사에만 목을 매고 대출이나 투자를 실행하지 않습니다. 여러 회사의 경영 성과와 재산 상태, 즉 이익과 자산 규모를 비교하고 의사 결정을 합니다. 그런데 우리나라에는 2,500개가 넘는 상장회사가 있고, 통계청의 한국표준산업분류KSIC를 보면 회사 업종의 개수는 대분류 21개, 중분류 77개, 소분류 234개로 수없이 많은 다양한 산업이 있습니다. 이렇게 많은 산업에 속한 수많은 회사의 정보를 어떻게 비교하고 판단을 내릴까요?

여기에 회계의 장점이 있습니다. 회계는 업종과 국가에 상관없이 기업의 복잡한 활동을 화폐 가치로 요약하여 회사의 재무 상태와 경영 성과를 한눈에 파악할 수 있습니다. 국제회계기준의 도입으로 동일한 회계 규칙에 따라 작성된 독일의 제조 기업 폭스바겐과 한국의 IT 금융 기업 비바리퍼블리카, 일본의 서비스 플랫폼 기업 리쿠르트홀딩스의 재무 상태, 이익과 현금 흐름을 화폐 가치로 손쉽게 비교할 수 있습니다.

또 많은 기업에서는 표준원가제도를 사용하여 원가를 관리하는데 현장에서 작업 표준보다 10톤의 재료를 더 사용했다는 것과 3천만 원을 더 소비했다는 것에는 정보의 효과에 큰 차이가 있습니다. 무엇보다 단가가 반영되지 않은 물량 기준의 차이는 비교가 어렵고 중요성을 판단하기가 어려워 금액 기준의 차이 정보가 현장 원가 관리에 훨씬 큰 도움이 됩니다. 금액 기준의 차이 정보가 나와야 차이의 원인을 파악하여 대안을 모색할 수 있기 때문입니다. 즉, 측정할 수 있어야 관리할 수 있는 것입니다.

이 책에서 정서적 연봉은 단순한 금전적 보상을 넘어 사람이 일터에서 느끼는 가치를 정량적 화폐 가치로 측정하는 개념입니다. 한국 노동시장의 '마음의 보상 구조'를 정량화할 수 있어야 기업 문화를 개선할 수 있습니다. 'A 기업은 조직문화가 좋다더라', 'B 기업은 조직문화에 문제가 많다더라'라는 소문이 오고 갑니다. 그런데 A 기업이 B 기업보다 연봉을 얼마나 더 주는지 덜 주는지는 쉽게 알아도, A 기업의 조직문화가 B 기업보다 얼마나 더 좋은지는 정량화된 비교가 어렵다는 이유로 그냥 넘어갑니다.

인스타그램과 블라인드를 통해 세상 모두와 나를 비교하는 시대입니다. 일터에서 느끼는 가치를 100% 정확하게 정량화하여 화폐 가치로 측정하기는 어렵더라도 일단 측정을 시도해 보면 비교가 가능해지고 원인을 파악하여 대안을 모색할 수 있습니다.

정서적 연봉,
이렇게 수치화한다

CHAPTER 3에서 블라인드 데이터를 자세히 설명한 바 있습니다. 크게 보면 블라인드 리뷰 데이터와 지수 데이터로 구성되어 있습니다. 이 지수는 직무 만족도, 조직 몰입도(소속감), 이직 의도, 스트레스 등 4가지의 결과 변수와 직장 내 행복도에 영향을 미치는 직무, 관계, 문화의 3가지 영역으로 구성된 11개의 과정 변수로 나뉩니다.

직무 영역은 업무 자율성, 업무 의미감, 업무 중요도, 관계 영역은 상사 관계, 동료 관계, 직장 내 유대, 문화 영역은 워라밸, 표현의 자유, 복지, 윤리, 심리적 안전감의 세부 요소로 구성되어 있습니다. 블라인드 지수 설문의 11개 과정 변수는 자기결정성 이론의 3가지 축인 자율성, 유능감, 관계성과 잘 매핑되지만 유능감을 결정하는 중요한 요소인 성장과 발전에 대한 항목이 빠져 있습니다. 그래서 저는 연도별 블라인드 기업 리뷰의 커리어 향상 항목에 대한 기업 평점을 추가하여 정서적 연봉 산정에 사용합니다.

팀블라인드는 지수를 구성하는 총 15개 항목의 기업별 점수와 (해당 연도에 새롭게 추가된) 기업별 블라인드 리뷰 점수를 합산하여 최종 블라인드 지수 점수를 산정하지만, 최종 지수 점수를 계산하는 정확한 로직은 외부에 공개하지 않고 있습니다.

반면 이 책에서는 기업별로 동일한 설문 문항이 사용된 2020년부터 2023년까지의 기간 동안 매년 블라인드 지수의 과정 변수 11개의 점수에 (해당 연도에 새로 추가된) 블라인드 리뷰의 커리어 향상 항목의 점수를 추가한 총 12개 항목 점수의 산술 평균을 직장의 일할 맛, 즉 비금전적 보상 점수로 사용합니다. 물론 항목별로 가중치를 차등 부여하여 최종 점수를 산출할 수도 있겠지만, 현실적으로 항목별 적정 가중치를 찾는 건 어렵습니다. 따라서 편의상 12개 항목이 직장인의 내재적 동기 부여에 동일하게 영향을 미친다고 가정하여 산술 평균을 사용합니다.

가장 어려운 부분은 연도별로 각 회사의 비금전적인 보상 점수를 화폐 가치로 환산하는 과정입니다. 먼저 떠오르는 방법은 설문 응답자에게 업무 의미감이나 심리적 안전감 같은 각 항목에 얼마를 지불할 용의willingness to pay가 있는지를 직접 물어보는 것입니다.

예를 들어 당신이 심리적 안전감이 있는 회사에서 일하기 위해서 돈을 지불해야 한다면 얼마나 지불할 용의가 있는지를 금액으로 써보라는 것이죠. 이 지불할 용의가 있는 금액의 설문 데이터를 이용, 가공해서 회사의 정서적 연봉을 간접적으로 측정해 볼 수 있습니다. 항목별로 설문 응답자에게 지불할 용의가 있는 금액의 평균을 구하고 이를 합산해서 정서적 연봉을 산출하는 것입니다. 그런데 현실적으로 이 방법을 적용하기는 어렵습니다. 심리적 안전감이 낮은 회사에서 일하는 직원이 심리적 안전감이 높은 회사에서 일할 수 있다면 평균 2백만 원을 지불할 용의가 있다고 합시다. 이 추정치는 주관적이라 응답자별로 매우 다를 수 있어 평균이 별 의미가 없습니다. 게다가 1점당 화폐 가치를 산출할 방법이 없어 심리적 안전감이 50점인 회사와 90점인 회사의 정서적 연봉 상의 차이를 금액적으로 환산하는 게 불가능합니다.

고심 끝에 저는 비금전적인 보상 1점당 화폐 가치를 산출하기 위하여 통계적인 방법을 활용하기로 했습니다. 먼저 화폐연봉(경제적 보상)과 정서적 연봉(비금전적 보상)이 모두 강력한 힘을 발휘하는 무대로 CHAPTER 4에서 자세히 다룬 직장인 이직을 골랐습니다.

블라인드 지수 데이터에는 이직 의도를 묻는 설문 항목이 있습니다. 이미 말씀드린 대로 헤어질 결심을 하는 것과 실제 헤어지는 것은 매우 다릅니다. 마음으로는 헤어질 결심을 수도 없이 하지만 헤어지기는 어려운 대잔류 시대를 젖은 낙엽처럼 살아가며 버텨내는 직장인의 마음을 단순히 이직률 지표로는 다 담아낼 수 없습니다. 조용한 사직으로 대표되는 소극적 이직까지 모두 담아내려면 이직 의도를 측정하여 사용하는 것이 더 적절합니다. 화폐 연봉이 낮고 비금전적 보상이 낮은 기업은 직원의 이직 의도도 높을 겁니다. 그래서 다음의 산식을 이용하여 이직 의도를 종속변수로, 1인당 평균 화폐 연봉과 비금전적 보상 점수를 주 독립변수로 하여 회귀분석을 해봅니다.

> 이직 의도 = f {ln(1인당 평균 화폐 연봉), 비금전적 보상 점수, 기업통제변수}
>
> 통제변수 = 전년도 총자산, ROA 등

화폐 연봉이 낮아지면 당연히 이직 의도가 높아질 텐데 높아진 이직 의도는 비금전적 보상이 높아지면 낮출 수 있을 겁니다. 그러므로 이직 의도를 고정시킬 경우 화폐 연봉의 감소를 상쇄하는 비금전적 보상 1점 증가의 화폐 효과를 통계적으로 산출할 수 있습니다. 흔히 사회과학 논문에서 회귀분석 후 각 독립변수의 회귀계수의 크기를 활용하여 경제적 효과의 크기 economic significance를 추정하는 데 이 방법을 활용합니다.

회귀식 추정에 사용할 표본으로는 2020년부터 2023년까지 매년 블라인드 리뷰 응답자가 10명 이상인 상장기업을 이용하였으며 최종적으로 2,830개의 기업-년 자료가 사용되었습니다. 회사별 이직 의도 값은 블라인드 지수 데이터 기반 이직 의도 변수의 회사별 응답자 평균을 사용합니다. 비금전적 보상 점수는 앞서 설명한 대로 회사별 총 12개 항목 점수의 산술 평균 점수입니다.

표본을 구성하는 상장기업 1인당 화폐 연봉 중윗값median은 6,200만 원이며 표준편차는 2,954만 원으로 나타났습니다. 이 중윗값에서 1인당 화폐 연봉의 1 표준편차 감소를 상쇄하는 비금전적 보상 1점 증가의 화폐 효과를 계산하는 것이 목표입니다. 회귀식 추정 결과 모형의 설명력을 보여주는 조정 결정계수adjusted R-Squared는 약 15% 정도입니다. 예상대로 주요 독립 변수인 1인당 화폐 연봉의 자연로그값 계수(-5.005)와 비금전적인 보상 변수의 계수(-0.651)는 모두 음으로 나타났으며 1% 수준에서 통계적으로 유의합니다.

1인당 화폐 연봉 변수는 자연로그를 취하였으므로 화폐 연봉 변수의 1 표준편차 2,954만 원의 감소로 인한 직원 이직 의도의 증가 효과는 [ln(6,200만 원)-ln(약 3,245만 원)]×5.005가 됩니다. 이러한 이직 의도의 증가 효과를 정확히 상쇄시키는 비금전적 보상 점수의 증가를 구하면 비금전적 보상 변수의 계수 0.651을 감안할 때 약 4.977점이 됩니다. 즉, 비금전적 보상 점수가 4.977점 증가하면 해당 변수의 계수 0.651을 곱한 이직 의도 감소 효과가 4.977×0.651이 되며 이는 화폐 연봉 1 표준편차 감소에 따른 이직 의도 증가 효과 [ln(6,200만 원)-ln(약

3,245만 원)]×5.005와 정확히 일치합니다.

쉽게 말하면 비금전적 보상 점수 약 5점의 증가가 약 3,000만 원의 연봉 감소를 상쇄할 수 있으며 연봉이 감소하더라도 비금전적 보상이 적절히 향상된다면 직원은 굳이 이직하려고 하지 않는다는 거죠. 정확히 계산하면 비금전적 보상 1점의 화폐 효과는 약 593만 원으로 산출됩니다. 각 회사의 정서적 연봉 계산에서 저희는 이 1점당 593만 원의 추정치를 사용하도록 하겠습니다.

그다음으로 결정할 부분은 이 추정치를 이용하여 각 회사의 정서적 연봉을 구하는 방법입니다. 단순히 생각하면 각 회사의 비금전적 보상 점수에 1점당 593만 원의 화폐 가치 추정치를 곱하면 될 것 같지만, 비금전적 보상 1점 증가의 효과가 약 593만 원이기 때문에 이렇게 접근해서는 곤란합니다. 이직을 막는 직장인의 '마음의 보상'을 정량화한 것이기 때문에 저는 '우등상'과 '진보상' 개념을 사용하기로 하였습니다. 구체적으로 매년 각 회사의 정서적 연봉은 다음의 식을 사용하여 계산합니다.

회사의 정서적 연봉 = 0.7 × [회사의 비금전적 보상 점수 - 업종 평균 점수] × 593만 원 + 0.3 × [전년 대비 증가 점수 × 593만 원]

경쟁이 치열한 시장에서는 절대적 고객만족도보다는 경쟁사를 뛰어넘는 '상대적' 고객만족도가 신규 고객을 유치하고 기존 고객을 유지하는 데 훨씬 더 중요합니다. 마찬가지로 같은 노동시장에서 인재의 영입과 유지를 위해 경쟁하는 다른 회사들의 비금전적 보상을 능가하는 회사 비금전적 만족도의 상대적 수월성이 직원의 이직 의도를 줄이는 데 더 효과적일 수 있습니다. 그러므로 저는 한국표준산업분류의 중분류를 기준으로 같은 업종에 속한 회사들의 비금전적인 보상 평균 점수를 초과하는 초과 점수를 계산하고, 이 초과 점수에 593만 원의 화폐 효과를 적용했습니다. '우등상'입니다.

점수의 추세 또한 중요합니다. 점수가 높더라도 추세가 상승하는 회사가 있고, 하락하는 회사가 있을 수 있습니다. 점수가 낮더라도 어제보다 오늘이 더 나아지는 회사라면 이직 생각이 덜 날 것입니다. 그래서 전년 대비 증가 점수에 또 593만 원의 화폐 효과를 적용합니다. '진보상'입니다.

그다음으로 우등상과 진보상에 가중치를 부여해야 하는데, 우등상에는 70%의 가중치를, 진보상에는 30%의 가중치를 부여하여 각 회사의 최종 정서적 연봉을 계산합니다. 전년 대비 증가 점수에 30% 가중치를 부여하기 때문에 특정 연도의 정서적 연봉을 산출하려면 전년도의 데이터 역시 필요합니다. 블라인드 지수의 경우 2019년부터 데이터가 존재하지만 2019년은 설문 항목이 좀 다릅니다. 현재 설문 항목은 2020년부터 사용되었습니다. 따라서 정서적 연봉은 2021년부터 산출이 가능합니다. 이 책에서는 2021년부터 2023년까지 3년 동안의 정서적 연봉을 산출하였습니다. 2023년의 경우 총 396개의 기업과 공공기관의 정서적 연봉이 산출되었습니다.

정서적 연봉 계산 기준

표본 구성의 중요한 점은 해당 연도와 그 전해의 블라인드 지수 응답자가 10명 이상인 기업만 정서적 연봉을 계산한다는 것입니다. 블라인드 지수 설문 응답자가 소수일 경우 표본의 대표성이 낮을 수밖에 없습니다. 해외의 글래스도어 데이터를 이용한 학술 연구에서도 보통 회사별 글래스도어 리뷰 응답자가 10명 이상 혹은 15명 이상인 경우에만 표본에 포함하는 경우가 대부분입니다. 이 책에서는 10명을 컷오프 기준으로 사용하였습니다.

매년 지수 설문 데이터의 표본 수가 비교적 충분히 확보된 기업에 대해서만 정서적 연봉을 계산하기 위한 결정이었으나 결과적으로 규모가 큰(직원 수가 많은) 기업 위주로 표본이 구성됩니다. 예를 들어 2023년도 A 회사의 정서적 연봉을 계산하기 위해서는 2022년도, 2023년도 공히 A 회사 블라인드 지수 설문 참여자가 10명 이상이 되어야 합니다. 2022년도의 경우 설문에 9명만 참여했다면, 2022년도와 2023년도의 A 회사 정서적 연봉은 산출되지 않습니다.

우등상에 해당하는 경쟁사 대비 초과 비금전적 보상 점수 산정 시 같은 업종에 속하는 비교 대상 회사들 역시 정서적 연봉이 산출되는 회사들로만 구성됩니다. 또한 전체 표본을 상장기업(195개), 비상장기업이지만 주식회사 등 외부감사에 관한 법률 대상 기업(외감기업, 149개), 공기업 및 공공기관(52개)의 3그룹으로 구분하였습니다.[1]

상장기업은 비교 대상 동종업종 기업들을 상장기업으로 한정하여 정서적 연봉을 산출했지만, 글로벌 기업의 한국 자회사 등이 다수 포함된(상장회사가 아닌) 외감법 대상 기업의 경우는 상장기업과 외감법 대상 기업들을 모두 포함하여 비교 대상 동종업종 기업으로 사용하였습니다. 공기업과 공공기관 그룹의 경우 상장기업은 아니지만 외감법 대상기업인 한국남동발전, 한국수력원자력 등 한국전력의 발전 자회사, 서울주택도시공사 등 대형 공기업 11개의 경우는 상장기업과 외감법 대상 기업들을 모두 포함하여 비교 대상 동종업종 기업으로 사용하였으며, 국민연금공단, 건강보험공단, 한국산업은행, 신용보증기금, 근로복지공단 등 공공기관 41개는 공공기관만을 비교 대상

기관으로 사용하여 정서적 연봉을 산출하였습니다.

이에 더해 회사 측에서 인사팀 등을 통해 지수 설문에 참여하면서 전략적으로 블라인드 지수를 높게 관리할 가능성을 배제하기 위해 설문 응답자 수가 전년 대비 크게 증가함과 동시에 지수 점수 역시 전년 대비 크게 상승한 기업은 정서적 연봉 계산 대상 표본에서 제외하였습니다.

2021년부터 2023년까지의 정서적 연봉을 계산하였으나 편의상 가장 최근 연도인 2023년도의 정서적 연봉 데이터를 가지고 주로 설명해 드리도록 하겠습니다.

2023년도 SK하이닉스의 정서적 연봉을 예시로 들어보겠습니다. SK하이닉스의 2023년도 정서적 연봉은 약 5,300만 원입니다. 계산 내역을 상세하게 살펴보면 SK하이닉스의 비금전적 보상 12개 항목 점수의 산술 평균은 약 60.87점입니다. SK하이닉스가 속한 동종 비교군은 분석 대상인 195개 상장기업 중 한국표준산업분류 상 전자 부품, 컴퓨터, 영상, 음향 및 통신 장비 제조업에 속한 상장기업 11개로서 이들의 비금전적 보상 점수의 산술 평균은 약 49.09점입니다. 비교군 평균을 초과하는 초과 점수는 약 11.78점입니다. 2022년도 SK하이닉스의 비금전적 보상 점수는 약 58.35점이었으니 전년 대비 개선 점수는 약 2.52점입니다. 그러므로 2023년도 SK하이닉스의 직원 1인당 정서적 연봉은 11.78점×593만 원×0.7+2.52점×593만 원×

0.3=약 5,300만 원으로 산출됩니다.

계산식 상 정서적 연봉은 음의 값을 가질 수 있습니다. 예를 들어 상장기업 표본 195개 중 91개의 기업은 정서적 연봉이 (-)입니다. 같은 업종 경쟁사 평균에 비하여 비금전적 보상 점수가 낮고 전년 대비 점수도 낮아지면 정서적 연봉이 마이너스의 값을 가질 수밖에 없습니다. 그러니 47%에 가까운 상장기업의 정서적 연봉이 마이너스로 나오며 이름을 밝히기는 곤란하지만, 정서적 연봉이 수천만 원의 마이너스 값이 나오는 기업도 제법 있습니다.

곳간에서 인심 난다고 보통 돈을 많이 주는 회사에서 일할 맛도 나는 거 아니냐고 생각합니다. 그런데 데이터는 돈과 일할 맛의 상관관계는 그리 높지 않다고 말합니다. 상장기업 그룹에 속한 195개 기업의 경우 화폐 연봉과 정서적 연봉의 상관관계는 고작 0.28에 불과합니다. 관계가 없다고는 못하지만 돈을 많이 받는다고 직장에서 행복한 건 아닙니다.

보이지 않는 연봉이 높은 기업들, 상장기업 편

상장기업의 경우 사업보고서를 통해 1인당 화폐 연봉이 공시되므로 정서적 연봉을 포함한 총연봉의 분석이 가능합니다. 약 2,500개에 달하는 우리나라 상장기업 중 2023년도 정서적 연봉이 계산되는 회사는 최종적으로 195개입니다(한국전력공사 등 공기업 5개 포함). 해당 연도 정서적 연봉이 계산되기 위해서는 당해 연도과 전년도의 블라인드 지수 설문 응답자가 공히 10명 이상이어야 합니다. 비금전적 보상 데이터의 신뢰성을 위한 이 제한 조건으로 인하여 전체 상장기업의 8% 미만의 회사에 대해서만 정서적 연봉을 구할 수 있습니다. 그래프 5-1은 2023년도 화폐 연봉 및 정서적 연봉 상위 10개 기업 리스트입

| 그래프 5-1 | 2023년도 화폐 연봉과 정서적 연봉 Top 10 상장기업

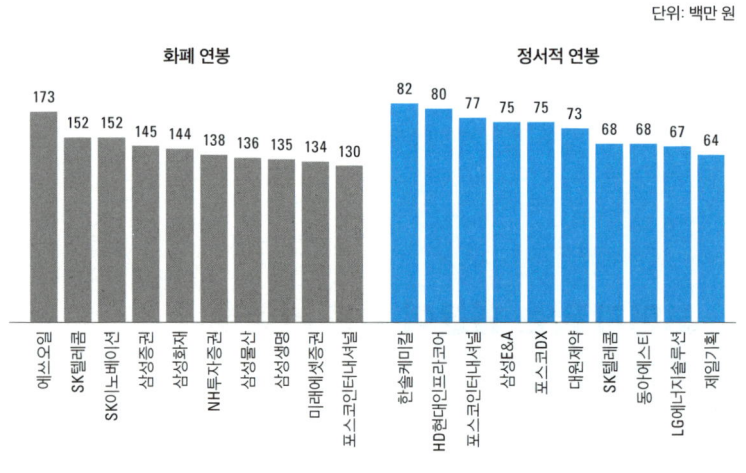

니다.

　1인당 화폐 연봉 Top 10 기업의 경우 언론에 여러 번 기사가 실린 적 있습니다. 이 책의 분석 대상 상장기업 195개 중 1인당 화폐 연봉이 가장 높은 기업은 에쓰오일입니다. 이미 여러 차례 연봉킹에 오른 적이 있는 회사입니다. 2, 3위를 차지한 SK텔레콤과 SK이노베이션도 이미 과거 여러 차례 급여가 높은 회사로 언론에 언급된 회사입니다. 삼성증권, 삼성화재, 삼성생명 등 삼성그룹 금융 계열사들과 NH투자증권 및 미래에셋증권도 포함되어 있어 Top 10 리스트의 절반이 금융 회사입니다. 이건 이미 다 아는 얘기고, 저희의 주 관심사는 정서적 연봉 Top 10 회사입니다.

　정서적 연봉 Top 10 리스트는 상당히 바뀌는 것을 알 수 있습니다. 화폐 연봉 Top 10이면서 정서적 연봉 Top 10에 포함된 회사는 SK텔레콤과 포스코인터내셔널 두 회사에 불과합니다. 2023년 정서적 연봉이 가장 높은 상장회사는 한솔케미칼이며 HD현대인프라코어가 뒤를 잇습니다.

　정서적 연봉 1위를 차지한 한솔케미칼의 정서적 연봉은 약 8,200만 원입니다. 어떻게 이렇게 높은 정서적 연봉을 달성했을까요? 한솔케미칼의 비금전적 보상 12개 항목 점수의 산술평균은 약 64.76점입니다. 이 회사가 속한 동종 비교군은 분석대상인 195개 상장기업 중 한국표준산업분류 상 화학 물질 및 화학제품 제조업(의약품 제외)에 속한 상장기업 15개로서 이들의 비금전적 보상 점수의 산술 평균은 약 48.54점이 나옵니다. 따라서 비교군 평균을 초과하는 초과 점수는 약 16.22점입니다. 전년도인 2022년도 한솔케미칼의 비금전적 보상 점수는 약 56.49점이었으니 전년 대비 개선 점수 역시 약 8.27점이나 됩니다. 2023년도 한솔케미칼의 직원 1인당 정서적 연봉은 16.22점×593만 원×0.7+8.27점×593만 원×0.3=약 8,200만 원으로 산출됩니다. '우등상'도 받고 '진보상'도 받아 당당히 1위에 등극한 것입니다.

한솔케미칼의 비금전적 보상 점수 평균 64.76점은 7위를 차지한 SK텔레콤의 점수 74.01점보다 훨씬 낮습니다. 비금전적 보상 점수의 절대 수준으로만 보면 SK텔레콤의 74점이 195개 상장기업 중 단연 1등입니다.

그러나 SK텔레콤이 속한 동종 비교군은 분석 대상 상장기업 중 한국표준산업분류 상 우편 및 통신업에 속한 상장기업이 3개인데 이들의 비금전적 보상 점수의 산술 평균은 약 59.73점으로 상당히 높습니다. 그래서 초과 점수가 14.28점으로 '우등상'도 좀 약하죠. 게다가 SK텔레콤은 2022년의 비금전적 보상 점수가 68.85점으로 이미 높은 수준이라 전년 대비 개선 점수가 5.16점밖에 안 되어 '진보상'도 좀 약합니다. 그래서 정서적 연봉이 6,800만 원 수준입니다.

그럼 화폐 연봉과 정서적 연봉을 합한 총연봉을 구해서 Top 10 리스트를 만들어 보겠습니다. 화폐 연봉킹도 중요하지만, 정서 연봉킹도 중요하니까요. 일할 청년이 귀해지는 2030년 이후가 되면 총 보상 측면에서 경쟁력 있는 기업이 치열한 경쟁 속에서 청년 인재들을 끌어오고 묶어둘 수 있을 겁니다. 미래는 알 수 없지만 인재전쟁에서 강력한 경쟁력을 가지고 있는 2023년 총연봉 Top 10 회사들은 그래프 5-2입니다.

총 연봉킹은 SK텔레콤입니다. 이 글을 쓰고 있는 현재 SK텔레콤은 유심USIM 정보 해킹 사건으로 창사 이래 최대 위기를

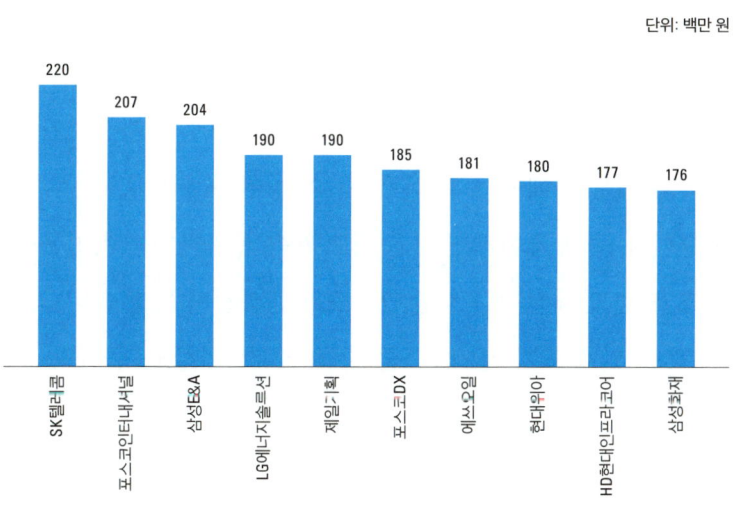

| 그래프 5-2 | **2023년도 총연봉 Top 10 상장기업**

단위: 백만 원

출처: 저자 가공

맞고 있습니다. 안타깝지만 잘 극복할 거라고 확신합니다. 총연봉킹 2위는 포스코인터내셔널입니다. 이 두 회사는 화폐 연봉 및 정서적 연봉 Top 10 리스트에 각각 포함된 회사들입니다. 삼성E&A는 2023년 화폐 연봉 1억 2,900만 원으로 화폐 연봉 Top 10에는 아깝게 들지 못했지만, 정서적 연봉은 7,700만 원으로 3위에 랭크되어 총연봉 순위에서도 3위를 차지했습니다. 우리나라 8개의 대표 기업 중 2023년도 블라인드 지수에서 발군의 점수를 자랑했던 LG에너지솔루션이 4위, 제일기획이 5위입니다. 삼성그룹 3개, 포스코그룹 2개의 계열사가 Top 10에 포함되었으며, SK그룹, LG그룹과 현대자동차그룹, HD현대그룹이 각각 1개씩 포함되었습니다. 10대 그룹에 포함되지 않은 회사는 에쓰오일이 유일합니다.

다음은 2021~2023년 3년 평균 데이터를 한번 살펴보죠. 정서적 연봉의 계산상 전년 대비 개선 점수에 30%의 가중치가 부여되기 때문에 매년 증가 폭은 '음'의 상관관계를 보일 수밖에 없습니다. 한해 좋아지면 다음 해도 계속 좋아지기는 어려운 법이죠. 또한 언제까지나 직원 만족도가 올라갈 수는 없습니다.

직원 만족도가 일정 수준이 되면 그 이상을 올리는 데는 엄청난 노력이 들어갑니다. 영어로 'Law of Diminishing Marginal Returns'라고도 합니다. 절대 수준이 중요하냐 개선도가 중요하냐, 딱 떨어지는 답은 없지만 전년 대비 얼마나 좋

| 그래프 5-3 | 2021~2023년도 평균 화폐 연봉과 정서적 연봉 Top 10 상장기업

출처: 저자 가공

아졌는지를 따지는 개선도가 비금전적 만족도 형성에 중요한 역할을 하는 건 분명한 사실입니다. 그렇다고 개선도를 넣자니 연도별 변동성이 커지고, 전년도 점수의 기저효과 때문에 점수가 격년으로 개선되거나 하락할 수 있습니다. 이 현상을 완화시키기 위해서 3년 평균 연봉을 살펴보았습니다.

이 표본에 포함되기 위해서는 2021, 2022, 2023년도 3개년도 공히 정서적 연봉이 모두 존재하는 상장기업이어야 합니다. 다시 말하면 2020, 2021, 2022, 2023년 4개년도 모두 블라인드 지수 설문 응답자가 10명 이상인 상장기업만 포함된다는 이야기입니다. 이러한 상장기업은 총 148개가 있습니다.

3년 평균 1인당 화폐 연봉 Top 10 기업의 경우 언론에 여러 번 기사가 실린 적이 있습니다. 그래프 5-3을 보면 상장기업 148개 중에서 3년 평균으로 1인당 화폐 연봉이 가장 높은 기업은 NH투자증권입니다. 연봉킹 리스트 전통의 강호 SK텔레콤과 에쓰오일이 각각 2위와 3위입니다.

3년 평균 정서적 연봉 Top 10 리스트는 2023년 정서적 연봉 Top 10 리스트와 상당히 다릅니다. 비금전적 직원 만족도가 매년 변하기도 하고, 앞에서 말씀드린 대로 전년 대비 개선도 지표의 한계도 있습니다. 하지만 2023년도 화폐 연봉 Top 10이면서 정서적 연봉 Top 10에 포함되는 저력을 발휘했던 두 회사, SK텔레콤과 포스코인터내셔널이 3년 평균 정서적 연봉으로는 1위와 2위를 차지합니다. SK텔레콤이 2위 포스코인터내셔널을 한참 앞섭니다. 이 두 회사와 동아에스티를 제외한 다른 Top 7개 회사는 2023년 Top 10 리스트에는 포함되지 못했습니다. 게임 회사가 2개나 포함된 것이 흥미롭습니다. 1년 데이터보다는 3년 평균 데이터가 안정적이므로 보다 진실에 가깝지 않을까 싶습니다.

화폐 연봉과 정서적 연봉을 합한 3년 평균 총 연봉킹은? 그래프 5-4를 보면 역시 SK텔레콤이 1등을 차지했습니다. SK그룹 계열사는 텔레콤, 하이닉스, 이노베이션 등 무려 3개나 포함되어 있습니다. 네이버, 카카오, 크래프톤 등 IT 회사들의 약

| 그래프 5-4 | **2021~2023년도 평균 총연봉 Top 10 상장기업**

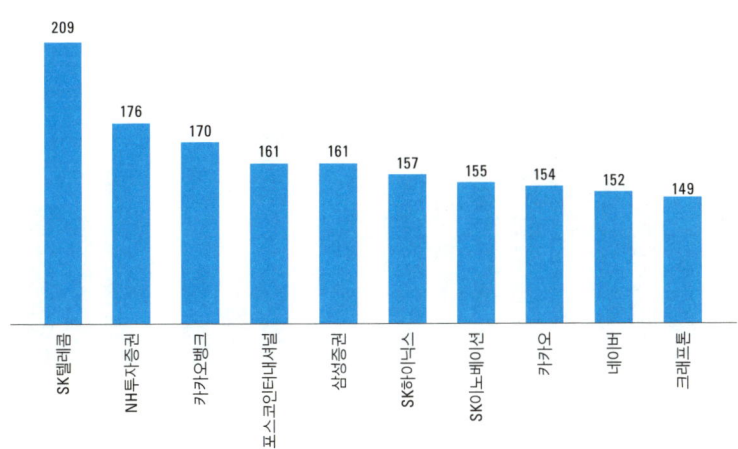

단위: 백만 원

출처: 저자 가공

진도 돋보입니다. 제 아들 녀석들이 장차 회사원이 된다면 부모로서 강추하고 싶은 회사가 이런 회사들이죠. 금전적 보상과 정서적 보상이 균형을 이룬 회사들입니다.

CHAPTER 3에서 우리나라를 대표하는 8개 회사의 블라인드 리뷰와 지수 점수를 살펴본 적이 있습니다. 우리나라 간판 기업들의 정서적 연봉은 어떨까요? 2023년도 데이터로 살펴보았습니다. 그래프 5-5를 보면 1인당 화폐 연봉 기준으로는 1억 5,200만 원으로 SK이노베이션이 단연 선두입니다. 다음으로 삼성물산과 기아가 뒤따릅니다. 그런데 정서적 연봉 순위는 사

| 그래프 5-5 | **2023년도 한국 주요 기업들의 화폐 연봉과 정서적 연봉**

단위: 백만 원

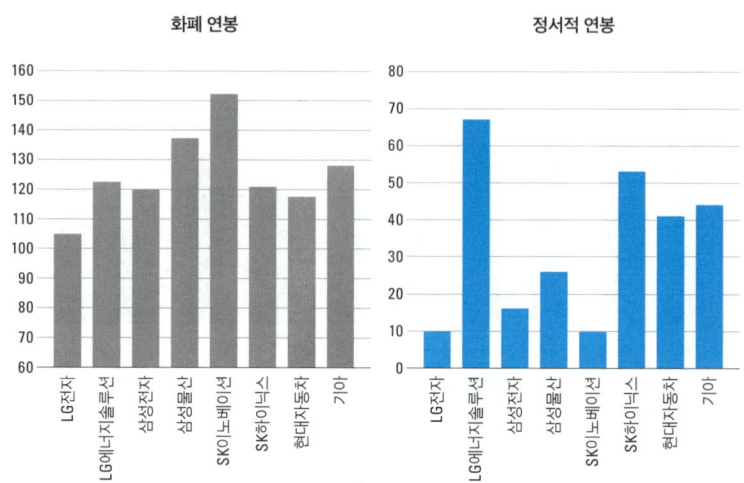

출처: 저자 가공

| 그래프 5-6 | **2023년도 한국 주요 기업들의 총연봉**

단위: 백만 원

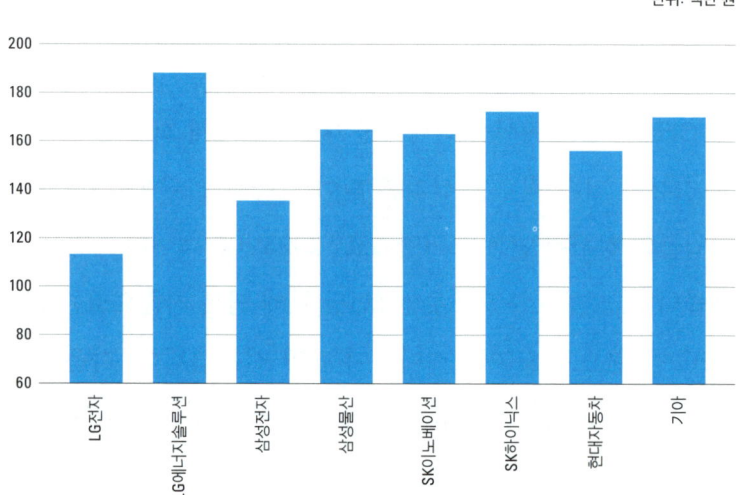

출처: 저자 가공

못 다릅니다. LG에너지솔루션이 정서적 연봉 6,700만 원으로 단연 선두이고, SK하이닉스와 기아가 뒤를 따르고 있습니다. LG전자는 화폐 연봉과 정서적 연봉 공히 높이는 것이 필요해 보입니다.

총연봉 기준으로 화폐 연봉과 정서적 연봉을 합하여 평가해 보면 그래프 5-6에서 LG에너지솔루션의 총연봉이 가장 높고, SK하이닉스와 기아가 각각 2위와 3위입니다. 사실 이 정도의 우리나라 초일류 기업들이라면 화폐 연봉으로 크게 차별화하기는 어렵습니다. 실제로도 이 그룹의 기업들은 화폐 연봉으로는 큰 차이가 나지 않는 것을 알 수 있습니다. 그러나 정서적 연봉은 큰 차이를 보이며 정서적 연봉 1, 2, 3위가 그대로 총연봉 1, 2, 3위에 랭크된 것을 볼 수 있습니다.

규모보다 더 중요한 정서적 가치, 외감기업 편

다음으로는 상상기업이 아닌 외감기업 그룹에 속한 회사 149개의 2023년도 정서적 연봉을 살펴보겠습니다. 외감기업 중 한국남동발전, 한국수력원자력 등 한국전력의 발전자회사를 포함한 11개 기업은 공기업 및 공공기관 그룹에서 별도로 살펴보겠습니다. 외감기업의 경우 사업보고서를 공시하지 않는 기업이 많아서 1인당 화폐 연봉은 따로 집계할 수 없었습니다.

외감기업 중 정서적 Top 10은 상당수가 글로벌 기업의 한국 자회사들로 나타납니다. 구글코리아가 정서적 연봉 1억 2,100만 원으로 단연 1위를 차지했습니다. 상장기업 정서적 연봉 1위였던 한솔케미칼의 8,200만 원을 한참 뛰어넘으며 2023년도 정서적 연봉이 산정된 모든 기업 396개 중 최고입니다.

구글코리아의 비금전적 보상 12개 항목 점수의 산술 평균은 약 78.79점입니다. 이 회사가 속한 동종 비교군은 상장 및 외감기업 중 한국표준산업분류 상 전문 서비스업에 속한 기업 6개로서 이들의 비금전적 보상 점수의 산술 평균은 약 53.33점이 나옵니다. 따라서 비교군 평균을 초과하는 초과 점수는 약 25.46점입니다. 전년도인 2022년도 구글코리아의 비금전적 보상 점수는 약 70.19점이었으니 이미 매우 높은데도 불구하고 놀라운 전년 대비 개선을 이루어 냈습니다. 전년 대비 개선 점수는 약 8.6점입니다. 2023년도 구글코리아 직원 1인당 정서적 연봉은 25.46점×593만 원×0.7+8.6점×593만 원×0.3=약 1억 2,100만 원으로 산출됩니다. 압도적인 '우등상'과 '진보상'으로 당당히 정서적 연봉 황제로 등극합니다.

2위는 네덜란드 반도체 장비 회사인 ASML의 한국 자회사인 ASML코리아, 3위는 우리나라 기업인 초정밀 공작기계 제

| 그래프 5-7 | **2023년도 정서적 연봉 Top 10 비상장 외감기업**

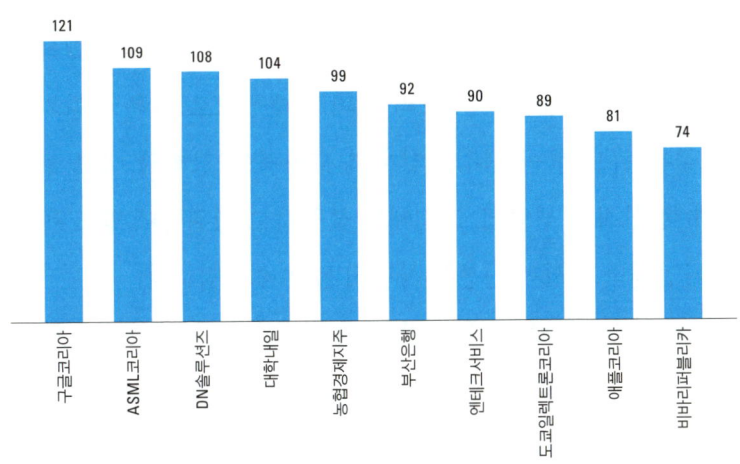

단위: 백만 원

출처: 저자 가공

조회사 DN솔루션즈가 차지했습니다. 10위까지의 기업중 글로벌 회사의 한국 자회사인 구글코리아, ASML코리아, 도쿄일렉트론코리아, 애플코리아, 4개의 회사가 포함되어 외국계 기업의 강세가 두드러졌습니다. 9위에 랭크된 애플코리아의 정서적 연봉은 8,100만 원으로 상장기업 1위인 한솔케미칼과 거의 비슷한 수준임을 알 수 있습니다. 규모가 큰 상장기업이라고 정서적 연봉도 높은 것은 아님을 보여줍니다. 토스 앱으로 유명한 회사 비바리퍼블리카가 10위, 가상자산거래소 업비트를 운영하는 두나무가 12위에 랭크되었습니다.

상장회사가 아닌 외감기업의 경우는 상장기업과 외감기업을 모두 포함하여 비교 대상 동종업종 기업으로 사용하였음을 기억하시기를 바랍니다. 그러니 비교 대상으로 같은 외감기업은 물론 규모가 큰 상장기업까지 포함하여 경쟁사 대비 초과 점수를 산정한 셈인데, 그럼에도 불구하고 상위권에 랭크된 외감기업들의 정서적 연봉은 상당히 높은 수준입니다.

2024년과 2025년에 각각 기업회생절차를 신청한 티몬·위메프와 홈플러스의 2023년도 정서적 연봉은 어떨까요? 티몬은 (-)2,000만 원으로 149개 기업 중 106위, 위메프는 (-)3,960만 원으로 129위, 홈플러스는 (-)1,120만 원으로 94위에 랭크되었습니다. 재무적인 곤경에 빠지기 전 이미 정서적 연봉이 매우 낮은 수준인 걸 알 수 있습니다.

복지 너머의 심리적 보상, 공기업·공공기관 편

그럼 2023년도 우리나라 공기업과 공공기관들의 정서적 연봉은 어떨까요? 한국전력, 한국가스공사, 한전KPS, 강원랜드, 한전산업개발 등 상장된 공기업 5개는 공기업이지만 앞서 195

상장기업을 살펴볼 때 포함하여 분석했기 때문에 공기업 그룹에서 제외하였습니다. 그러므로 공기업 및 공공기관 그룹은 한국남동발전, 한국남부발전, 한국수력원자력, 한국동서발전, 한국서부발전, 한국인삼공사 등 상장회사가 아닌 외감기업 11개와 공공기관 41개, 총 52개로 구성되어 있습니다. 이와 같은 공기업 및 공공기관 그룹에 속한 회사의 경우 성격이 다양하여 같은 업종에 속하는 비교 대상 회사들을 선정하는 것이 약간 복잡한데 비교 대상 그룹의 선정 방법은 앞서 설명한 바 있습니다.

공기업 및 공공기관의 경우 공공기관 경영정보 공개 시스템 알리오에서 1인당 화폐 연봉을 확인할 수 있습니다. 52개 기관 중 1인당 화폐 연봉 1위는 한국산업은행입니다. 대한무역투자진흥공사와 국방과학연구소가 2위와 3위로 그 뒤를 따르고 있습니다.

정서적 연봉은 한국남동발전이 약 8,300만 원으로 1위를 차지했습니다. 상장기업 중 정서적 연봉 1위인 한솔케미칼의 8,200만 원과 비슷한 수준입니다. 한국남동발전의 비금전적 보상 12개 항목 점수의 산술 평균은 약 69.91점인데 이 회사는 외감기업이자 공기업이기 때문에 동종 비교군은 상장 및 외감기업 중 한국표준산업분류 상 전기, 가스, 증기 및 공기 조절 공급업에 속한 기업 5개로서 이들의 비금전적 보상 점수의 산술 평

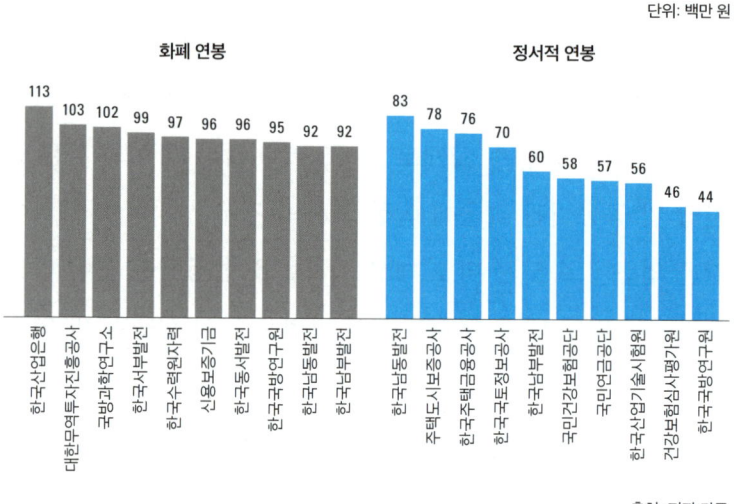

| 그래프 5-8 | 2023년도 공기업 및 공공기관 화폐 연봉과 정서적 연봉 Top 10 기관

출처: 저자 가공

균은 약 54.25점입니다. 그러므로 비교군 평균을 초과하는 초과 점수는 약 15.66점이 됩니다. 전년도인 2022년도에는 회사의 비금전적 보상 점수가 약 59.92점이었으니 9.99점의 비약적인 전년 대비 개선을 이루어 냅니다. 2023년도 한국남동발전 직원 1인당 정서적 연봉은 15.66점×593만 원×0.7+9.99점×593만 원×0.3=약 8,300만 원이 됩니다. '우등상'도 훌륭하지만 '진보상'이 매우 인상적입니다. 2위는 주택도시보증공사, 3위는 한국주택금융공사가 랭크되었습니다.

| 그래프 5-9 | **2023년도 공기업 및 공공기관 총연봉 Top 10 기관**

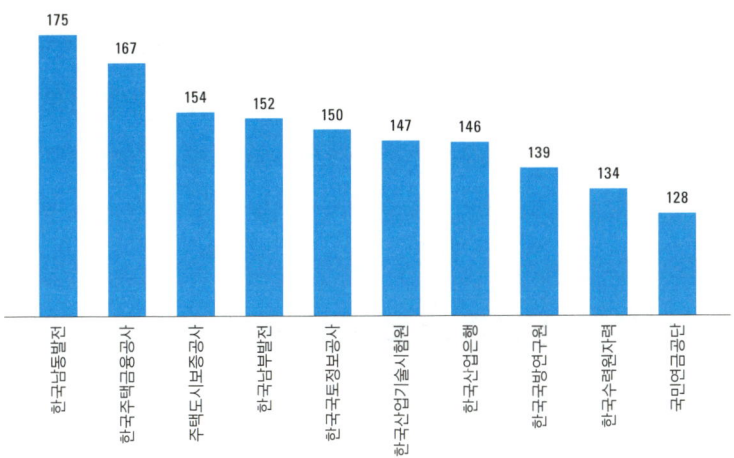

단위: 백만 원

출처: 저자 가공

그럼 화폐 연봉과 정서적 연봉을 합한 총연봉을 구해서 Top 10 리스트를 만들어 보면 정서적 연봉 Top 10과 큰 차이가 나지 않습니다. 정서적 연봉 Top 10 리스트와 8개 회사가 겹칩니다. 화폐 연봉 Top 10 리스트에 있던 한국산업은행과 한국수력원자력은 높은 화폐 연봉에 힘입어 총연봉 Top 10에 포함되었습니다.

총연봉 1위는 역시 한국남동발전, 2위, 3위는 한국주택금융공사와 주택도시보증공사입니다. 정서적 연봉 2위와 3위가 총

연봉에서는 순위를 맞바꾸었는데 한국주택금융공사의 높은 화폐 연봉 덕분입니다. 마찬가지로 한국남부발전의 높은 화폐 연봉 때문에 총연봉 측면에서는 한국남부발전이 4위, 한국국토정보공사가 5위를 차지해 정서적 연봉에서의 순위를 서로 맞바꿈했습니다.

'머무르고 싶은 마음'을 만드는 수치적 증거

지금까지 2023년도 데이터를 이용하여 396개 기업의 정서적 연봉을 산정해 보았습니다. 그렇다면 실제로 화폐 연봉이 높고 정서적 연봉도 높은 기업에서 직원의 자발적 이직률과 이직 의도가 낮은지를 살펴보아야 합니다.

상장기업 그룹을 먼저 살펴보겠습니다. 상장기업 그룹에 속한 195개 기업 중 2023년도 직원 1인당 총연봉(화폐 연봉과 정서적 연봉의 합) 상위 10개 기업의 자발적 이직률과 나머지 기업들의 자발적 이직률을 한번 비교해 보도록 하겠습니다. 분석 대상 상장기업 195개 중 지속가능경영보고서 등을 통해서 2023년도 직원 자발적 이직률을 입수할 수 있는 기업은 총 142개입니다. 따라서 이들 142개 기업에서 총연봉 상위 10개 기업을 제외한 132개 기업의 평균 자발적 이직률을 총연봉 Top 10 기업들의 평균 자발적 이직률과 비교하였습니다.

그래프 5-10에서 보이듯 총연봉 Top 10 기업들의 자발적 이직률의 평균은 불과 2.2%입니다. 반면 132개 기업의 평균 자발적 이직률은 7%에 가깝습니다. 5%에 가까운 차이로 총연봉이 높은 기업들의 자발적 이직률이 훨씬 낮습니다. 업종의 특성상 이직률이 높은 제일기획을 제외하면 총연봉 탑티어 회사들의 평균 자발적 이직률은 1.9%도 되지 않습니다.

그런데 이직률만 비교해서는 부족합니다. 직원의 자발적 이

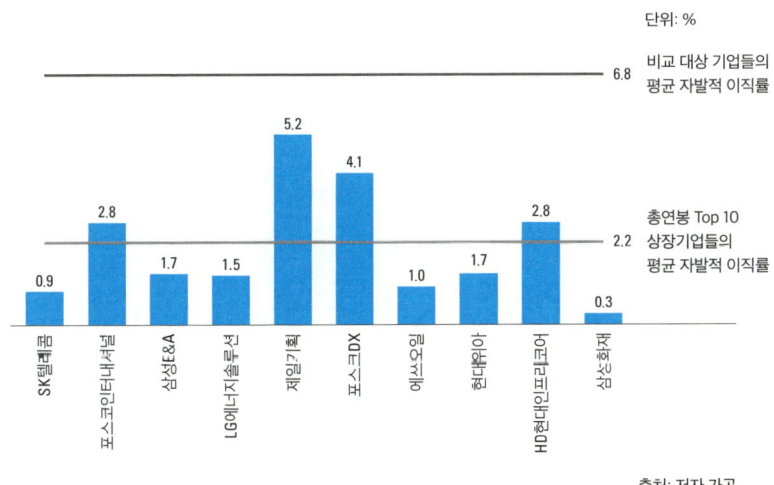

| 그래프 5-10 | 2023년도 총연봉 Top 10 상장기업 vs 기타 상장기업의 자발적 이직률 비교

출처: 저자 가공

직률은 직원이 실제로 '제 발로 걸어 나가는' 적극적인 이직만 잡아낼 뿐 대잔류 시대의 소극적인 이직인 '조용한 사직'은 담아내지 못합니다. 그래서 블라인드 지수 설문 데이터의 이직 의도 항목 점수를 사용하여 총연봉 탑티어 기업들과 나머지 기업들을 비교하였습니다. 블라인드 지수 설문 데이터의 이직 의도 항목은 답변자가 이직 의도가 없을수록 높은 점수로 코딩됩니다. 즉, 이 점수가 높은 회사일수록 직원이 이직 의도가 없다는 거죠.

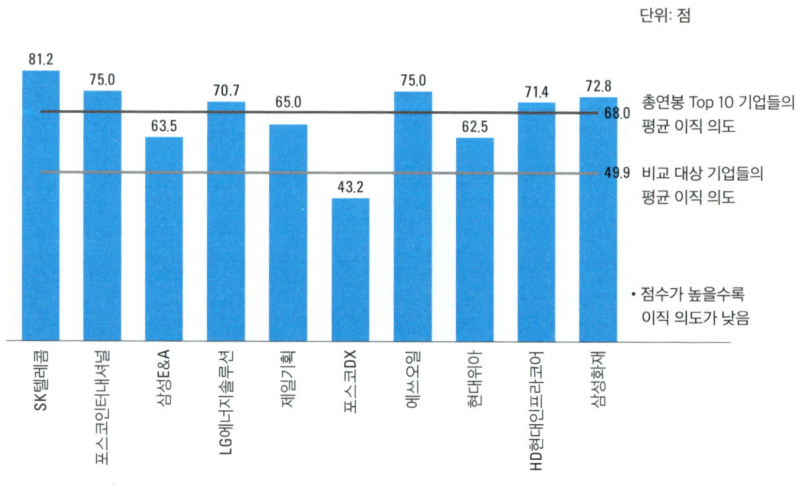

역시 총연봉 Top 10 기업들의 직원 이직 의도의 평균 점수는 68점, 나머지 185개 기업(=195개-10개)의 이직 의도 평균 점수는 50점이 안 됩니다. 종합하면 화폐 연봉과 정서적 연봉이 모두 높은 회사일수록 다른 회사에 비해 상대적으로 직원이 이직할 생각도 없고, 실제로 이직도 하지 않는다는 이야기가 됩니다.

다음으로 비상장 외감기업 그룹에 속한 149개 기업을 살펴보죠. 이 그룹은 1인당 화폐 연봉이 공시되지 않는 회사가 많

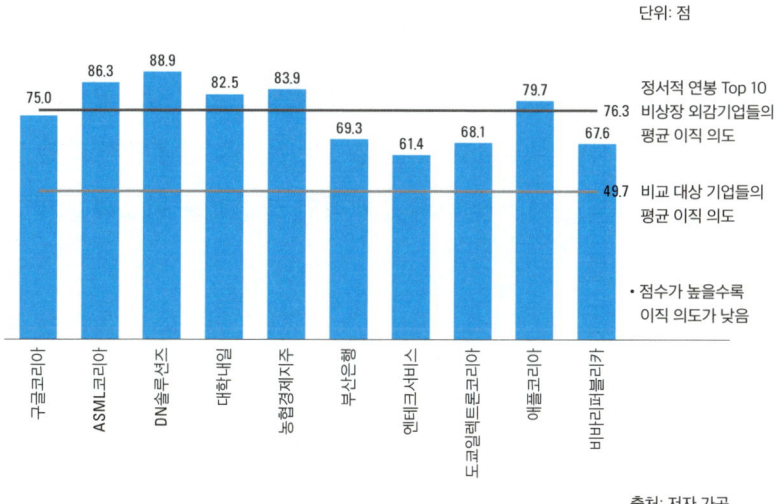

| 그래프 5-12 | **2023년도 정서적 연봉 Top 10 외감기업 vs 기타 외감기업의 이직 의도 비교**

고, 지속가능경영보고서에 자발적 이직률을 공시하지도 않기 때문에 자발적 이직률 대신 블라인드 데이터상 이직 의도 항목 점수의 차이를 비교해 보겠습니다. 정서적 연봉 기준 비상장 외감기업 Top 10 회사들의 이직 의도 평균 점수는 76.3점으로 매우 높은 수준입니다. 상장기업 총연봉 Top 10보다도 훨씬 더 직원의 이직 생각이 없는 것입니다.

반면 나머지 139개 기업의 이직 의도 평균 점수는 50점이 안 됩니다. 마음으로는 이미 사표를 쓰고 진작 헤어질 결심을 한 직원이 상당수라는 것이죠. 비상장 외감기업들은 화폐 연봉 데이터가 없어 총연봉이 아닌 정서적 연봉 데이터만 가지고 그룹을 나누었기 때문에 정서적 연봉이 이직 의도에 미치는 영향이 보다 명확히 드러납니다.

마지막으로 상장기업 그룹에 속한 기업들의 2023년도 데이터를 이용하여 직원의 이직 의도를 화폐 연봉만 가지고 예측할 때의 통계적인 설명력과 화폐 연봉에 정서적 연봉까지 합한 총연봉을 가지고 예측할 때의 통계적인 설명력을 비교해 보았습니다.

이직 의도에 영향을 미칠 수 있는 다른 변수들을 통제한 후 화폐 연봉의 자연로그 값만을 독립변수로 사용하여 회귀분석을 하면 조정 결정계수가 약 38% 수준인 데 반해 화폐 연봉에 정서적 연봉까지 더해 총연봉을 산정한 후 총연봉의 자연로그

값을 독립변수로 같은 분석을 하면 조정 결정계수가 52%로 이직 의도 변수에 대한 설명력이 크게(약 14% 포인트) 증가합니다. 표본을 확장해서 2021년에서 2023년까지의 상장기업 그룹 데이터로 같은 분석을 해도 화폐 연봉만 사용할 때 비해 총연봉을 독립변수로 사용하면 약 13% 포인트의 설명력 증가를 확인할 수 있었습니다.

지금까지 어떤 방법론을 사용하여 정서적 연봉을 측정했는지, 어떤 기업이 정서적 연봉이 높은지, 높은 정서적 연봉은 기업에 어떤 긍정적인 결과로 이어지는지를 간략히 살펴보았습니다. 특히 정서적 연봉을 높이는 것도 화폐 연봉을 높이는 것만큼이나 이직률과 이직 의도를 낮추는 효과적인 전략이라는 것을 직관적으로, 또 통계적으로 보여드렸습니다. 물론 저의 정서적 연봉 측정 방법은 여러 가지 문제점을 안고 있습니다.

예컨대 CHAPTER 4에서 살펴본 2024년도 'Achievers Workforce Institute'의 직원 몰입 및 유지 보고서는 직장인이 경제적으로 어려울수록 이직을 결정할 때 연봉 수준에 대한 고려가 큰 영향을 미친다는 설문 결과를 제시합니다.

그러나 설문 조사 결과에 따르면 급여 수준이 편안한 생활이 가능하거나 미래 저축까지 가능한 응답자의 경우는 이직 결정에 있어 근무 유연성이나 경력 성장이 보상보다 더 중요했습니다. 따라서 생활에 필요한 수준의 임금living wage을 먼저 보장하고 그 후 정서적 연봉을 높이는 것이 이직 방지에 더 효과적일 수 있지만, 이 점은 측정 방법론에 명시적으로 고려되지 못했습니다.

하지만 이 책에서 정서적 연봉을 산정했던 396개 기업은 규모가 큰 기업과 공공기관임을 기억하시길 바랍니다. 2023년의 경우 직원 1인당 평균 연봉이 공개된 우리나라 상장기업 2,366개의 1인당 평균 연봉은 약 5,700만 원인 데 반해 앞서 2023년도 정서적 연봉을 계산한 195개 상장기업의 1인당 평균 연봉은 약 8,400만 원에 육박합니다. 52개 공기업 및 공공기관의 2023년 1인당 평균 연봉 역시 7,600만 원에 가깝고요.

따라서 이 책의 분석 대상 기업들 대부분은 직원이 생활에 필요한 수준의 임금은 충분히 확보되어 있다고 봐도 크게 틀리지 않을 것이며 따라서 정서적 연봉을 높이는 것이 이직률을 낮추는 데 보다 효과적일 가능성이 높은 기업들입니다.

또한 화폐 연봉과 정서적 연봉은 독립적으로 이직률과 이직 의도에 영향을 주며 상호 간에는 영향을 주지 않는 것으로 가정하고 분석 모형을 제안하였으나 두 요인이 서로 긍정적인 영향을 주고받으며 동시에 이직률과 이직 의도에 대한 상호작용 효과interactive effect를 줄 수도 있습니다. 다만 화폐 연봉과 정서적 연봉 간의 상관관계가 낮을뿐더러 통계적으로도 상호작용 효과의 존재를 확인할 수는 없었습니다.

'Done is better than perfect'란 말이 있습니다. 실리콘밸리의 개발자들 사이에서 자주 쓰이던 말인데, 완벽을 추구하다가 실행이 늦어지거나 아예 시작하지 못하는 것보다는 불완전하더라도 일단 마무리하고 개선해 나가는 것이 낫다는 말입니다. 비금전적 보상의 정량화는 매우 어려운 작업이고, 이 책의 접근 방법 역시 많은 한계점이 있지만 모든 일이 첫술에 배부를 수는 없습니다. 불완전하지만 일단 측정을 시도한 후 계속 측정 방법을 개선해 나가면 됩니다. 일터에서 느끼는 가치를 100% 정확하게 정량화하여 화폐 가치로 측정할 수는 없지만, 정확하지 않다고 아예 시도조차 하지 않는 것보다 측정해 보는 데서 오는 장점이 훨씬 많다고 생각합니다.

일단 측정해 보고 돈으로 환산해서 공개하면 많은 사람이 관심을 가지게 되고, 더 좋은 측정 방법을 찾을 겁니다. 회사 조직문화의 문제점이 낮은 정서적 연봉의 형태로 정량화된다면 회사와 직원 모두 원인을 찾아 대안을 모색하고 개선하려 노력할 것입니다.

회사 또한 단순히 연봉만이 아닌 정량화된 조직문화를 통해 좋은 직장임을 보여주고 증명할 수 있다면 곧 닥칠 '사람이 기업을 선택하는 시대'의 노동시장에서 강력한 경쟁 우위를 갖게 될 것입니다. 화폐 연봉 정보나 재직자 기업 리뷰에 전적으로 의존해 오던 많은 구직자에게도 화폐 가치로 환산한 정서적 연봉 정보는 의사 결정에 큰 도움이 될 것입니다. 그렇다면 제가 이 책을 쓴 보람이 있는 거죠.

CHAPTER 6

머물고 싶은 회사의 비밀

> 회사의 정서적 연봉을 높이기 위해서는 구체적으로 무엇을 해야 할까요? 직원이 머물고 싶은 회사를 만들어가는 방법에는 모범 답안이 없습니다. 중요한 건 각 기업이 자기 조직의 업무, 인재, 성장 모델에 맞는 정서적 연봉의 '다이얼'을 돌리는 것입니다. LG에너지솔루션, 포스코인터내셔널, 한국남동발전의 사례는 조직과 그에 속한 사람에 대한 이해가 이루어졌을 때 비로소 정서적 연봉을 높일 수 있다는 것을 보여줍니다.

앞서 CHAPTER 4에서 정서적 연봉을 구성하는 두 축인 역량 요인과 편의 요인은 모두 이직 의도를 낮추는 데 기여하지만, 기업이 무엇에 더 집중해야 하는지는 기업의 성장 단계와 특성에 따라 달라짐을 살펴보았습니다. 성장 중인 기업은 구성원의 이탈을 방지하기 위해서 업무 의미감, 업무 중요도, 상사 및 동료 관계, 직장 내 유대, 심리적 안전감 등의 동기 요인에 주목해야 합니다. 반면 성숙기에 접어든 기업은 업무 자율성, 워라밸, 복지 등 편의 요인에 관심을 기울여야 합니다. 기업의 상황에 따라 돌려야 하는 다이얼이 다르다는 이야기입니다.

지금까지는 어떤 기업의 정서적 연봉이 높은지를 데이터로 파악하는 데 집중했습니다. 그러나 데이터는 우리 회사의 정서적 연봉을 높이기 위해서 구체적으로 어떻게 해야 하는지는 알려주지 않습니다. 결국 정서적 연봉을 구성하는 업무 자율성, 심리적 안전감, 업무 의미감 등 세부 구성 요소들을 높이기 위해 여러 정서적 연봉 상위 기업들이 그들의 비전, 전략과 기업 특성에 맞게 실제로 어떤 제도를 만들고 실행해 왔으며 직원들의 공감, 지지, 참여를 이끌어 왔는지를 자세히 살펴볼 필요가 있습니다.

이를 위해 정서적 연봉이 높은 3개의 기업을 선정하여 실제 기업을 방문하고 담당자들을 인터뷰했습니다. 우리나라 유수의 8개 기업 중 2023년도 정서적 연봉이 가장 높았던 LG에너지솔루션, 2023년도 상장기업 정서적 연봉 3위, 2021~2023년 3개년 평균 상장기업 정서적 연봉 2위를 차지한 포스코인터내셔널, 2023년도 공기업 정서적 연봉 1위인 한국남동발전이 그들입니다. 그럼 한 회사씩 살펴보겠습니다.

출근이 기다려지는 회사, LG에너지솔루션

구성원들이 회사에서 긍정 경험을 이어가고, 몰입해서 근무할 수 있는 문화를 조성하는 부서

(1) Family Friendly: 가족 친화 활동(토토가 가족 초청 행사, 임직원 자녀 수능 선물 등)

(2) Wellness: 심신의 건강을 지원하는 다양한 프로그램(상담실, 요가, 디톡스 프로그램, 1박2일 힐링트립)

(3) Joyful energy: 조직 활성화 및 사기 진작(친구야, 시즈널 이벤트, 엔솔이 굿즈 등)

LG에너지솔루션 본사 어느 팀의 업무 범위를 간략히 요약해 보았습니다. 팀 이름을 한번 맞혀보시기를 바랍니다. 상상이 안 가신다고요? 이게 정말 회사 한 팀의 주요 업무냐고요? 네, 저도 놀랐습니다. 이 팀의 이름은… 무려 '즐거운 직장' 팀입니다!

2020년 LG화학에서 분사된 LG에너지솔루션은 비교적 짧은 역사에도 불구하고 지속적으로 직원 만족도를 개선해 왔고, 이 책의 주요 분석 대상 기간인 2023년에도 높은 블라인드 지수 평점을 받았습니다. 이러한 성과는 단순한 직원 복지의 확대를 넘어서 '직원 경험 중심'이라는 회사의 철학에 기반한 조직문화 혁신의 결과였는데요. 분사 초기부터 회사는 독립적이고 유연한 조직문화를 구축하기 위해 지속적으로 노력해 왔습니다. 수평적이고 개방적인 커뮤니케이션을 지향하며 다양한 경력직 직원들의 경험과 제안을 적극 반영하는 문화를 만들어 간 것이죠. 특히 다른 기업의 우수 사례를 벤치마킹하되 이를 조직의 특성에 맞게 수정·도입함으로써 빠르게 글로벌 수준의 조직문화를 정착시켰습니다.

직원의 행복을 위한 공간 혁신, 엔트럴파크

LG에너지솔루션 본사가 위치한 여의도 파크원 빌딩의 63층. 임대료가 비싸기로 유명한 여의도 랜드마크 건물의 한 층을 통째로 차지하고 있는 곳은 회사의 임직원 전용 휴게 공간인 '엔트럴파크'입니다. 공간을 기획하고 오픈하기까지 쏟은 시간은 무려 1,525시간이랍니다.

   이곳에서는 직원들이 업무 중 혹은 업무 전후로 지친 심신을 돌볼 수 있도록 요가·명상·필라테스·싱잉볼 등 다양한 프로

| 그림 6-1 | **LG에너지솔루션 본사 엔트럴파크 라운지 존** zone

출처: LG에너지솔루션 제공

그램이 운영되고 있습니다. 마사지실도 늘 예약이 꽉 찰 만큼 이용률이 높습니다. 게다가 격주로 수요일에는 음악 공연, 원데이 클래스 등의 '힐링데이'가 열려 임직원들의 심리적 안정과 리프레시를 돕습니다. 또 액티비티 존이 마련되어 있어 스크린 골프부터 닌텐도 게임까지 다양한 활동을 통해 임직원들이 스트레스를 비우고 에너지를 채울 수 있습니다. 푸드 트럭도 운영되어 야외 캠핑을 나온 느낌으로 탁 트인 한강 전망을 바라보며 가벼운 식사도 할 수 있습니다. 저도 여러 유명 회사의 오피스 공간과 휴게 공간을 가본 적이 있지만 가히 최고의 휴게 공간이었습니다.

회사는 육아를 병행하는 임직원들의 고충을 해결하기 위해 본사 및 오창 사업장 등에서 최고의 보육 서비스를 제공하는 사내 어린이집을 운영하고 있습니다. 파크원 빌딩에 있는 본사 어린이집은 아마 우리나라에서 가장 높은 임대료를 내는 어린이집이 아닐까 하는데, 어린이집을 같이 둘러보며 안내해 주신 팀장님께서 같은 팀 직원의 아이를 알아보고 아이 이름을 부르며 반가워하시던 모습이 인상적이었습니다.

임직원들의 건강 관리에도 진심입니다. LG에너지솔루션은 사내 부속 의원을 설치하여 치료, 처방, 건강 검진, 건강 상담을 지원할 뿐만 아니라 건강 증진 프로그램도 제공하고 있습니다. 진료비는 전액 회사가 부담합니다. 가족을 엔트럴파크로 초청

하는 '토토가' 행사는 구성원이 일과 삶의 경계를 넘나들며 조직에 소속감을 느낄 수 있도록 지원하고 있습니다.

엔톡, 직원이 가장 중요한 고객이다

LG에너지솔루션은 CEO와 구성원 간의 실시간 소통 채널인 '엔톡EnTalk'을 운영 중입니다. 초대 CEO였던 권영수 부회장이 만들었던 이 채널을 통해 직원은 연중무휴 24시간 언제든지 건

| 그림 6-2 | **LG에너지솔루션 엔톡**

출처: LG에너지솔루션 보도자료

의 사항이나 질문을 제기할 수 있고, CEO 및 담당 임원 등은 빠른 시일 안에 직접 답변함으로써 경영진과 직원 간의 심리적 거리감을 좁히고 있습니다. 그냥 보여 주기식의 채널이 아니라 2021년부터 지금까지 수백 건의 직원 피드백이 반영되어 난임 의료비 지원 확대, 배우자 해외 발령 시 동반 휴직 제도, 기념일 휴가 도입 등 실질적인 개선이 이루어졌습니다. 나의 건의가 실제 기업 정책의 변화로 이어질 때 구성원으로서 느끼는 만족감은 이루 말할 수 없으리라는 것을 상상하기 어렵지 않습니다.

더불어 수직적 조직문화를 탈피하기 위해 모든 직원을 직책 없이 '○○○님'으로 호칭하고 있으며 '주니어 보드Junior Board'라는 구성원 협의체를 운영하여 조직의 개선점을 사내 리더십과 함께 논의하는 구조를 만들었습니다. 주니어 보드 대표단은 CEO와 월 1회 정기 간담회를 가지며 조직문화는 물론 업무 효율성과 시스템 개선 등 다양한 주제에 대해 직접 건의합니다.

또한 회사는 윤리경영을 기반으로 실력을 길러 정정당당하게 승부한다는 LG만의 행동 방식인 '정도경영'으로, 윤리적 기준을 철저히 준수하는 기업 문화를 구축하고 있습니다. CEO 직속의 윤리사무국을 중심으로 모든 임직원이 연 1회 '정도경영 실천 서약서'를 작성하며 윤리경영에 대한 다짐을 갱신하는데요. 임직원 고충 처리 또한 온라인(엔톡 및 정도경영 신고 센터)과 오프라인(주니어 보드) 채널을 통해 접근성을 높여 임직원의 권리 보호와 심리적 안전감 확보에 힘쓰고 있습니다.

스스로 일하고 성장하는 힘

LG에너지솔루션 임직원들은 재택근무 및 거점 오피스를 활용한 원격 근무 등 다양한 근무 형태를 자율적으로 선택할 수 있으며, 출퇴근 시간을 자유롭게 정하는 탄력 근무제를 통해 스스로 일과 삶의 균형을 조정할 수 있습니다. 이러한 유연한 근무 환경은 구성원의 몰입도와 자발성을 끌어올리는 데 크게 기여하고 있습니다.

LG에너지솔루션은 업의 특성상 연구개발과 기술 리더십이 가장 중요한 회사입니다. 빠르게 변화하는 경영 환경과 기술의 진보는, 정답이 없는 새롭고 도전적인 과제를 성공적으로 수행할 수 있는 탁월한 역량의 빌드업을 지속적으로 요구합니다. 이에 맞춰 회사는 직원의 자발적인 역량 강화와 리더십 성장을 위해 다양한 교육·개발 프로그램을 운영합니다.

직무 전환을 희망하는 직원이 원하는 부서와 팀에 직접 지원할 수 있도록 한 사내공모제도인 '커리어플러스' 제도는 개인이 주도적으로 경력 성장 경로를 탐색할 수 있게 합니다. 또한 직원들의 장기적인 조직 내 안착을 돕기 위해 구축된 사내 교육 플랫폼인 '엔솔 캠퍼스Ensol Campus'는 직무 분야별 전문성 향상을 위한 'Battery College', 리더십 역량 및 커리어 개발 등을 지원하는 'Leader's Academy', 비즈니스 어학 역량을 기르는 'Language School' 등 임직원들이 자발적으로 수강할 수 있는 교육 콘텐츠를 제공합니다. 이러한 제도는 단순히 수행하는 직무의 숙련을 넘어 직원의 미래 커리어 설계를 위한 적극적인 역량 강화를 목적으로 직원의 자율적인 몰입과 장기근속을 동시에 강화하는 효과를 낳고 있습니다.

회사는 성과 관리 시스템에서도 투명성과 공정성을 강화하고 있습니다. 매년 초 조직 단위별 목표 공유회를 통해 개인별 성과 목표를 수립하고, 중간 리뷰 및 연말 평가까지 체계적인 피드백 사이클을 운영합니다. 완벽한 평가 제도는 존재하지 않습니다. 그러나 회사는 단순히 수치 기반 평가에 그치지 않고, 실제 업무 맥락 속에서의 성과를 반영하려는 노력을 멈추지 않습니다. 앞서 소개한 리더십 교육 역시 이러한 철학을 공유하는 기능을 하며, 구성원의 성장을 지원하는 조직으로서의 정체성을 강화하는 데 기여하고 있습니다.

글로벌 인재가 모이는 이유

'직원이 가장 중요한 고객이다'라는 LG에너지솔루션의 기업문화는 특히 급변하는 글로벌 전기차 산업 환경 속에서 더욱 주목받고 있습니다. 전기차 배터리는 글로벌 자동차 산업의 패러다임을 바꾸는 핵심 기술이며, 이를 둘러싼 시장의 경쟁은 단순히 기술 경쟁을 넘어 인재 확보와 조직문화 경쟁으로 확장되고 있습니다. 회사는 단기간 내 북미, 유럽, 아시아의 주요 거점에 글로벌 생산 인프라를 구축하며 빠른 성장을 이어가고 있는데, 이러한 단기간의 글로벌 확장은 다양한 글로벌 사업장을 하나로 묶는 강력한 공통의 조직문화 없이는 불가능합니다. 일하는 방식, 가치관, 소통의 방식이 각기 다른 글로벌 인력을 효과적으로 통합하려면 목표 달성을 위해 전 구성원의 가치와 행동을 암묵적으로 가이드하는 정신적 소프트웨어, 즉 조직문화의 역할이 필요하기 때문입니다.

회사는 글로벌 정책과 로컬 자율성을 절묘하게 조화시키는 전략을 택하고 있습니다. 소규모 타운홀 미팅 등은 문화적 장벽을 허물고 조직 내 유대감을 높이는 역할을 하고 있습니다. 일례로 미국 미시간 공장은 초기에는 문화적 갈등과 운영상의 비효율로 어려움을 겪었으나, 현지 직원들의 의견을 존중하고 본사와의 소통 체계를 강화하면서 조직이 빠르게 안정화되었다고 합니다. 폴란드 생산법인 또한 《Forbes Polska》 등 현지 언론에서 폴란드 최고의 직장 중 하나로 선정될 만큼 현지 채용 시장에서 매력적인 선택지로 변모했습니다.

나아가 회사는 다양성과 포용성을 중시하는 글로벌 기업으로서의 정체성도 강화하고 있습니다. 현재 LG에너지솔루션의 해외 임직원 비율은 약 70%에 달하며, 성별·인종·장애·성 정체성 등을 포함한 DEI 관점에서도 포용적 정책을 확대하고 있습니다. 앞서 언급한 바 있는 고충 처리 채널을 강화하고, 직원이 조직 내에서 안전하게 의견을 표명할 수 있는 심리적 안전감 조성을 위해 다층적인 장치를 마련한 것도 그 일환입니다.

변화하는 환경에 발맞춘 노력

실제로 이러한 회사의 노력은 경쟁사와 비교한 이직률 지표에서 확연히 드러납니다. 2023년 LG에너지솔루션의 자발적 이직률은 약 1.5%로, 경쟁사인 SK온(약 4.5%)보다 현저히 낮은 수준입니다. 특히 핵심 인재군의 이직률은 더욱 낮아 기업이 숭요 인재를 효과적으로 유지하고 있다는 점에서 의미가 깊습니다. 고용노동부는 유연한 근무 환경, 임금 체계, 임직원 복지 등으로 인정받은 LG에너지솔루션을 '2023 일자리 으뜸기업'으로 선정하기도 하였습니다.

　그러나 경영 실적과 조직문화 모두 성장 가도를 쾌속으로 달리던 회사도 최근 전기차 캐즘으로 인한 업황의 악화와 실적의 하락, 이에 따른 2024년 노사 간의 성과급 갈등 등으로 구성원의 불만이 커지고 있습니다. 실제 이 책을 마무리할 즈음 블라인드에서 발표한 2024년도 블라인드 지수 결과에서 LG에너지솔루션의 블라인드 지수는 2023년 대비 크게 하락했습니다.

　만족도 하락의 원인은 복합적입니다. 그러나 회사는 이에 흔들리지 않고 중장기적인 조직문화 방향성을 유지하고 있습니다. 조직문화 현황을 확인하고 개선하기 위해 연 2회 전 사무직 정규직원을 대상으로 구성원 만족도 조사를 실시하고 있습니다. 또한 각 조직의 지속적인 개선 활동을 위해 조사 결과가 리더에게 개별 리포트 형태로 발송됩니다. 실제로 2023년에는 구성원 만족도 조사 결과를 반영하여 사내 포털의 회의 시스템을 개선했고, 이를 통해 신속하고 효율적인 보고 및 회의 문화 정착에 기여한 바가 있습니다.

'출근이 기다려지는'
구성원 중심의 즐거운 직장

다가올 '사람이 기업을 선택하는 시대'에서 LG에너지솔루션의 노력은 '좋은 직장'의 새로운 기준을 제시하고 있습니다. 회사는 직원 복지를 단지 외형적인 혜택의 나열이 아닌 직원을 가장 중심에 둔 통합적 접근을 통해 완성해 나갑니다. 직원의 행복은 단순히 복지의 총합이 아니라 직원의 목소리가 존중되고, 일터에서 심리적 안정을 느끼며 자율적으로 성장하는 경험에서 비롯된다는 것이죠. 엔트럴파크에서 제공되는 다양한 명상과 요가 프로그램, 가족과 함께하는 직장 체험 행사, CEO가 일선 직원의 목소리를 실시간으로 듣는 엔톡과 주니어 보드는 모두 '사람 중심'의 일터를 실현하려는 구체적인 장치들입니다. '돈으로 살 수 없는 일할 맛'을 '출근이 기다려지는 회사'란 구체적인 캐치프레이즈 하에 구현하는 것입니다.

짧은 역사의 회사지만 사람 중심을 가치로 내건 LG에너지솔루션의 조직문화는 회사의 놀랄만한 외형적 성장을 단기간에 효과적으로 이루어 내는 데 큰 기여를 했습니다. 앞으로의 도전은 이러한 조직문화가 급변하는 외부 환경에도 흔들림 없이 지속 가능하도록 유지하는 것입니다. 중국 배터리 산업과의 날로 치열해지는 경쟁, 전기차 캐즘으로 인한 업황의 불확실성, 급변하는 국제 정세와 지정학적 요인, 글로벌 공급망 환경의 불확실성, 우수 인력 확보 전쟁 속에서 LG에너지솔루션은 단순한 성장보다 좋은 조직으로서의 성장을 추구하고 있습니다. 구성원의 의견이 실질적으로 반영되고, 편안함을 느끼며 스스로 동기를 가지고 성장할 수 있는 조직을 만들고자 하는 것이죠.

회사는 업황, 경쟁, 비즈니스 모델, 리더십, 조직문화의 급격한 변화 속에서 그야말로 중대한 도전들에 직면하고 있습니다. 분사 이후 3년간 구축한 자율적이고 수평적인 조직문화를 바탕으로 회사는 한 단계 도약한 '엔솔 2.0'에 걸맞는 '성취 지향적인 프로페셔널 조직문화'를 새로운 조직문화 지향점으로 수립하여 그간의 양적 성장을 넘어 질적 향상을 위한 초격차 성취를 지향하고 있습니다. 사람 중심의 기업 경영을 내건 LG에너지솔루션이 제시하는 새로운 조직문화 모델이 이 만만치 않은 도전을 성공적으로 극복하고, 그동안의 성공 신화를 계속 쓸 것인지가 앞으로의 관전 포인트입니다. '직원들이 월요일을 기다리는' 사람 중심의 기업 경영=지속 가능한 장기 성과? 장차 엔솔의 행보가 저도 궁금하네요.

나를 성장시키는 회사,
포스코인터내셔널

포스코인터내셔널은 전통적인 무역 상사에서 출발했습니다. 2000년 대우그룹 해체 이후 인적 분할을 통해 무역 부문이 분리되면서 '대우인터내셔널'이라는 이름으로 새출발을 했고, 2010년 포스코그룹에 인수된 후 2019년 '포스코인터내셔널'로 사명을 변경하여 새롭게 출범했습니다. 사명의 변화가 보여주듯 포스코인터내셔널은 이제 물건을 사고파는 전통적인 무역 회사를 넘어 에너지, 식량, 소재, 친환경 산업 등 다양한 분야로 사업 영역을 확장하며 글로벌 종합사업회사로 성장하고 있습니다. 전 세계에 거점을 두고 지속적으로 포트폴리오를 확장해 나가는 포스코인터내셔널은 스스로 사업 기회를 창출할 수 있는 기업가entrepreneur형 인재를 육성함으로써 구성원에게 동기를 부여하며 정서적 연봉을 높이고 있습니다. 이러한 노력의 결과로 포스코인터내셔널은 2023년 상장기업 중 정서적 연봉 3위, 3년 평균 정서적 연봉 상장기업 2위를 기록하였습니다.

자율성과 책임이 만드는 몰입

포스코인터내셔널은 2015년 송도로 본사를 이전했습니다. 이로 인해 기존 직원들의 출퇴근 시간이 늘어났는데요. 이에 회사는 여의도 파크원과 서울시청 인근 금세기빌딩 등 서울 주요 거점 6곳에 스마트워크센터를 설치해 직원들이 원한다면 송도 본사 대신 가까운 센터에서 근무할 수 있도록 했습니다. 실제 서울 포스코 사거리에 있는 포스코타워에도 포스코인터내셔널 직원들의 거점 오피스가 큰 규모로 마련되어 있었습니다. 스마트워크센터는 사전 예약제로 운영되며 특히 금요일 예약은 경쟁이 치열할 정도로 인기가 높다고 합니다. 단순히 집에서 가까운 곳으로 출근할 수 있다는 편의를 넘어 장거리 출퇴근에 소요되는 시간을 줄이고 업무 집중도를 높일 수 있다는 점에서 구성원의 만족도가 매우 높습니다.

나아가 근무 시간 역시 유연하게 운영되고 있습니다. 오전 10시부터 오후 3시까지의 '코어 타임'만 지키면 출퇴근 시간은 각자의 생활 패턴에 맞게 조정이 가능합니다. 9시에 출근해서 6시에 퇴근하거나, 10시에 출근해서 7시에 퇴근하는 등 직원 개개인이 자신에게 가장 효율적인 리듬을 만들어갈 수 있죠. 여기에 더해 격주 4일제가 도입되어 한 주는 5일 근무, 다음 주는 4일 근무가 가능합니다. 이처럼 공간과 시간을 자율적으로 통제할 권리를 부여받은 직원은 어디서 일하든, 언제 일하든 본인의 역할에 책임을 다하면 됩니다. 자율과 책임이라는 간결한 원칙이 직원에게 스스로 몰입할 수 있는 기반을 제공하는 것입니다.

포스코식 기업가 정신

현재 포스코인터내셔널의 핵심 사업 영역은 트레이딩, 에너지, 식량입니다. 상사에서 시작한 만큼 무엇이 미래에 돈이 될지 파악하는 게 중요하고, 사업 영역을 지속적으로 확장해 온 만큼 우리 회사에 맞는 미래 먹거리가 무엇일지 파악하는 것이 중요합니다. 회사의 브랜드 정체성Brand Identity으로 '우리는 지구적 스케일의 답을 찾는 사람들'이 이를 단적으로 보여줍니다. 전 세계를 무대로 사업 기회를 포착하는 게 중요한 거죠. 이처럼 사업 포착이 기본 업무가 되다 보니 해외 출장, 네트워킹 미팅, 전시회 참석 등 모든 활동이 단순한 의무가 아닌 기회로 인식됩니다. 현지에서 사업성을 검토하고 본사에 제안하는 과정을 반복하면서 구성원 스스로 사업적 시각을 키워가고 있습니다.

구성원이 스스럼없이 의견을 내고 토론할 수 있는 환경이라는 점도 적극적 참여를 유도하고 있습니다. 포스코인터내셔널에는 CEO와의 타운홀 미팅, 부문별 간담회, 실시간 제안 시스템 등 다양한 소통 채널이 마련되어 있습니다. 특히 실시간 제안은 빠르면 1주 이내, 늦어도 2주 이내에 피드백이 제공되는데요. 이러한 소통 창구로 자주 받는 제안이 그냥 민원이 아닌 '사업 아이디어'라는 점에서 매우 흥미롭습니다. 예를 들어 현재 포스코인터내셔널이 진행 중인 가스전 사업을 바탕으로 창출할 수 있는 부가적인 사업에는 무엇이 있을지 주니어 직원들이 스스로 창의적인 아이디어를 제안한다고 합니다. 자유롭게 의견을 제시하고, 그에 대한 피드백도 받으니 '내 아이디어가 회사의 미래를 바꿀 수 있다'라는 심리적 주인 의식이 생길 수밖에 없겠죠.

나아가 실패하더라도 시도 자체가 평가받는 문화이기에 실패에 대한 두려움과 부담이 적습니다. 사업 확장을 거듭하다 보면 당연한 말이지만 성공만 할 수는 없습니다. 프로젝트가 최종 상업화에 실패하는 사례가 발생하더라도 이 프로젝트를 추진한 임직원 중 누구도 평가상 불이익을 받지 않습니다. 결과보다는 시도 자체가 평가받으니, 직원은 실패에 대한 공포 없이 적극적으로 창의성을 발휘하여 과감한 시도를 할 수 있겠죠. 이처럼 실패를 자산으로 보는 태도는 구성원에게 '이 회사는 나를 키워준다'라는 인식을 심어줍니다.

인재 육성 또한 기업가형 인재를 길러내는 방향으로 이루어지고 있습니다. 포스코인터내셔널에 입사한 주니어 구성원은 담당 도메인의 깊이 있는 학습을 시작으로 일정 기간이 지난 후 3~6개월의 해외 단기 파견을 통해 글로벌 사업 환경을 직접 경험하고, 감각을 익히게 됩니다. 중간 관리자로 성장하면 해외 장기 주재원으로 파견되며, 팀장급 이상으로 올라가면 국내외 MBA를 통해 리더십 역량을 심화시킬 기회가 주어집니다. 특히 MBA 파견 시점이 일반 대기업보다 늦다는 점은 포스코인터내셔널만의 차별점입니다. 충분한 현장 경험 후 전략 교육을 받기에 학습 효과가 극대화되는 것이죠. 이러한 육성 과정을 통해 포스코인터내셔널은 사업을 볼 줄 아는 눈을 조직적으로 길러내고 있습니다.

다양한 관점이 협업을 만든다

회사 신사업의 급격한 포트폴리오 확장은 조직의 인적 구성에도 큰 변화를 불러왔습니다. 팜오일 농장 인수, 구동모터코어 해외 생산 기지 확보, LNG 밸류체인 확장 등 다양한 신사업 추진은 외부 인재의 유입으로 이어졌고, 이는 자연스럽게 조직 내부에 다양한 배경과 경험을 지닌 구성원들이 어우러지는 계기가 되었습니다. 세대 구성면에서도 MZ세대가 조직의 주축을 이루는 가운데, 대우 시절을 경험한 구성원들도 약 20% 정도 남아 있습니다. 이들은 과거의 협업 정신과 경험을 바탕으로 신세대의 역동성과 창의성에 조화롭게 힘을 보태고 있습니다.

이처럼 사업 모델의 확장과 인적 다양성이 맞물리며 포스코인터내셔널은 서로 다른 시각과 강점을 교차시키고 취합하여 성장하는 다층적 조직으로 진화하고 있습니다. 새로운 프로젝트가 시작되면 해당 분야에 경험이 있는 선후배, 동료들이 자발적으로 참여해 도움을 주는 일이 일상화되어 있습니다. 누군가 사업 아이디어를 내면 선배는 '예전에 비슷한 사례가 있었지'라며 조언을 건네고, 후배는 최신 트렌드 분석을 통해 인사이트를 더합니다. 이러한 문화는 직장 내 유대와 동료 관계를 제고할 뿐만 아니라, 사업 기회를 빠르게 포착하고 실행으로 옮기는 포스코인터내셔널만의 강력한 조직적 역량으로 작동하고 있습니다.

구성원이 스스로 움직이는 회사

포스코인터내셔널의 직원은 매일 출근할 때마다 이 회사가 자신을 키워주고 있다는 느낌을 받습니다. 주어진 일만 하는 곳이 아니라 스스로 사업을 찾아 도전할 수 있는 무대가 열려 있어, 자연스럽게 회사에 오래 머물고 싶은 이유가 생깁니다. 내가 원하는 시간에 원하는 곳에서 근무할 수 있고, 다양한 배경을 가진 동료들과 함께 일하며 성장하는 것이 이를 더해줍니다.

결국 포스코인터내셔널의 정서적 연봉의 비결은 구성원 스스로 성장과 성과의 엔진이 되도록 하는 것입니다. 자율성을 바탕으로 책임을 부여하고, 실패를 용인하며 도전을 장려하며 스스로 사업을 찾고 키워볼 기회를 제공하는 시스템은 구성원들에게 동기를 부여하는 회사라는 차별적 경쟁력을 만들어내고 있습니다.

지금까지 우리는 2가지의 서로 다른 정서적 연봉 우수 사례를 살펴보았습니다. LG에너지솔루션, 포스코인터내셔널은 사기업인데요. 사기업에서 일하는 많은 직원은 성장과 발전, 그리고 역량 강화에 큰 가치를 둡니다. 쉽게 말해 '내가 지금 이 회사에서 열심히 일하면 내 시장가치, 즉 몸값이 올라길까?'를 고민하는 것이죠. 사기업은 본질적으로 성과를 만들어야만 생존할 수 있는 구조이기 때문에 직원 개개인도 전문성을 확보하고 실력을 키워야 살아남습니다. 그래서 어느 정도 업무 강도가 높더라도 자신의 커리어가 발전하고 있다고 느끼면 이를 감내할 수 있습니다. 이런 점에서 사기업 직원의 만족도는 현재의 편안함보다는 미래의 성장 가능성에 더 크게 좌우됩니다. 몸값이 상승하고 이직 시장에서 더 매력적인 카드가 되어간다는 확신이 있다면 사기업 직원은 상당히 높은 업무 강도도 기꺼이 받아들입니다.

반면 공기업은 구조가 완전히 다릅니다. 공기업에서 일하는 사람은 처음부터 비교적 안정적인 경력을 추구하며 입사합니다. 공기업은 외부 시장에서 치열하게 경쟁해 몸값을 올릴 필요가 없습니다. 이직 시장도 사기업처럼 활발하지 않습니다. 그래서 직원의 만족을 결정짓는 요인은 주로 장기근속을 전제로 한 심리적 안전감, 일과 삶의 균형, 상사 및 동료와의 관계 등입니다. 업무 자체에서 성취감을 느끼기도 하지만, 성장과 경쟁보다는 이 회사에서 오래 안정적으로 일할 수 있는가에 좀 더 마음이 기울어지기 마련입니다. 몸값을 올리는 것보다는 고용가능성을 유지하는 것에 좀 더 가중치를 부여하는 셈이죠.

이렇게 서로 다른 만족 메커니즘으로 인해 공기업과 사기업에 지원하는 사람이 선별selection된다고 볼 수 있습니다. 다시 말해 공기업을 선택하는 사람과 사기업을 선택하는 사람은 애초에 성향이 다른 겁니다. 따라서 사기업에서 정서적 연봉을 높였던 제도가 공기업에서는 효과적으로 작동하지 않을 수 있습니다. 그렇다면 공기업 중 정서적 연봉 우수 사례 기업도 한 번 살펴봐야겠습니다.

수평적으로 소통하는 회사, 한국남동발전

한국남동발전은 대한민국의 6개 발전 공기업 중 하나입니다. 공기업 조직문화를 떠올릴 때 흔히 연상되는 고정 관념들이 있습니다. 획일화된 규정, 상명하복의 경직된 구조, 변화에 소극적인 보수적 분위기, 그리고 근속 연수에 따라 자동으로 흘러가는 승진 시스템 등입니다. 하지만 한국남동발전은 조금 다릅니다. 공기업으로서의 안정성과 전문성을 바탕으로 하면서도 내부적으로는 자율적이고 수평적인 조직문화를 구축하였고, 당당히 공기업 정서적 연봉 1위에 올랐습니다.

우리는 '남동 가족'입니다

2024년 기준 한국남동발전의 이직률은 1.11%이고, 평균 근속 연수는 약 15년입니다. 한 번 입사하면 쉽게 퇴사하지 않는 거죠. 따라서 한국남동발전은 조직과 조화를 이루며 함께 성장할 수 있는 인재를 중요하게 여깁니다. 입사와 동시에 구성원은 오랜 시간 함께 생활하고 협력해야 하는 동반자가 되기 때문입니다. 업무 능력은 교육과 훈련을 통해 보완할 수 있지만, 인성과 태도, 협력적인 자세는 쉽게 변화되지 않는다는 것이죠.

입사 후 실제 조직 생활에서도 가족적인 분위기는 자연스럽게 유지, 강화됩니다. 동료 혹은 부하 직원이 업무상 실수를 하더라도 비난하기보다는 개선을 유도하고, 개인적 어려움이 있을 때 조직 차원에서 배려하는 문화가 형성되어 있습니다. 이와 같은 정서적 유대는 구성원이 장기적으로 조직에 헌신할 수 있는 토양을 제공합니다.

한국남동발전에서는 공감의 기업 문화 조성을 위해서 페이퍼리스 토론회를 개최하기도 합니다. 한국남동발전이 직면한 과제에 대해 구성원들이 의견을 나눔으로써 다양한 아이디어를 찾고, 회사의 미래를 함께 고민해 보자는 취지입니다. MZ세대와 조직문화, 지속 성장을 위한 디지털 전환, 안전 관리 체계 강화 등 다양한 주제로 발제자가 화두를 꺼내면 자유롭게 의견을 제시할 수 있습니다.

관계성을 중시하는 기업 문화는 단순히 업무 현장에만 국한되지 않고, 사내 다양한 교류 프로그램과 동호회 활동으로 이어집니다. 점심시간에는 직급을 막론하고 함께 배드민턴을 치는 수평적인 분위기이고, 축구, 테니스, 배드민턴, e스포츠 동호회 등이 인기라고 합니다. 이와 같은 다양한 사내 활동은 직급·세대 간 장벽을 자연스럽게 허물고 수평적 조직문화 형성에 도움을 줍니다.

일과 삶의 균형을 회사가 먼저 생각할 때

CHAPTER 2에서 살펴본 바와 같이 최적의 업무 성과를 위해 일하는 시간과 장소, 업무 수행 방식과 근무 형태를 구성원이 자기 주도적으로 결정할 수 있는 자율성의 부여는 정서적 연봉을 구성하는 중요한 요소입니다. 한국남동발전 역시 유연한 근무 시간 시스템을 운영하고 있는데요. 업무상 유연 근무제 이용이 불가한 직원들을 제외하고는 근무 시간을 선택할 수 있어 대부분의 본사 직원이 이 제도를 적극 활용하고 있습니다. 수도권 사업소와 같이 교통 체증이 심한 지역에서는 일찍 출근하고 대신 일찍 퇴근하는 탄력적 출퇴근제도 병행 운영되고 있습니다. 유연 근무제 덕분에 한국남동발전 직원들은 통제할 수 있는 시간 안에서 보다 집중적으로 업무에 몰입하고, 퇴근 이후에는 완전히 자신의 삶으로 돌아가 재충전할 수 있습니다.

내 업무는 내가 가장 잘 안다

한국남동발전의 높은 업무 자율성 배경에 유연 근무제가 있다면, 높은 업무 중요성 배경에는 실무자가 가장 현장을 잘 알고 있다는 조직적 믿음이 있습니다. 이 믿음은 경영진부터 현장까지 폭넓게 공유되고 있는데요. 이에 따라 현장 실무자는 단순히 지시를 이행하는 역할에 머무르지 않고, 스스로 의사 결정을 내리고 책임집니다. 이처럼 실질적인 권한과 책임이 일치하는 구조는 구성원 스스로의 유능감을 키우는 핵심적 요인으로 작용합니다. 책임과 권한이 분리된 조직에서는 직원이 수동적 태도로 일하기 쉽지만, 한국남동발전처럼 실무자가 권한과 책임을 동시에 갖는 조직에서는 직원이 스스로의 업무가 가지는 영향력을 인지하게 되므로 적극적 태도로 일에 임하게 됩니다.

실패를 포용하는 문화 역시 유능감을 증진시키는 핵심 장치로 기능하고 있습니다. 한국남동발전에서는 시도가 실패하더라도 단순히 결과로 평가하지 않습니다. 실패했더라도 해당 과정을 책임 있게 수행했다면 조직 차원에서는 이를 성장의 한 단계로 인정합니다. 실패 자체에 페널티를 부여하지 않고 오히려 실패 속에서도 조직에 헌신한 노력을 평가하는 문화는 결국 구성원들의 심리적 안전감을 높이겠죠.

입지와 복지, 일의 질을 높이다

한국남동발전 구성원들의 이직 의도가 낮은 이유에는 앞에서 살펴본 요소 외에도 지리적 요인과 복지 제도가 있습니다. 우선 한국남동발전의 본사는 진주에 있지만, 수도권에도 성남의 분당복합화력, 인천의 영흥발전본부 등 대형 발전소를 보유하고 있습니다.

공기업 근무를 희망하는 젊은 구직자들이 금융 공기업을 제외하면 수도권에서 일하기 쉽지 않은 현실에서 수도권 사업소의 존재는 큰 매력 포인트입니다. 실제로 수도권 내 공기업 가운데 이만큼 대규모 인프라와 시설을 갖춘 근무지는 무척 드물기 때문입니다. 나아가 복지 제도 역시 직원의 장기근속을 유도하는 요소입니다.

특히 육아 휴직 제도는 남녀 구분 없이 최대 3년까지 자유롭게 사용할 수 있도록 설계되었는데요. 2024년에는 남성 육아 휴직 사용자가 5년 전보다 2배 가까이 늘어났을 정도로 남성 직원들의 활용도가 빠르게 증가하고 있습니다. 과거에는 남성이 육아 휴직을 사용하려면 눈치를 봐야 했지만, 이제는 사연스럽게 활용하는 문화로 자리 잡으며 조직문화 전반이 진화하고 있는 것이죠. 이처럼 일과 가정이 조화를 이루는 근무 환경은 자연스럽게 조직에 대한 충성도를 높이는 요인이 됩니다.

일하는 방식의 진화

지금까지 알아본 한국남동발전의 높은 정서적 연봉 비결들은 CHAPTER 2에서 살펴본 자기결정성 이론을 중심으로 설명해 볼 수 있습니다. 첫째, 자율적으로 업무 시간을 조절할 수 있는 제도는 유연한 근무 환경에 매핑됩니다. 둘째, 업무에 대한 실질적 권한이 부여됨과 동시에 심리적 안전감까지 높은 건 유능감에 매핑됩니다. 마지막으로 구성원을 '남동 가족'으로 대하는 것은 관계성에 매핑됩니다. 여기에 희소한 수도권 공기업이라는 이점과 탄탄한 복지 제도까지 더한다면 이직률이 낮을 수밖에 없겠죠.

한국남동발전의 사례는 몸값 상승보다 고용가능성 유지에 관심을 갖고 있는 직원이 다니는 '공기업'이나, '공공기관'에서도 정서적 연봉을 높일 수 있는 다양한 방법이 존재함을 보여줍니다. 먼저 장기근속이 전제되는 조직이라면, 단기 성과 중심의 평가보다는 관계성을 중심으로 한 선발 및 육성 체계가 중요합니다. 또한, 유연한 근무 환경은 구성원의 삶의 질을 높이며 조직에 대한 만족도와 몰입도를 높이는 데 큰 역할을 합니다. 마지막으로 업무에 대해 높은 권한을 부여하는 건 구성원들의 소속감을 높이고 자발적 책임감을 이끌어내어 장기적 성장의 토대를 마련할 수 있습니다.

머물고 싶은 회사가 뜬다

기업이 이직을 줄이고자 할 때 흔히 정답을 찾으려 합니다. '요즘은 자율성이 답이다', '성장보다 워라밸이 중요하다', '결국 돈이다' 등 유행하는 담론들이 넘쳐납니다. 하지만 제가 본 현장은 그렇게 단순하지 않았습니다. 이직을 막는 방법에는 보편적인 해답이 없습니다. 각 조직이 처한 비전과 전략, 사업 환경, 인력 구성, 비즈니스 모델, 업의 특성에 따라 최적화가 다른 것입니다.

LG에너지솔루션이나 포스코인터내셔널처럼 빠르게 성장하는 사기업에서는 구성원들에게 도전의 기회를 제공하고, 자율성과 책임을 부여하며 성장을 체감할 수 있도록 하는 것이 핵심입니다. 이들에게는 일정 수준의 리스크를 감수하더라도 스스로의 성과와 역량을 입증할 수 있는 장이 중요합니다. 반면 한국남동발전처럼 장기근속과 안정성을 추구하는 인재가 몰리는 공기업에서는 신뢰와 유대감을 바탕으로 한 관계 중심의 조직문화, 그리고 심리적 안전감 속에서 자율적으로 일할 수 있는 환경이 결정적입니다. 한마디로 사기업 직원들과 공기업 직원들을 만족하게 하는 요인이 상당히 다릅니다.

왜 그럴까요? 바로 경제학자들이 얘기하는 매칭matching입니다. 구직자들은 이미 회사에 대한 조사와 리서치를 통해 자신의 선호와 가치 체계에 맞는 기업에 선택해서 다니고 있을 테니까요. 제가 정서적 연봉을 계산할 때 같은 업종의 경쟁 기업 대비 수월성, 즉 '우등상'을 강조했던 이유이고, 사기업과 공기업의 정서적 연봉을 단순히 금액적으로 비교하는 것이 의미가 없는 이유입니다.

결국 조직문화에는 천편일률적인 '베스트 프랙티스Best Practice'란 존재하지 않습니다. 중요한 건 각 기업이 자기 조직의 업業, 인재, 성장 모델에 맞는 정서적 연봉의 '다이얼'을 돌리는 것입니다. 직원 이직을 줄이고 싶다면, '정답'을 묻기 전에 먼저 조직과 사람을 정확히 이해하는 것부터 시작해야 합니다. 우리가 어떤 사람을 원했고, 과연 어떤 사람을 뽑았는가에 대한 정교한 분석과 철학적 성찰이 선행되어야 합니다. 이직률과 이직 의도를 낮추기 위한 전략은 그다음입니다.

회사의 사업 모델과 전략에 따른 인재상을 명확히 하고 이에 맞는 인재를 끌어오는 것이 우선입니다. 직원과 회사가 서로의 성장과 발전을 위해서 노력하는 쿨한 관계를 서로에게 이득이 되는 한 가급적 '오래' 유지하는 것이 그다음이겠지요.

이제 많은 젊은 인재들에게 지금 다니고 있는 회사가 종착역이 아닙니다. 잠시 머무는 곳입니다. 하지만 전 세계를 방랑하는 보헤미안들도 좀 더 오래 머물고 싶은 곳이 있기 마련입니다. 로컬과 지역 발전 연구자인 연세대학교 모종린 교수님의

『머물고 싶은 동네가 뜬다』란 책이 있습니다. 이제 회사도 '머물고 싶은 회사'가 뜨는 시대입니다.

나가며

정서적 연봉이
진짜 연봉이 되는 시대를 위하여

2023년 화폐 연봉과 정서적 연봉을 합한 총연봉에서 상장 회사 4위에 랭크된 LG에너지솔루션을 인터뷰차 방문했을 때 저를 맞아주신 팀장님 중 한 분의 명함에는 '즐거운 직장' 팀장이라고 적혀 있었습니다. '즐거운 직장' 팀이라고? 회사가 즐거울 수가 있나? 직장인에게 월요일은 항상 괴롭습니다. 블루 먼데이Blue Monday나 월요병이란 말은 월요일 아침의 무기력과 우울함을 상징하는 현대 직장인의 감정 코드입니다. 그런데 회사를 즐겁게 만드는 것이 업무인 분이 있다고? 업무가 끝나고도 집에 가기 싫어 야근을 자처하거나 젊은 직원들에게 소주 한잔 하고 가자는 부장님 얘기는 많이 들어봤는데 그 부장님은 집이 싫은 거지 회사가 즐거워 오피스에서 밤에도 미적거리고 있는 건 아닐 겁니다.

　LG에너지솔루션은 2020년 12월, LG화학에서 분사되어 설립된 이후 '직원의 행복'과 '출근이 기다려지는 회사'를 경영의 핵심 가치로 정했습니다. 즐겁고 출근이 기다려지는 회사라면 정서적 연봉이 낮을 수가 없을 겁니다. 한강이 한눈에 내려다보이는 뷰맛집 여의도 파크원 빌딩 58층에서 회사의 임직원들과 긴 시간 대화를 나누고, 같은 빌딩의 63층을 통째로 할애하여 조성한 직원 휴식 공간인 엔트럴파크 등을 둘러보고 나서 저는 즐거운 직장을 만들기 위한 회사의 진심을 조금이나마 느낄 수 있었습니다. 전기차 캐즘으로 인한 배터리 업계 불황의 골이 깊어지는 시점이라 그 임대료 비싼 건물의 1개 층을 전부 차지하고 있는 휴식 공간인 엔트럴파크는 더 상징적이었습니다.

　돌아오는 길에 제가 다니는 직장을 떠올렸습니다. 생각해 보면 출근하는 월요일이라고 딱히 우울했던 기억이 없습니다. 왜 그럴까 생각해 봤습니다. 서울대학교가 LG에너지솔루션처럼 작정하고 학교를 즐거운 직장으로 만들기 위해서 교수들에게 해주는 건 사실 별로 없습니다. LG에너지솔루션과 비교하면 멋진 한강뷰도 없고, 지은 지 34년이나 된 오래된 건물이라 LG에너지솔루션 구성원들이 일하는 최신식 스마트 빌딩에 비할 바가 아니며 엔트럴파크 같은 멋진 휴게 공간도 없습니다. 하지만 저만의 공간을 주고, 제가 원하는 방식으로 연구하고 강의할 수 있는 자유가 있습니다. 책과 논문을 쓰고 학생들을 가르치며 기업의 임직원, 일반 대중을 상대로 강연하고 유튜브 조회수 250만 회가 넘는 동영상도 한번 찍어보면서 소통하는 일은 제가 뭔가 의미 있는 일을 통해 사회에 기여하고 있다는 착각(?)을 줍니다.

곰곰이 생각해 봐도 제 보스가 누구인지 솔직히 잘 모르겠고, 인간관계에 대한 스트레스가 거의 없는 반면 주변의 동료 교수들이나 학생들은 우리나라 최고의 인재들입니다. 7년에 한 번 연구년이 주어지니 워라밸도 좋으며 윗사람 눈치 보느라 할 말 못할 일도 없고 승진 등에 필요한 연구 업적을 평가하는 기간도 긴 편이라 단기적 실패로 커리어를 망칠 일도 없습니다. 연봉과 복지 등 금전적인 보상이 낮은 게 아쉽지만, 원하면 학교 밖에서 외부 활동을 하면서 추가적인 수입을 올릴 기회는 많습니다. 물론 서울대학교 교수만 이런 건 아닙니다. 하지만 서울대학교가 다른 대학과 다른 점은 최고의 동료와 고객(즉 학생), 사립대와 달리 시어머니 격인 학교 재단이 없고, 대학 본부의 불필요한 간섭이 비교적 적다는 점, 국내 최고 대학이라는 브랜드 파워를 교수 개개인에게 제공한다는 것이겠죠. 돈은 많이 주지 못하는 상황이지만 학교의 명성은 교수가 원하면 민간 기업이나 정부와의 연구, 자문, 강연, 사외이사 등 교수의 개인기를 통해서 부족한 연봉을 보충할 기회를 줍니다. 이런 이유로 저는 서울대학교에서 이직할 생각이 없고, 어떤 다른 직장과도 바꾸고 싶지 않습니다. 정서적 연봉까지 셈을 하면 총연봉 탑티어 조직이라고 생각합니다.

물론 회사원이 교수나 유튜버 같은 프리랜서처럼 회사에 다닐 수는 없습니다. 회사는 전사와 단위 조직이 달성해야 하는 목표와 과제가 명확히 있고, 이를 가장 효과적으로 달성하기 위하여 각종 제도와 시스템 그리고 조직문화와 같은 암묵적인 행동 양식을 마련하고 실행합니다. 회사는 학교가 아닙니다. 회사는 직원의 성장을 위해서 존재하지 않으며 학교와 달리 일일이 가르쳐 주는 곳이 아닙니다. 즉각 실전 투입이 가능한 직원을 선호하며 당장의 성과나 효율이 더 중요합니다. 정해진 시간에 목표를 달성하기 위해서는 직원 개개인에게 무제한의 자율성과 유연성을 줄 수도 없고, '실수를 통해 배우면 되지'라는 학교의 관점과 달리 실전에서의 실수는 곧 책임으로 귀결되는 곳이 회사입니다. 직장인의 연봉은 회사에는 인건비고, 정서적 연봉을 높이기 위한 회사 차원의 여러 가지 제도와 노력 역시 단기적으로는 이득이 되지 않는 일이라고 생각할 수 있습니다.

그러나 이제 관점의 전환이 필요하다고 생각합니다. 화폐 연봉을 높이는 것도, 정서적 연봉을 높이는 것도 회사에는 단기적으로 아깝고, 비용이라고 느낄 수 있지만 젊은 인재가 귀해지는, 곧 다가올 미래에는 정서적 연봉을 포함한 총인건비를 비용이 아닌 투자로 보는 관점의 전환이 필요한 시기입니다. 글로벌 경기 침체 장기화와 관세 전쟁 등으로 인해 경영 환경의 불확실성이 날로 커지고 있지만 우리나라 주요 기업은 한계 사업을 과감하게 재편하고, 미래 핵심 전략산업에는 오히려 투자를 크게 늘리고 있습니다. 고부가가치 역량을 확보할 수 있는 연구개발 생산성을 높이기 위함이지요. 매출과 영업 이익이 주가를 결정하던 시대는 이제 갔습니다. 연구개발 능력 등의 무형자산이 주가를 결정하는 시대입니다. 그 무형자산의 핵심 동인은 사람입니다. 인재가 차별화된 경쟁력의 원천인 시대가 왔습니다.

사람이 학교만큼 중요한 곳은 없을 겁니다. 기업이야 신입 직원을 당분간 채용하지 않아도 기존 직원으로 버틸 수 있습니다. 실제로 우리나라 기업의 직원은 점점 고령화되고 있습니다. 인구 절벽 시대를 맞아 정년 연장, 정년 후 재고용 등 계속 고용제도가 확산되면 제조 기업은 신규 직원을 뽑지 않아도 전보다 더 오래 버틸 수 있을지 모릅니다. 예컨대 정유 및 석유 화학 등 대형장치산업을 하는 에쓰오일은 무려 10년 동안 채용을 하지 않아도 운영에 큰 문제가 없었습니다. 하지만 학교는 당장 2~3년만 학생을 뽑지 못해도 생존할 수 없는 조직입니다. 절박한 정도가 다릅니다. 전에는 당연하게 주어지던 우수한 대학원생이 사람이 귀해진 시대에는 교수끼리 치열하게 경쟁해서 모셔 와야 하는 시대가 되었다고 말씀드렸습니다. 인재의 중요성은 업종마다, 회사의 비즈니스 모델마다 차이가 있겠지만 2030년이면 최소한 이공계 석박사 R&D 인력의 채용에 있어서 지금의 저와 같은 절박한 상황에 놓인 기업이 많이 생길 것입니다. 정서적 연봉을 높이는 건 해도 되고 안 해도 되는 그런 선택 사항이 아니라 무조건 해야 하는 필수적인 일이 될 것입니다.

2025년 2월, 15~29세 청년 중 일도 구직활동도 하지 않는 비경제활동 청년인구, 즉 '쉬었음' 청춘이 사상 처음으로 50만 명을 넘어섰다고 합니다. 이들이 쉬고 있는 이유는 다양합니다. 좋은 일자리의 부족, 취업 준비를 위한 자기 계발, 반복된 취업 실패로 인한 번아웃과 포기상태 지속, 기업의 경력직 채용 추세 확산 등입니다. 사람이 점점 귀해진다는 데 구직을 포기한 청년들은 왜 점점 많아질까요? 청년층의 일자리 수요와 노동 공급 사이의 미스매치와 이중 노동시장 구조를 원인으로 많이 듭니다. 한국경제인협회가 매출 상위 500대 기업을 대상으로 실시한 소사에 따르면 2024년 대졸 신입 입사자 중 28.9%가 '중고 신입', 즉 이전에 정규 직장 경력이 있는 지원자로 나타났습니다. 대기업 입사가 점점 힘들어지는 이유입니다. 반면 중소기업 인력난은 점점 가중되고 직원들은 날로 고령화되고 있습니다. 그냥 쉴망정 근무 환경이 열악하고 미래가 보이지 않는 중소기업에는 가지 않는 겁니다. 중소기업에 청년이 가지 않으니, 기업은 워라밸이나 복지는 더더욱 신경 쓰지 않고, 그 결과 청년들은 가뜩이나 고령화된 중소기업을 더욱 기피하게 됩니다.

2010년대 중반 인구학자들은 미래 한국 사회를 전망하면서 출산율 저하와 학령인구 감소로 대학 진학이 점점 쉬워질 것이라고 말했습니다. 어느 대학을 가느냐가 아니라 무엇을 배우고 경험하느냐가 더 중요해지는 시대가 온다고 강조했습니다. 과연 그럴까요? 10년이 지난 지금 대치동 학원가는 여전히 문전성시고 명문대와 인서울 대학에 가기 위한 체감 난이도는 오히려 점점 올라가고 있습니다. 반면 지방의 사립대는 학생 충원에 큰 어려움을 겪고 있습니다. 학생 대부분이 외동인 시대에 믿을 것은 그나마 학벌이라는 학부모의 믿음으로 인해 명문대 진학을 둘러싼 교육열은 나날이 거세지고 학벌 사회는 더욱 공고해지고 있습니다. 평생 기대 소득이 높은 의대 등 메디컬 계열에 대한 선호는 하늘을 찌릅니다. 대학생이 되기는 쉬워졌지만, 명문대에 가기는 점점 어려워지는 양극화 현상이 벌어지고 있습니다.

노동시장에서도 비슷한 양극화가 심화될 것입니다. 보통 재수, 삼수에서 끝나는 대학 입시와 달리 취업 준비생들은 훨씬 오랫동안 취업을 시도합니다. 그러니 2030년대가 되어 40만 명대 출생자들이 노동시장에 본격적으로 진입하더라도 시장이 눈 깜짝할 사이에 구직자 우위로 재편되지는 않을 것입니다. 그러기 위해서는 아마 2035년 이후, 그러니까 지금부터 10년은 지나야 할 겁니다. 그때가 되면 중소기업의 인력난은 지금보다 훨씬 더 심화될 것이며 중견 기업도 예외는 아닐 것입니다. 인문사회계 전공 졸업생이 아닌 이공계 전공 졸업생이라면 그럭저럭 괜찮은 회사에 취직하여 먹고 사는 일은 지금보다 훨씬 용이해질 것입니다. 대기업 사무직에 들어가기 위한 취업 경쟁은 여전히 치열하겠지만 연구직에 지원하는 자연과학·공학 계열의 석박사 인력이라면 아마도 여러 회사의 오퍼를 들고 행복한 고민을 할 것이고, 입사 후에도 이직을 권유하는 헤드헌터의 수많은 콜을 받을 것입니다.

2005년 미국의 시가 총액 5대 기업은 엑슨모빌, 마이크로소프트, 시티그룹, 제너럴일렉트릭, 월마트 순이었습니다. 20년이 지난 2025년 5월 그 순위는 마이크로소프트, 엔비디아, 애플, 아마존, 알파벳(구글)으로 바뀌었습니다. 기술 혁신과 산업구조의 재편이 기업가치에 미치는 영향을 너무나 잘 보여주는 변화입니다. 자본이 중요한 회사에서 사람이 중요한 회사로 리스트가 바뀐 것을 알 수 있습니다. 긴 호흡으로 단기 실적에 일희일비하지 않고, 청년 인재를 유치하고 묶어두는 일에 전사적인 노력을 기울이는 회사, 즉 사람에 절실한 회사가 결국 한국 기업 시가 총액 탑을 차지할 것입니다. 이미 우리나라 대기업은 공학 계열 우수 인재 유치를 위해 해외의 글로벌 기업과 치열하게 경쟁하고 있습니다. 우수 인재를 구글이나 애플에 뺏기는 거야 어쩔 수 없다 쳐도 국내 경쟁사에 뺏겨서는 안 되지 않겠습니까? 그러려면 경쟁사보다 높은 연봉도 중요하겠지만 출근이 기다려지는, 더 즐거운 회사도 그에 못잖게 중요할 것입니다.

최근 들어 서울대학교의 많은 학과가 신임 교수 채용에 어려움을 겪고 있는 이유는 해외 대학의 교수로 있는 한국 학자들이 선뜻 귀국을 결심하지 못하기 때문입니다. 연봉과 연구 환경이 비교되지 않으니까요. 서울대학교 경영대학의 교수 연봉은 미국의 주요 대학 비즈니스 스쿨 교수 연봉과 비교할 때 1/3이 훨씬 안 됩니다. 그러나 주변에는 미국 대학의 그 높은 연봉과 훌륭한 연구 환경을 마다하고 제 동료가 된 젊은 교수들이 제법 됩니다. 이 현상을 정서적 연봉이 아니면 뭐로 설명할 수 있을까요? 공공 기관이라 고액 연봉을 줄 수도 없고, 대학 본부가 즐거운 직장 팀을 만들어 최고의 교수를 영입하기 위해 정서적 연봉을 높이려는 노력도 딱히 하고 있지 않습니다만(그러나 이제 그렇게 해야 할 것 같습니다), 정서적 연봉의 상당 부분을 차지하는 국내 최고 대학이라는 브랜드 네임이 우수 교수 유치에 큰 역할을 하고 있는 건 부인할 수 없는 사실입니다. 물론 국내 최고 대학이라는 지위는 한국인에게만 약발이 먹혀서 우수 외국인 교수 영입은 못 하고 있긴 하지만요.

책을 쓰는 동안 도쿄에 2번 다녀왔습니다. 두 번째 방문에서 롯폰기의 아자부다이 힐즈를 둘러볼 기회가 있었습니다. 일본의 유명 디벨로퍼인 모리빌딩에서 아크 힐즈와 롯본기 힐즈를 개발한 경험과 역량을 결집하여 2023년 오픈한 복합 상업 시설로서 미래의 도시 모델입니다. 330미터의 모리 JP 타워와 세계적인 건축가 토마스 헤더윅Thomas Heatherwick이 설계한 저층 상업 시설, 명품숍과 대형 푸드마켓, 도심이라고는 믿을 수 없는 풍부한 녹지와 조경 등도 인상적이었지만 그 비싼 땅에 도쿄 최대의 국제 학교인 '브리티시 스쿨 인 도쿄'가 있는 게 신기했습니다.

최근 박희윤 작가의 『도쿄를 바꾼 빌딩들』을 보고 나서야 비로소 이해되었습니다.[1] 모리빌딩은 어떤 지역을 개발할 때 그 지역 특성에 맞는 미래상을 먼저 그린 후, 이 미래상을 실현하기 위한 컨셉북을 작업한다고 합니다. 아자부다이 힐즈는 'intelligent thinker'들이 모여서 만드는 'global neighborhood'를 컨셉으로 잡았다죠. 세계적인 기업에 근무하는 글로벌 인재들과 그 가족들을 유치하기 위해서는 최고의 국제 학교가 꼭 필요했던 겁니다. 실제 모리타워에는 카카오를 포함해서

도이체방크, 딜로이트, 필립스 등 세계적인 기업들이 다수 입주해 있습니다. 우리도 먼저 기업의 미래 인재상에 대한 컨셉북을 체계적으로 공들여 작업할 필요가 있지 않을까요? 인재상의 컨셉이 정해지면 이를 구체적으로 구현하는 데 필요한 금전적, 정서적 연봉의 효과적인 설계는 자연히 따라올 겁니다. 높은 정서적 연봉은 더 이상 선택이 아닌 생존의 조건입니다. 준비 잘하셔서 부디 곧 다가올 인재전쟁에서 꼭 승리하시길 바랍니다.

부록

대한민국에서 가장 일하기 좋은 회사는 어디일까?

2023년 상장기업 정서적 연봉 Top 30

지수 단위: 점, 연봉 단위: 백만 원

순위	회사명	2023년 정서적 연봉 지수	2022년 정서적 연봉 지수	전년 대비 지수 변화분	피어 그룹 정서적 연봉 지수	정서적 연봉
1	한솔케미칼	64.76	56.49	8.27	48.54	82.01
2	HD현대인프라코어	61.01	48.64	12.37	46.94	80.38
3	포스코인터내셔널	67.22	54.68	12.53	54.13	76.62
4	삼성E&A	62.19	47.76	14.43	50.24	75.28
5	포스코DX	59.70	39.77	19.93	50.24	74.74
6	대원제약	60.19	42.92	17.27	49.97	73.15
7	SK텔레콤	74.01	68.85	5.16	59.73	68.42
8	동아에스티	61.79	51.28	10.51	49.97	67.77
9	LG에너지솔루션	67.86	54.57	13.29	57.35	67.28
10	제일기획	63.24	55.63	7.61	51.09	63.97
11	현대위아	60.82	49.71	11.11	50.54	62.43
12	풍산	57.43	36.27	21.16	51.47	62.41
13	현대엘리베이터	56.85	45.67	11.17	46.94	61.00
14	SGC E&C	54.18	33.92	20.26	48.72	58.73
15	SK하이닉스	60.87	58.35	2.52	49.09	53.41

순위	회사명	2023년 정서적 연봉 지수	2022년 정서적 연봉 지수	전년 대비 지수 변화분	피어 그룹 정서적 연봉 지수	정서적 연봉
16	에코프로비엠	59.93	35.94	23.99	57.35	53.37
17	롯데케미칼	57.03	47.28	9.74	48.54	52.55
18	동원F&B	55.53	45.21	10.32	47.77	50.54
19	셀트리온제약	54.33	36.24	18.09	49.97	50.29
20	한화에어로스페이스	58.31	49.61	8.70	50.77	46.78
21	대우건설	57.61	52.08	5.53	48.72	46.77
22	현대홈쇼핑	51.29	40.01	11.29	44.87	46.74
23	현대로템	58.74	51.71	7.03	50.77	45.58
24	기아	59.78	55.94	3.84	50.54	45.20
25	하림	52.51	39.34	13.17	47.77	43.10
26	롯데웰푸드	52.20	38.37	13.82	47.77	42.94
27	코오롱글로벌	55.88	49.19	6.69	48.72	41.65
28	현대차	58.52	54.18	4.33	50.54	40.81
29	코스맥스	55.21	48.40	6.81	48.54	39.77
30	롯데손해보험	53.82	41.78	12.04	49.63	38.81

2023년 상장기업 총연봉 Top 30

단위: 백만 원

순위	회사명	1인당 화폐 연봉	정서적 연봉	총연봉
1	SK텔레콤	152.00	68.42	220.42
2	포스코인터내셔널	130.00	76.62	206.62
3	삼성E&A	129.00	75.28	204.28
4	LG에너지솔루션	123.00	67.28	190.28
5	제일기획	126.00	63.97	189.97
6	포스코DX	110.00	74.74	184.74
7	S-Oil	172.93	7.66	180.59
8	현대위아	117.08	62.43	179.51
9	HD현대인프라코어	97.00	80.38	177.38
10	삼성화재	143.67	32.71	176.38
11	한솔케미칼	93.00	82.01	175.01
12	SK하이닉스	121.00	53.41	174.41
13	기아	127.00	45.20	172.20
14	삼성생명	135.00	32.80	167.80
15	삼성에스디에스	130.00	33.88	163.88

순위	회사명	1인당 화폐 연봉	정서적 연봉	총연봉
16	삼성물산	136.00	26.73	162.73
17	SK이노베이션	152.00	10.32	162.32
18	현대차	117.00	40.81	157.81
19	현대모비스	123.00	31.97	154.97
20	NH투자증권	138.00	16.92	154.92
21	NAVER	119.00	34.36	153.36
22	풍산	90.48	62.41	152.89
23	대원제약	79.00	73.15	152.15
24	현대엘리베이터	91.00	61.00	152.00
25	롯데케미칼	98.00	52.55	150.55
26	HMM	123.27	26.86	150.13
27	현대로템	103.00	45.58	148.58
28	LG화학	115.00	33.06	148.06
29	대우건설	100.00	46.77	146.77
30	동아에스티	76.00	67.77	143.77

2021~2023년 평균 상장기업 총연봉 Top 30

단위: 백만 원

순위	회사명	1인당 화폐 연봉	정서적 연봉	총연봉
1	SK텔레콤	153.00	55.52	208.52
2	NH투자증권	156.00	20.27	176.27
3	카카오뱅크	139.00	31.01	170.01
4	포스코인터내셔널	118.00	43.36	161.36
5	SK하이닉스	123.35	33.45	156.80
6	SK이노베이션	133.00	21.80	154.80
7	NAVER	127.55	24.42	151.97
8	크래프톤	111.00	38.48	149.48
9	삼성E&A	119.67	28.53	148.20
10	제일기획	125.67	20.84	146.51
11	삼성에스디에스	126.67	18.72	145.39
12	삼성물산	124.67	20.41	145.08
13	현대모비스	109.67	31.61	141.28
14	현대차	106.00	28.55	134.55
15	한국항공우주	103.00	30.79	133.79

순위	회사명	1인당 화폐 연봉	정서적 연봉	총연봉
16	유한양행	92.00	37.58	129.58
17	대우건설	92.67	25.50	118.16
18	넥슨게임즈	83.11	32.48	115.59
19	현대로템	96.33	19.15	115.48
20	삼성바이오로직스	91.02	17.65	108.68
21	한국가스공사	86.97	21.51	108.48
22	현대엘리베이터	84.33	22.77	107.10
23	아모레퍼시픽	84.00	22.36	106.36
24	신세계	75.00	31.24	106.24
25	동아에스티	71.00	34.72	105.72
26	두산에너빌리티	74.00	24.63	98.63
27	롯데이노베이트	67.67	22.61	90.27
28	CJ대한통운	72.00	18.23	90.23
29	코스맥스	60.78	21.66	82.43
30	대상	55.67	20.33	76.00

2023년 비상장 외감기업 정서적 연봉 Top 30

지수 단위: 점, 연봉 단위: 백만 원

순위	회사명	2023년 정서적 연봉 지수	2022년 정서적 연봉 지수	전년 대비 지수 변화분	피어 그룹 정서적 연봉 지수	정서적 연봉
1	구글코리아	78.79	70.19	8.60	53.33	120.99
2	ASML Korea	76.22	62.73	13.49	55.63	109.47
3	DN솔루션즈	72.16	49.34	22.82	55.94	107.89
4	대학내일	76.34	71.57	4.77	53.33	104.01
5	농협경제지주	66.95	49.97	16.97	50.37	99.02
6	부산은행	64.48	50.16	14.32	48.36	92.37
7	엔테크서비스	72.08	54.87	17.21	57.68	90.39
8	도쿄일렉트론코리아	68.50	47.87	20.63	55.94	88.82
9	Apple Korea	67.96	63.51	4.45	50.37	80.95
10	비바리퍼블리카	68.24	71.64	-3.40	48.95	74.00
11	롯데글로벌로지스	56.67	41.63	15.04	46.72	68.04
12	두나무	69.53	62.05	7.48	57.68	62.51
13	11번가	59.35	57.97	1.38	45.17	61.33
14	SK에코플랜트	59.08	56.18	2.90	46.49	57.40
15	하나증권	58.70	50.05	8.65	48.95	55.84

순위	회사명	2023년 정서적 연봉 지수	2022년 정서적 연봉 지수	전년 대비 지수 변화분	피어 그룹 정서적 연봉 지수	정서적 연봉
16	NH농협은행	57.39	48.00	9.39	48.36	54.19
17	온세미컨덕터 테크놀로지코리아	54.92	36.35	18.57	50.15	52.86
18	포스코모빌리티솔루션	53.98	35.61	18.37	49.56	51.04
19	현대트랜시스	57.95	59.43	-1.47	45.85	47.60
20	한화호텔&리조트	53.58	45.77	7.81	45.70	46.60
21	Microsoft	64.00	62.06	1.94	53.66	46.36
22	에스와이에스리테일	48.80	31.77	17.04	45.17	45.39
23	우아한형제들	65.17	66.24	-1.07	54.94	40.56
24	KB증권	55.08	47.67	7.41	48.95	38.65
25	현대엔지니어링	59.49	47.06	12.43	55.63	38.15
26	라인플러스	66.14	65.14	1.00	57.68	36.94
27	CJ올리브영	50.47	42.21	8.26	45.17	36.70
28	우리카드	52.01	41.26	10.75	48.36	34.26
29	트랜스코스모스코리아	44.43	42.06	2.37	37.24	34.10
30	라이나생명보험	52.69	51.56	1.13	45.36	32.45

주석

CHAPTER 1_ 사람이 기업을 선택하는 시대가 온다

1 송길영, 『시대예보: 핵개인의 시대』, 교보문고, 2023.
2 이상준, 노세리, 오진욱, 박지성, 노성철, 「공채의 종말과 노동시장의 변화」, 한국노동연구원 연구보고서, 2023.

CHAPTER 2_ 정서적 연봉은 무엇인가

1 SK그룹 mySUNI 행복컬리지, 「행복을 말하다」 연구보고서, 2022.
2 Bonner, S. E., and Sprinkle, G. B. 2002. The effects of monetary incentives on effort and task performance: theories, evidence, and a framework for research. Accounting, Organizations and Society, 27(4-5), 303-345.
3 김범수, 『한국 사회에서 공정이란 무엇인가』, 아카넷, 2022.
4 임창현, 『정답없는 세상에서 리더로 살아가기』, 파지트, 2024.
5 임홍택, 『2000년생이 온다』, 도서출판11%, 2023.
6 Kahneman, D. and Tversky, A. 1979. Prospect theory: An analysis of decision under risk. *Econometrica* 47(2), 263-292.
7 다니엘 핑크, 『드라이브』, 청림출판, 2011.
8 Gneezy, U. and Rustichini, A. 2000. A fine is a price. Journal of Legal Studies 29(1), 1-17.
9 정서적 연봉이란 용어는 2000년대 초반부터 스페인어로 된 HR 문헌 및 기업 조직문화 자료에서 'salario emocional'이라는 개념이 등장하며 급여 이외의 비

금전적 보상 요소(예: 유연 근무제, 성장 기회, 존중, 소속감 등)를 포괄하는 개념으로 자리 잡기 시작했습니다. 영어권에서는 'non-monetary rewards'나 'intrinsic motivation', 'psychological rewards'라는 용어가 더 일반적으로 사용됩니다.

10 김은주, 『자기결정성, 나로서 살아가는 힘』, 쌤앤파커스, 2025.
11 박태현, 『부하직원이 말하지 않는 31가지 진실』, 책비, 2021.
12 에이미 에드먼슨, 『두려움 없는 조직』, 다산북스, 2019. 한국 번역본에는 '심리적 안정감'이란 단어를 사용하고 있습니다.
13 말콤 글래드웰, 『아웃라이어』, 김영사, 2019.
14 Glass, D. and Singer, J., 『Urban stress: experiments on noise and social stressors』, Academic Press, 1972.
15 라즐로 복, 『구글의 아침은 자유가 시작된다』, 알에이치코리아, 2021.

CHAPTER 3_ 직원의 진짜 마음을 보여주는 데이터, 블라인드

1 https://www.glassdoor.com/about/
2 Marinescu, I., Klein, N., Chamberlain, A., & Smart, M., 2018. Incentives can reduce bias in online employer reviews. Academy of Management Proceedings, 2018.
3 Lev, B. & Zarowin, P., 1999. The Boundaries of Financial Reporting and How to Extend Them. Journal of Accounting Research, 37(2), pp.353-385.
4 Green, C. et al., 2019. Crowdsourced employer reviews and stock returns. Journal of Financial Economics 143(1) 236-251.
5 Huang, L. et al. 2020. What Do Employees Know? Evidence from a Social Media Platform. The Accounting Review 95 (2) 199-226.
6 Dube, S. & Zhu, C., 2021. The disciplinary effect of social media: evidence from firms' responses to Glassdoor reviews. Journal of Accounting Research 59(5) 1783-1825.
7 Team Blind Press Kit, 2025년 3월.
8 이정희, 노성철, 「직장인 만족도와 직무, 관계, 문화 상관관계: 블라인드 설문 조사」, 월간 노동리뷰, 2020.
9 이상준 외, 『디지털 목소리와 노사관계의 미래』, 한국노동연구원, 2022.
10 https://www.teamblind.com/kr/blindindex/ 참조

11   팀블라인드 정책에 따라 참여기업 수는 아직 공개된 바 없음을 알려드립니다.
12   분석 대상은 블라인드 지수 표본 채택 기업(2019~2022년) 중 코스피/코스닥 상장사, 통제 요인은 자산규모, 부채비율, 전기 기업 성과 등 기업 고유의 Economic factors.
13   Landers, R. et al. 2019. Crowdsourcing job satisfaction data: Examining the construct validity of Glassdoor.com ratings. Personnel Assessment and Decisions 5 (6).

CHAPTER 4_ 직장인은 왜 이직을 결심할까?

1   김성준, 『최고의 조직』 포르체, 2022.
2   Horn, M.B. & Moesta, B., Why employees quit. Harvard Business Review. November-December 2024.
3   Li, Q., B. Lourie, A. Nekrasov, and T. Shevlin. 2022. Employee turnover and firm performance: Large-sample archival evidence. Management Science 68(8), pp. 5667-5683.
4   Baghai, R. P., R. C. Silva, V. Thell, and V. Vig. 2021. Talent in distressed firms: Investigating the labor costs of financial distress. The Journal of Finance 76 (6), pp. 2907- 2961.
5   국내 총 이직·퇴직자 수/총 국내 임직원 수. 기간제 근로자 및 계열사 이동을 모두 포함함.
6   비자발적 이직(해고, 일시해고, 정년퇴직, 질병, 사망, 구조조정이나 합병 등에 의한 면직 등 근로자의 의사와 무관하게 진행된 이직·퇴직)을 제외한 자발적 의사로 인한 이직·퇴직을 뜻함.
7   국내 총 자발적 이직·퇴직자 수/국내 총 임직원 수. 기간제 근로자 및 계열사 이동을 모두 포함함.
8   Park, S. and J. Shin. 2025. Employees' economic claims, employee satisfaction, and turnover. Working paper.
9   deHaan, E, N. Li, and F. S. Zhou. 2023. Financial reporting and employee job search. Journal of Accounting Research 61 (2), pp 571-617.
10 Horn, M. and Moesta, B. 2024. Why employees quit. Harvard Business Review. November-December 2024.
11 Achievers Workforce Institute, Employee Engagement and Retention

	Report, 2024. https://www.achievers.com/resources/white-papers/workforce-institute-2024-engagement-and- retention-report/
12	제시된 이직률 사용. 전체 이직률이 제시되지 않은 경우 이직 인원을 전체 인원으로 나누어 계산(기업별·시기별로 정규직 인원을 구분하여 제시하지 않은 경우가 있어 전체 인원을 기준으로 함).

CHAPTER 5_ 정서적 연봉, 숫자로 말하다

1	상장회사이면서 공기업인 한국전력공사, 한국가스공사, 한전 KPS, 한전산업개발, 강원랜드 등 5개사는 공기업 및 공공기관 그룹이 아닌 상장회사 그룹에 포함하였습니다.

나가며_ 정서적 연봉이 진짜 연봉이 되는 시대를 위하여

1	박희윤, 『도쿄를 바꾼 빌딩들』, 북스톤, 2024.

KI신서 13761

정서적 연봉
월급쟁이에게 돈보다 중요한 것

1판 1쇄 발행 2025년 10월 15일
1판 4쇄 발행 2025년 12월 29일

지은이 신재용
펴낸이 김영곤
펴낸곳 ㈜북이십일 21세기북스

인문기획팀 팀장 양으녕 **책임편집** 서진교 **마케팅** 김주현
교정교열 이보라
디자인 studio forb
영업팀 정지은 장철용 강경남 황성진 김도연 이민재 한충희 남정한
제작팀 이영민 권경민

출판등록 2000년 5월 6일 제406-2003-061호
주소 (10881) 경기도 파주시 회동길 201(문발동)
대표전화 031-955-2100 **팩스** 031-955-2151 **이메일** book21@book21.co.kr

㈜북이십일 경계를 허무는 콘텐츠 리더

21세기북스 채널에서 도서 정보와 다양한 영상자료, 이벤트를 만나세요!
페이스북 facebook.com/jiinpill21 **포스트** post.naver.com/21c_editors
유튜브 youtube.com/book21pub **인스타그램** instagram.com/jiinpill21
홈페이지 www.book21.com

ⓒ 신재용, 2025
ISBN 979-11-7357-471-9 (03320)

• 책값은 뒤표지에 있습니다.
• 이 책 내용의 일부 또는 전부를 재사용하려면 반드시 ㈜북이십일의 동의를 얻어야 합니다.
• 잘못 만들어진 책은 구입하신 서점에서 교환해 드립니다.